Pasta – eine Kunst

Lucio Galletto & David Dale

Illustrationen von Luke Sciberras

Fotos von Anson Smart

Für meine Kinder
Matteo
und Michela

Inhalt

Vorwort 1

Pasta selber machen
und kochen 7
Suppen und Brühen 27
Klassische Pastasaucen 45
Getrocknete Pasta 65

Frische Pasta 145
Gefüllte Pasta 211
Pasta aus dem Ofen 235
Gnocchi 253

Dank 277
Zu guter Letzt 278
Register 279

Vorwort

In meiner frühesten Erinnerung sehe ich meine Mutter vor mir, wie sie Mehl auf ein großes Holzbrett streut, um Ravioli zu machen, und dabei durchzieht der Duft einer langsam vor sich hin köchelnden Fleischsauce unser Haus. Sie sehen also: Die Pasta ist ebenso sehr Teil meiner Geschichte wie sie zu Italien gehört.

Zugegeben, erfunden wurde die frische Pasta von den Griechen, die das Rezept vor mehr als 3000 Jahren an die Etrusker und die Römer weitergaben. Und auch die getrocknete Pasta war keine Erfindung der Italiener, sondern der Araber, die vor mehr als 1100 Jahren in Sizilien mit ihrer Herstellung begannen. Aber ich bin überzeugt, dass es die Italiener waren, die die Nudel perfektioniert haben, bis daraus das wurde, was heute, im zweiten Jahrzehnt des 21. Jahrhunderts, die Grundlage der zahllosen regionalen Spezialitäten der italienischen Küche bildet. Eine Auswahl von Klassikern und persönlichen Lieblingsgerichten werde ich Ihnen hier vorstellen.

Das Wort »Pasta« ist eigentlich von der alten griechischen Bezeichnung für Gerstenbrei abgeleitet. In seiner heutigen Verwendung kennt man es erst seit dem 19. Jahrhundert. Schon die Römer bereiteten eine Lasagne zu, die bei ihnen allerdings noch *lagana* hieß. Und die Araber auf Sizilien nannten die getrockneten Teigstränge, die sie rund ums Mittelmeer verkauften, *itriyya*. 1154 verfasste ein Geograf namens Mohammed al-Idrisi einen Bericht für den König von Sizilien, in dem er den Fleiß der Bewohner »einer zauberhaften Siedlung mit Namen Trabia« (eine westlich von Palermo gelegene Stadt) mit den Worten pries: »Ihre nie versiegenden Bäche treiben eine Vielzahl von Mühlen an. In der Landschaft stehen hohe Häuser, in denen man *itriyya* in großen Mengen herstellt, von denen ganze Schiffsladungen in alle Welt exportiert werden: nach Kalabrien, in muslimische und christliche Länder.«

Im 19. Jahrhundert tauchten erstmals Namen auf, die uns auch heute vertraut sind: Vermicelli, Makkaroni und Ravioli. In seiner Novellensammlung *Das Dekameron*, die um

1350 entstand, beschrieb Giovanni Boccaccio einen paradiesischen Ort irgendwo in Italien: »Es gab dort einen Berg ganz aus geriebenem Parmesan, und auf diesem Berg lebten Menschen, die nichts anderes taten, als Makkaroni und Ravioli herzustellen und sie in Hühnerbrühe zu kochen, worauf sie sie den Berg hinunterwarfen, und wer immer das Glück hatte, möglichst viele davon zu ergattern, konnte sich daran satt essen.« Der Berg muss sich ganz in der Nähe meines Geburtsortes in Ligurien befunden haben, denn dort ist man bis heute ganz verrückt nach frischer Pasta (und Parmesan).

Die Arbeit an diesem Buch war für mich so etwas wie eine faszinierende Reise, bei der ich Neues über Gerichte gelernt habe, die ich bereits kannte, und neue Lieblingsgerichte entdeckte. Es war gewissermaßen eine Zeitreise durch die verschiedenen Regionen Italiens. Ich lernte die – nicht selten von der Not diktierte – Kreativität schätzen, der wir so einfache Köstlichkeiten wie mit Kartoffeln gefüllte Ravioli mit Olivenöl und Pecorino oder »Spaghetti ohne Sauce« (nur mit Käse und Pfeffer) verdanken, die im 19. Jahrhundert in Neapel direkt auf den Straßen zubereitet, verkauft und aus der Hand gegessen wurden.

Ich begann zu verstehen, welchen Einfluss wirtschaftliche Zwänge auf die Entstehung einer Küche haben. Meine Mutter erzählte mir oft von den beiden gegensätzlichen Perioden der jüngeren Geschichte Italiens. Vor dem Krieg, als sich die Menschen keine getrocknete Pasta leisten konnten, mussten sie ihre Pasta selbst machen. Dann, nach dem Krieg, auf dem Höhepunkt des Wirtschaftswunders, kaufte man die getrocknete Pasta, um vor den Nachbarn nicht als arm dazustehen, auch wenn man vielleicht eigentlich lieber frische Pasta aß. Und heute kehren wir wieder zu den Ursprüngen zurück, denn frische Pasta ist wieder angesagt und gilt als Zeichen von Wohlstand, obwohl sich für manche Sauce eine gute getrocknete Pasta besser eignet.

Eine ebenso große Rolle wie die Geschichte spielt natürlich die Geografie. Im warmen Süditalien, wo die meiste Zeit die Sonne scheint, wird der beste Weizen angebaut, und dort hat man auch die besten Verfahren zum Trocknen und Lagern der Pasta entwickelt. Deshalb wird dort vorwiegend *pasta secca* (getrocknete Pasta) wie Spaghetti und Linguine gegessen. Unter derselben Sonne reifen die Tomaten, denen die Seeluft ihr einzigartiges Aroma verleiht. Im Süden bevorzugt man eine schnelle, unkomplizierte Küche, und die wichtigsten Zutaten der Saucen und Dressings, denen die Süditaliener gerne noch mit Chilischoten Würze verleihen, sind Gemüse, Meeresfrüchte, Kräuter, Knoblauch, frischer Käse und natürlich Olivenöl.

Im Norden, wo der Himmel meist bedeckt und die Luft sehr feucht ist, bereitet man die Pasta dagegen frisch zu (sie muss dann übrigens rasch verbraucht werden, damit sie

nicht schimmelt!) und kombiniert sie mit gehaltvollen, mit Butter und Käse verfeinerten, langsam gegarten Fleisch-Ragùs oder Pilzsaucen. Aus Wurzelgemüse und Bohnen macht man herrliche Suppen, die mit Nudeln angereichert werden. Und aus den preiswerteren Fleischstücken stellt man großartige klare Brühen her, die mit Cappelletti, Tortellini, Passatelli und anderen kleinen Nudeln serviert werden.

Doch dieses Buch will Ihnen nicht nur Einblicke in die italienische Regional- und Gesellschaftsgeschichte vermitteln, es will Ihnen vor allem Lust auf Pasta machen. Sie sollen lernen, wie man Pasta selbst herstellt und wie man sie richtig kocht. Und sie sollen in diesen 165 Rezepten die ganze Palette der italienischen Pastaspezialitäten kennenlernen.

ÜBER DIESES BUCH

Kunst und Künstler haben mich schon als Kind fasziniert – genauso wie das Essen. Das Restaurant meiner Familie in Ligurien war voll mit den Werken der Maler und Bildhauer, die zu uns kamen. Und nun sind die Wände meines Restaurants in Sydney voll mit den Werken australischer Künstler, die genießen, was aus meiner Küche kommt. Einige der farbenfrohsten Werke stammen von Luke Sciberras.

Mein Buch sollte meine beiden Leidenschaften widerspiegeln. Deshalb bat ich Luke, die Rezepte zu lesen und sie mit wenigen Pinselstrichen zu illustrieren. Das Ergebnis übertraf meine kühnsten Erwartungen.

Luke packte seine Pinsel und seine Farben ein, ging damit ins Atelier des Fotografen Anson Smart und sah meinem Küchenchef Logan Campbell bei der Zubereitung der Gerichte zu. Und während Anson die Speisen fotografierte, umrandete Luke die Teller im wahrsten Sinne des Wortes mit seinen Illustrationen. Ich habe schon früher Kochbuchillustrationen und -fotos gesehen, aber ein solches Konzept war für mich ein absolutes Novum.

Meine Familie legte stets großen Wert darauf, dass die Speisen in unserem Restaurant in Ligurien wirklich appetitlich aussahen, bevor sie die Küche verließen. *»L'occhio vuole la sua parte«* – das Auge isst mit, lautete die Devise. Genau davon haben wir uns auch bei diesem Kochbuch leiten lassen, und ich bin stolz, Ihnen hier das Ergebnis zu präsentieren.

Buon appetito e buon divertimento – Guten Appetit und viel Freude damit.

EIN PAAR WORTE VON LOGAN CAMPBELL, DEM KÜCHENCHEF DES LUCIO'S

Als Kind hätte ich mir nicht träumen lassen, dass ich einmal Küchenchef werden würde, auch wenn mein Vater einer war. Eigentlich wollte ich Pilot werden, doch das ist eine andere Geschichte.

Was ich wusste, war, dass ich die Feijoas liebte, die in unserem Hinterhof wuchsen. Mein Vater hatte sechs Stück davon gepflanzt, und jedes Jahr, wenn die Früchte (die Guaven sehr ähnlich sind) prall und reif vom Baum fielen, verströmten sie einen berauschenden Duft, der stark an den von Quitten erinnert. Ich nahm sie mit in die Schule und verkaufte sie. Einige hob ich natürlich immer für mich selbst auf. Der Duft der Feijoa ist einer der ersten Gerüche, an die ich mich erinnern kann.

Als ich älter wurde, machte sich der Einfluss meines Vaters bemerkbar. Es faszinierte mich, wie sich die rohen Zutaten in gekochte Speisen verwandelten, obwohl ich noch nicht richtig verstand, wie das vor sich ging. »Kochen erfordert lebenslanges Üben«, pflegte mein Vater zu sagen, aber damals war mir noch nicht bewusst, wie viel Hingabe und Mühe in einem wirklich guten Essen stecken.

Als ich als Auszubildender die professionelle Küche kennenlernte, war ich sehr enttäuscht. Denn das war eine Welt von größenwahnsinnigen Egomanen und hypernervösen Patissiers, in der man darum kämpfen musste, dass einem irgendetwas gezeigt wurde. Doch ich hatte das Glück, auch einer Handvoll Küchenchefs zu begegnen, die ihr Wissen gerne weitergaben. Das Wichtigste, was ich gelernt habe, ist, dass Kochen etwas Haptisches ist. Man fühlt es mit den Händen, mit dem Geruchs- und dem Geschmackssinn, und man muss einen Blick für die Zutaten haben.

Ein Rezept nachzukochen, ist nicht immer ganz einfach. Viele haben Mühe, den Text im Buch und das, was sich im Topf abspielt, unter einen Hut zu kriegen. Deshalb empfehle ich Ihnen, sich das Rezept erst einmal durchzulesen, damit Sie eine Vorstellung davon bekommen, wie das Ergebnis aussehen soll, und alles Notwendige bereitstellen können. Ich habe mich bemüht, die einzelnen Schritte möglichst genau zu erklären, ohne dabei zu sehr ins Detail zu gehen.

Die Rezepte, die ich zu diesem Buch beigesteuert habe, sollen Ihnen auch als Ermunterung und Anregung dienen, Neues auszuprobieren. Vertrauen Sie einfach ab und zu auch einmal Ihrer Kreativität und Ihrem Gespür.

Pasta selber machen und kochen

Auf der ganzen Welt steht die Pasta für die italienische Hausmannskost und die Geselligkeit der Italiener. *»Ci facciamo un piatto di pasta«* – machen wir uns einen Teller Nudeln – ist wahrscheinlich der Satz, den man in Italien am häufigsten hört. Jeder Italiener ist in der Lage, wenigstens ein Pastagericht zuzubereiten, und jeder ist überzeugt, die besten Rezepte zu besitzen, die meist von der Mutter oder Großmutter stammen.

Ein Bild aus meiner Kindheit, das mir ewig in Erinnerung bleiben wird, sind die Mittagessen während der Schulzeit. Da mein Bruder und ich verschiedene Schulen besuchten, kamen wir nicht zur gleichen Zeit nach Hause, und unsere Mutter bereitete die Pasta für jeden von uns frisch zu. Es wäre ihr nie in den Sinn gekommen, gleich die doppelte Menge zu kochen und eine Hälfte warm zu halten. Das Nudelwasser kochte immer schon, sodass sie die Nudeln nur noch hineingeben musste, sobald einer von uns nach Hause kam. Bis wir uns begrüßt, unsere Schultaschen abgelegt und uns die Hände gewaschen hatten, stand die dampfende Pasta bereits auf dem Tisch.

Unter der Woche hatte meine Mutter alle Hände voll damit zu tun, die Hühner, die Kaninchen und ihre drei Männer zu versorgen. Deshalb hatte sie keine Zeit, frische Pasta zu machen, und schickte meinen Bruder Aulo in das Lebensmittelgeschäft unseres Ortes, um getrocknete Pasta zu kaufen. Dort griff er in eine hohe hölzerne Schütte, aus der er, je nachdem welche Sauce meine Mutter machen wollte, eine Handvoll Spaghetti, Penne, Orecchiette oder Fusilli nahm. Die Pasta wurde nach Gewicht bezahlt und zu Hause in einem großen Glas neben dem Herd aufbewahrt.

An den Wochenenden war das anders. Früh am Morgen wurde das große Holzbrett hervorgeholt, das schon seit Generationen benutzt wurde. Mit lautem Knall ließ es meine Mutter auf den Küchentisch fallen, um sich dann die große Schürze umzubinden, Mehl, Eier und das Nudelholz bereitzulegen, das so glatt und glänzend war, wie ein Pastateig sein sollte.

PASTA SELBER MACHEN UND KOCHEN

Dann wurde das Mehl auf dem Brett aufgehäuft und die Eier wurden hineingeschlagen. Danach wurde das Ganze verrührt und mit anmutigen, präzisen Bewegungen geknetet. Während der Teig (an einem warmen, vor Zugluft geschützten Platz) ging, kam die Sauce auf den Herd. Sie bestand in der Regel nur aus Knoblauch, Öl und Tomaten. Dazu kam vielleicht noch etwas Gemüse aus dem Garten oder eine Handvoll Pilze, die wir im Wald gesammelt hatten, und bei besonderen Anlässen etwas Fleisch oder ein paar Meeresfrüchte. Die Sauce köchelte langsam vor sich hin. Das Blubbern und der verführerische Duft waren ein Vorgeschmack auf den Genuss, der uns erwartete.

Bevor sie sich daranmachte, den Teig zu schneiden, gab meine Mutter jedem von uns ein bisschen Teig, aus dem wir Tiere formten. Das war ein Riesenspaß! Dann ging es ans Ausrollen und schließlich schnitt sie aus dem Teig mit dem Messer (eine Nudelmaschine besaßen wir damals noch nicht) Tagliatelle, Farfalle, Tagliolini und Ravioli zurecht.

Pasta selbst herzustellen, ist einfacher, als Sie vielleicht glauben. Alles Wissenswerte über die Herstellung des Teigs, das Schneiden, Formen und Kochen von frischer Pasta erfahren Sie auf den folgenden Seiten. Hier die einzelnen Schritte schon einmal in Kurzform:

Mehl, Eier und Salz vermengen.
8 Minuten mit den Händen durchkneten.
Die Teigkugel in Frischhaltefolie verpackt mindestens 20 Minuten ruhen lassen.
Den Teig mit dem Nudelholz oder der Nudelmaschine ausrollen.
Den Teig von Hand oder mit der Nudelmaschine ausziehen.
Den Teig in die gewünschte Form schneiden.

EINFACHER PASTATEIG

Am besten lässt sich ein Pastateig auf einem großen Holzbrett herstellen, auf der sauberen Arbeitsfläche geht es aber ebenso gut. Von Marmor rate ich Ihnen allerdings ab, weil sich der Teig auf der kalten Fläche nicht so gut kneten lässt. Die Küche sollte warm sein, und achten Sie darauf, dass es nicht zieht.

Wie viel Mehl und wie viele Eier man genau benötigt, hängt letztlich von der Größe der Eier, der Luftfeuchtigkeit und davon ab, wie gut das Mehl die Eier aufnimmt. Als Faustregel gilt: 1 Ei pro 100 Gramm Mehl und 100 Gramm Mehl pro Person. Nehmen Sie mehr Eier oder Eigelbe, wird der Teig gehaltvoller. Verwenden Sie nach Möglichkeit italienisches Weizenmehl Type 00 (sogenanntes Pizzamehl). Es ist besonders fein und hat einen hohen Klebergehalt. Dadurch lässt sich der Teig besser bearbeiten und bekommt eine schöne Konsistenz. Die Eier sollten zimmerwarm und absolut frisch sein.

400 g Mehl + Mehl zum Bestäuben
4 Eier
1 Prise Salz

FÜR 4 PERSONEN

Das Mehl auf das Brett sieben, zu einem Haufen formen und eine nicht zu tiefe Mulde hineindrücken.

Die Eier über der Mulde aufschlagen und hineingleiten lassen, das Salz hinzufügen und die Eier mit einer Gabel verquirlen. Mit der Gabel nach und nach so viel Mehl unter die Eier rühren, dass sie nicht mehr flüssig sind.

Etwas Mehl mit den Händen auf eine Seite schieben. Wichtig ist, gerade so viel Mehl zu verwenden, dass der Teig nicht zu feucht und nicht klebrig ist. Das Mehl nach und nach mit den Händen einarbeiten, bis die Zutaten gut vermischt sind und der Teig die richtige Konsistenz hat, d. h., er darf weder zu trocken noch zu krümelig oder klebrig sein. Ist der Teig zu trocken, etwas warmes Wasser hinzufügen. Den Teig anschließend zur Seite legen und das Brett mit einem Teigschaber säubern.

Die Arbeitsfläche leicht mit Mehl bestäuben, die Teigkugel darauflegen und mit dem Ballen einer Hand (die Hände müssen sauber und trocken sein) zu einem Oval flach drücken. Das Oval mit der anderen Hand einmal zusammenklappen und um 45 Grad drehen. Den Vorgang etwa 8 Minuten lang wiederholen (den Teig dabei immer in die gleiche Richtung drehen), bis der Teig glatt und elastisch ist. Um zu prüfen, ob er ausreichend durchgeknetet wurde, mit der Fingerspitze daraufdrücken. Glättet sich die Oberfläche sofort wieder, ist der Teig fertig.

Den Teig zu einer Kugel formen, in Frischhaltefolie einschlagen und mindestens 20 Minuten bei Zimmertemperatur und vor Zugluft geschützt – oder bis zu 24 Stunden im Kühlschrank – ruhen lassen.

Der Teig kann nun ausgerollt und geschnitten werden.

PASTA SELBER MACHEN UND KOCHEN

FARBIGE PASTA

Pasta lässt sich ganz einfach färben. Dabei müssen Sie sich nicht unbedingt an die hier angegebenen Mengen halten. Probieren Sie einfach selbst aus, wie viel Sie benötigen, damit die Pasta die gewünschte Farbe und den gewünschten Geschmack bekommt.

Gelegentlich verleiht das »Färbemittel« der Pasta ein so ausgeprägtes Aroma, dass sie nach einer besonderen Sauce verlangt. So bringt etwa ein gehaltvolles Wild-Ragù den Geschmack einer mit Schokolade gefärbten Pasta besonders gut zur Geltung. Umgekehrt kann auch eine Sauce nach einer bestimmten Pasta verlangen. Ein Ochsenschwanz-Ragù beispielsweise schmeckt vorzüglich mit Paprika-Pappardelle.

In der Regel wird einfach ein Ei durch das pürierte »Färbemittel« ersetzt. Verwendet man Gemüse, das viel Flüssigkeit enthält – wie z.B. Spinat oder Paprikaschote –, muss die Anzahl der Eier entsprechend reduziert werden. Ist das Gemüse sehr feucht, muss man unter Umständen etwas mehr Mehl verwenden. Wichtig ist, dass das »Färbemittel« vollständig abgekühlt ist, bevor man es in einer kleinen Schüssel mit den Eiern verrührt und die Mischung danach in die Mehlmulde gibt.

Der Teig wird ganz normal geknetet und ausgerollt (siehe Seite 17–18). Manche Zutaten können allerdings bewirken, dass er nicht so elastisch wird und deshalb nicht so dünn ausgerollt werden kann wie ein einfacher Pastateig.

PASTA SELBER MACHEN UND KOCHEN

PASTATEIG MIT KRÄUTERN

Welche Kräuter Sie verwenden und wie viel Sie davon nehmen, bleibt ganz Ihnen überlassen. Dabei sollten Sie allerdings berücksichtigen, dass manche Kräuter einen sehr intensiven Geschmack haben, d.h. mit Petersilie kann man beispielsweise großzügiger umgehen als etwa mit Rosmarin. Verwendet werden nur die – sehr fein gehackten – Blätter.

1 kleine Handvoll fein gehackte Kräuter, z.B. glatte Petersilie, Salbei, Rosmarin, Thymian …
4 Eier
400 g Mehl
1 Prise Meersalz

Die fein gehackten Kräuter einfach mit den Eiern verrühren und wie auf Seite 11 beschrieben mit der Zubereitung fortfahren.

PASTATEIG MIT SEPIA-TINTE

Trotz der schwarzen Farbe hat diese Pasta einen feinen, leicht jodartigen Geschmack. Frische Tintenfischtinte bekommen Sie in Beuteln in jedem guten Fischgeschäft.

1 EL Sepia-Tinte
3–4 Eier
400 g Mehl
1 Prise Meersalz

Die Tinte mit den Eiern verrühren und wie auf Seite 11 beschrieben mit der Zubereitung fortfahren.

ALLE REZEPTE SIND FÜR 4 PERSONEN BERECHNET.

PASTATEIG MIT STEINPILZEN

60 g getrocknete Steinpilze
3 Eier
400 g Mehl
1 Prise Meersalz

Die Steinpilze etwa 10 Minuten in heißem Wasser einweichen, abgießen, gut abtropfen lassen und im Mixer pürieren. Das Püree vollständig abkühlen lassen, mit den Eiern vermischen und wie auf Seite 11 beschrieben mit der Zubereitung fortfahren.

GRÜNER PASTATEIG

Zum Grünfärben verwendet man für gewöhnlich Spinat oder Mangold, Sie können es aber auch einmal mit Wildgemüse oder Brennnesseln probieren. Mangold verliert beim Putzen und Kochen über die Hälfte seines Gewichts. Um 100 g gekochten und ausgedrückten Mangold zu erhalten, benötigen Sie also etwa 300 g rohen Mangold.

300 g Mangold
Eiswasser zum Abschrecken
3 Eier
400 g Mehl
1 Prise Meersalz

Die weißen Blattstiele entfernen. Die Blätter waschen, zusammenrollen und in feine Streifen schneiden. 4–5 Minuten in kochendem Wasser blanchieren, abgießen und in Eiswasser abschrecken. Dadurch wird der Garprozess gestoppt und der Mangold bleibt schön grün.

Das Wasser möglichst vollständig herausdrücken und den Mangold im Mixer pürieren. Mit den Eiern mischen und wie auf Seite 11 beschrieben mit der Zubereitung fortfahren.

PASTATEIG MIT SCHOKOLADE

Das Kakaopulver verleiht der Pasta einen intensiven, leicht herben Geschmack. Schokoladenpasta passt vorzüglich zu Wildschwein-Ragù (siehe Seite 191) und anderen Wildsaucen.

Sehr gut schmeckt sie aber auch mit einer feurigen **Tomatensauce (siehe Seite 99), Salbeibutter (siehe Seite 219) oder einer Walnusssauce (siehe Seite 221).**

75 g ungesüßtes Kakaopulver
4 Eier
400 g Mehl
1 Prise Meersalz

Das Kakaopulver mit den Eiern verrühren und wie auf Seite 11 beschrieben mit der Zubereitung fortfahren.

PASTATEIG MIT KÜRBIS

1 Kürbis (400 g), mit der Schale in Spalten geschnitten und die Samen entfernt
50 ml Olivenöl
Meersalz und frisch gemahlener schwarzer Pfeffer
2 Eier
400 g Mehl

Den Backofen auf 250 °C vorheizen.

Die Kürbisspalten in einer Schüssel im Öl wenden, bis sie damit überzogen sind, und mit Salz und Pfeffer würzen.

Ein Backblech mit Backpapier auslegen, die Kürbisspalten darauf verteilen und 20 Minuten rösten, bis sie goldbraun und weich sind. Den Kürbis nach der Hälfte der Zeit wenden.

Abkühlen lassen, das Fruchtfleisch von der Schale lösen und im Mixer pürieren. Mit den Eiern mischen und wie auf Seite 11 beschrieben mit der Zubereitung fortfahren.

PASTATEIG MIT SAFRAN

Zu dieser goldgelben Pasta serviert man am besten eine Sauce, die den feinen Safrangeschmack nicht überdeckt. Probieren Sie sie beispielsweise einmal mit einer Sauce aus Zucchiniblüten, Tomaten und Basilikum (siehe Seite 153).

1 gehäufte Messerspitze Safranfäden
3–4 Eier
400 g Mehl
1 Prise Meersalz

Die Safranfäden in 1 Esslöffel warmem Wasser einweichen und ziehen lassen, bis das Wasser kalt ist. Mit den Eiern verrühren und wie auf Seite 11 beschrieben mit der Zubereitung fortfahren.

PASTATEIG MIT PAPRIKASCHOTE

Diese schmackhafte Pasta eignet sich besonders gut für gehaltvolle Saucen wie etwa das Ochsenschwanz-Ragù von Seite 185.

1 große rote Paprikaschote
1 Messerspitze Paprikapulver (nach Belieben)
3 Eier
400 g Mehl
1 Prise Meersalz

Die Paprikaschoten unter dem heißen Backofengrill rösten, bis die Schale aufplatzt und schwarz wird. Mit einem sauberen feuchten Geschirrhandtuch abdecken und etwas abkühlen lassen. Die Schale lässt sich danach mühelos abziehen. Samen und Häutchen entfernen und das Fruchtfleisch im Mixer pürieren. Farbe und Geschmack werden noch intensiver, wenn Sie dabei noch etwas Paprikapulver hinzufügen.

Das vollständig abgekühlte Püree mit den Eiern mischen und wie auf Seite 11 beschrieben mit der Zubereitung fortfahren.

ALLE REZEPTE SIND FÜR 4 PERSONEN BERECHNET.

PASTATEIG VON HAND
AUSROLLEN UND AUSZIEHEN

Bei dieser Methode wird der Teig vorsichtig gedehnt, ohne dass man dabei Druck ausübt. Das Ganze sollte nicht länger als 10 Minuten dauern.

Das Nudelholz muss über die ganze Breite des Teigs reichen, d.h. bevor Sie mit dem Ausrollen beginnen, muss der Teig je nach Länge Ihres Nudelholzes in zwei oder mehr Portionen geteilt werden. (Dabei gilt als Faustregel: Ein mit 2 Eiern hergestellter Teig ergibt 2 Teigscheiben mit einem Durchmesser von etwa 60 cm.)

Den Teig vor dem Ausrollen noch einmal mit Mehl bestäuben und kurz durchkneten, um ihm überschüssige Feuchtigkeit zu entziehen. Die Teigkugel dann in die Mitte der Arbeitsfläche legen und mit der Handfläche etwas flach drücken.

Das Nudelholz parallel zum Rand der Arbeitsfläche im unteren Drittel der Teigscheibe platzieren. Die Hände auf das Nudelholz legen, das Nudelholz kraftvoll von sich wegschieben und dann wieder zu sich heranziehen, ohne dabei über den gegenüberliegenden Teigrand zu fahren. Den Vorgang 4–5-mal wiederholen.

Den Teig um 90 Grad drehen und den Vorgang 4–5-mal wiederholen. Auf diese Weise fortfahren, bis eine gleichmäßig dicke Scheibe mit 20 cm Durchmesser entstanden ist.

Nun wird der Teig gedehnt. Das Nudelholz an dem Ende der Teigscheibe platzieren, das dem Rand der Arbeitsfläche gegenüberliegt, und zu sich heranziehen. Dabei so viel Teig um das Nudelholz wickeln, dass es gerade bedeckt ist. Das Nudelholz anschließend mit dem Ballen einer Hand wieder von sich wegschieben und dabei mit der anderen Hand das untere Teigende festhalten, sodass der Teig zwischen den Händen gedehnt wird. Zügig arbeiten und keinen Druck auf den Teig ausüben.

Das Nudelholz danach wieder zu sich heranziehen und den Vorgang wiederholen. Dabei bei jedem Durchgang etwas mehr Teig um das Nudelholz wickeln, bis der Teig vollständig herumgewickelt ist.

Das mit dem Teig umwickelte Nudelholz danach um 180 Grad drehen, sodass ein Griff nach vorn zeigt. Den Teig entrollen und erneut wie oben beschrieben dehnen, bis die Teigscheibe einen Durchmesser von etwa 30 cm hat.

Nun wird der Teig zum letzten Mal, auf eine Größe von 60 cm, gedehnt. Dazu die Hände mit Mehl bestäuben.

1. Die Teigscheibe auf die Arbeitsfläche legen. Das Nudelholz an dem Ende der Teigscheibe platzieren, das dem Rand der Arbeitsfläche gegenüberliegt, vorsichtig zu sich heranziehen und dabei etwa 10 cm Teig um das Nudelholz wickeln.

2. Das Teigstück erneut ausrollen und aufwickeln. Dabei beim Ausrollen gleichzeitig mit schnellen, leichten Bewegungen mit den Handflächen von der Mitte des Nudelholzes zu den Enden fahren, um den Teig leicht zu dehnen. Dabei keinen Druck ausüben, damit er nicht festklebt. Beim Aufrollen die Hände wieder zur Mitte bewegen. Den Vorgang 3–4-mal wiederholen und dabei zügig arbeiten.

3. Nach und nach immer mehr Teig um das Nudelholz wickeln und wie in Schritt 2 beschrieben dehnen.

Sobald der Teig vollständig um das Nudelholz gewickelt ist, das Nudelholz um 180 Grad drehen, den Teig entrollen und Schritt 1 bis 3 wiederholen.

Danach sollte die Teigscheibe einen Durchmesser von etwa 60 cm haben. Ist der Teig am Rand etwas dicker als in der Mitte, einfach noch einmal mit dem Nudelholz über den Rand rollen, bis der Teig überall die gleiche Dicke hat. Risse oder Löcher in der Mitte lassen sich einfach beseitigen, indem man die Ränder zusammendrückt, mit etwas Wasser bepinselt und noch einmal mit dem Nudelholz darüberfährt.

Da der ausgerollte Teig sehr schnell austrocknet, muss er nun sofort geschnitten werden.

PASTATEIG MIT DER NUDELMASCHINE AUSROLLEN UND AUSZIEHEN

Für den Hausgebrauch empfehle ich Ihnen ein italienisches Fabrikat. Mit dem Standardmodell lässt sich der Teig in 15 cm breite Streifen in sechs verschiedenen Stärken ausrollen. Standardmäßig sind die Modelle außerdem mit zwei Schneidevorrichtungen (2 mm und 6,5 mm) für lange Nudeln ausgerüstet. Sie können den Teig aber auch einfach aufrollen und mit einem scharfen Messer schneiden, wenn Sie eine andere Breite wünschen.

Die Nudelmaschine nimmt Ihnen einen Großteil des mühsamen Ausrollens und Ausziehens ab. Damit der Teig schön elastisch wird und einen seidigen Glanz bekommt, muss er mindestens bis zur vorletzten Walzeneinstellung ausgerollt werden.

Den Teig in vier gleiche Portionen teilen. Die erste Portion mit der Handfläche so flach drücken, dass sie in der weitesten Walzeneinstellung in die Maschine passt. Den restlichen Teig mit Frischhaltefolie abdecken, damit er nicht austrocknet.

Den Teig bei weitester Walzeneinstellung durch die Maschine drehen und danach dreimal wie einen Geschäftsbrief zusammenfalten. Dabei eventuelle Luftblasen entfernen. Den Vorgang 4–5-mal wiederholen. Den Teig vor dem letzten Durchgang nicht mehr falten. Den ausgerollten Teig auf ein Geschirrtuch legen (dabei darauf achten, dass die Scheiben nicht miteinander in Berührung kommen, sie kleben sonst zusammen).

Nun geht es ans Dehnen. Da die Pastastreifen dabei immer länger werden, empfiehlt es sich, dies zu zweit zu machen. Sie können sie aber gegebenenfalls auch kürzen.

Die Walzeneinstellung um eine Stufe verringern und den Teig durch die Maschine lassen. Den Vorgang so lange wiederholen, bis der Teig die gewünschte Dicke hat, und die Walzeneinstellung dabei stufenweise verringern.

Da der ausgerollte Teig sehr schnell austrocknet, muss er nun sofort geschnitten werden.

PASTA SCHNEIDEN

Trockene, saubere Geschirrtücher auslegen, um die Nudeln darauf auszubreiten, und Mehl oder Grieß zum Bestäuben bereithalten.

Die Teigscheiben zunächst auf eine handliche Länge zurechtschneiden. Den restlichen Teig währenddessen stets mit einem sauberen, trockenen Geschirrtuch abdecken, damit er nicht mit der Luft in Berührung kommt.

Wie breit die verschiedenen Bandnudeln sein sollten, darüber gehen die Meinungen auseinander. Meine Empfehlungen für die Rezepte in diesem Buch finden Sie unten. Auch bei den Längen gibt es keine Standards. Doch hier gilt als Faustregel: Dünnere Nudeln können länger sein als dickere. Bei Tagliatelle und Fettuccine empfehle ich eine Länge von 25–30 cm. Dabei sollten Sie allerdings bedenken, dass sich Pasta beim Kochen etwas ausdehnt.

PASTA-BREITEN

Capelli d'angelo (Engelshaar) 1,5 mm
Tagliolini 2,5 mm
Tagliatelle 5 mm
Fettuccine 8–10 mm
Pappardelle 2,5 cm
Lasagnette 3 cm

Um die Nudeln von Hand zu schneiden, die Teigscheiben zu etwa 25 cm langen Rechtecken zurechtschneiden, mit Mehl bestäuben und lose aufrollen. Die Rolle mit einem scharfen Messer in Stücke mit der gewünschten Breite – bei Tagliatelle wären dies beispielsweise 5 mm – schneiden.

Die Nudeln mit bemehlten Händen vorsichtig entrollen und auf ein leicht bemehltes Geschirrtuch legen. Nochmals mit Mehl bestäuben, und das nächste Teigblatt schneiden. Trocknen die Nudeln zu schnell aus, werden sie mit einem feuchten Geschirrtuch abgedeckt, sind sie klebrig, noch einmal mit etwas Mehl bestäuben.

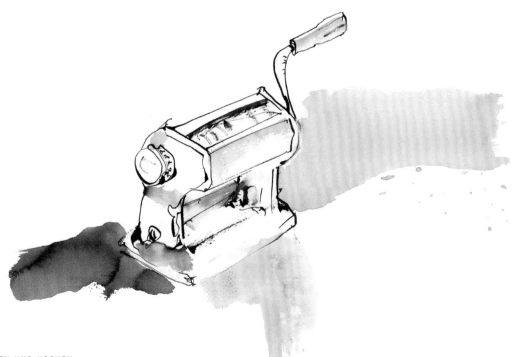

CANNELLONI

Die Teigscheibe mit einem scharfen Messer in 10 cm große Quadrate schneiden und diese auf ein mit Mehl bestäubtes Geschirrtuch legen, während der restliche Teig ausgerollt und geschnitten wird. Ist das Geschirrtuch vollständig belegt, ein zweites Tuch darauflegen, mit Mehl bestäuben und die nächsten Quadrate darauf ausbreiten.

LASAGNE

Den ausgerollten Teig mit einem scharfen Messer in 16 × 10 cm große Rechtecke schneiden und diese auf ein mit Mehl bestäubtes Geschirrtuch legen, während der restliche Teig ausgerollt und geschnitten wird. Ist das Geschirrtuch vollständig belegt, ein zweites Tuch darauflegen, mit Mehl bestäuben und die nächsten Rechtecke darauf ausbreiten.

FARFALLE

Den Teig mit einem scharfen Messer zunächst in 4 cm breite Streifen schneiden und diese mit einem gewellten Teigrädchen (ein scharfes Messer tut es aber auch) in 6 cm breite Stücke schneiden, sodass 6 × 4 cm große Rechtecke entstehen.

Die Rechtecke mit Daumen und Zeigefinger in der Mitte fest zusammendrücken, sodass sie eine Schmetterlingsform erhalten. Unter Umständen muss der Teig in der Mitte mit etwas Wasser bepinselt werden, damit die Farfalle ihre Form behalten. Die fertigen Farfalle auf ein bemehltes Geschirrtuch legen, während der Rest geschnitten und geformt wird.

GARGANELLI

Die Teigscheibe mit einem scharfen Messer in 2,5 cm große Quadrate schneiden. Eine Ecke der Quadrate mit Wasser befeuchten und den Teig von der gegenüberliegenden Ecke aus um einen sauberen Bleistift herum aufrollen. Das Teigende gut andrücken und den Stift herausziehen. Die fertigen Garganelli auf ein leicht bemehltes Geschirrtuch legen.

MALTAGLIATI

Maltagliati bedeutet so viel wie »schlecht geschnitten«, und genau so sieht diese Pasta auch aus. Dafür lassen sich Teigreste verwenden, die in 3–4 cm große Streifen, Rauten, Dreiecke und Rechtecke geschnitten werden – je unregelmäßiger, desto besser.

QUADRETTI

Die Teigscheibe mit einem scharfen Messer zunächst in 2 cm breite Streifen (dabei eventuell ein Lineal zu Hilfe nehmen) und diese anschließend in 2 cm breite Stücke schneiden, sodass Quadrate mit 2 cm Seitenlänge entstehen. Die Quadretti mit Mehl bestäuben, auf ein leicht bemehltes Geschirrtuch legen und bis zur Weiterverarbeitung mit einem feuchten Geschirrtuch abdecken.

Ravioli/Gefüllte Pasta

Aus dem ausgerollten frischen Pastateig lassen sich auch kleine Teigtaschen herstellen, die mit den verschiedensten Farcen gefüllt werden können. Die Anleitung sowie Anregungen für Füllungen und Rezepte finden Sie ab Seite 211 im Kapitel »Gefüllte Pasta«.

PASTA RICHTIG KOCHEN

Pasta sollte stets in reichlich Wasser – rechnen Sie etwa 1 Liter Wasser pro 100 Gramm Nudeln – und in einem nicht zu hohen, breiten Topf kochen, in dem sich die Hitze gleichmäßiger verteilt. Den Topf nicht bis oben hin mit Wasser füllen, damit es nicht überkocht. Das Wasser erst salzen, wenn es zu kochen beginnt. Geben Sie das Salz ins kalte Wasser, braucht es länger, bis es zum Kochen kommt. Man rechnet etwa 1 Teelöffel Stein- oder Meersalz auf 1 Liter Wasser. Bei getrockneter Pasta darf dem Wasser kein Öl beigegeben werden. Bei gefüllter Pasta wie z. B. Ravioli empfiehlt es sich, ein paar Tropfen Öl hinzuzufügen, damit die Päckchen nicht zusammenkleben.

Die Pasta erst ins Wasser geben, wenn es sprudelnd kocht. Lange Nudeln wie Spaghetti immer auf einmal in den Topf geben, kurze Nudeln wie Penne portionsweise. Damit das Wasser möglichst schnell wieder zum Kochen kommt, den Topf zu zwei Dritteln mit dem Deckel zudecken. Sobald es wieder kocht, den Deckel abnehmen und die Wärmezufuhr etwas verringern. Mit einer Gabel umrühren, damit die Nudeln nicht verkleben, und auch während des Kochens von Zeit zu Zeit umrühren.

Getrocknete Pasta sollte nur so lange gekocht werden, dass sie noch al dente ist, d. h. sie sollte außen weich sein, innen aber noch etwas Biss haben. Sie schmeckt dann nicht nur besser, sondern ist auch leichter verdaulich, weil sie nicht zu viel Wasser aufgesogen hat. Al dente bedeutet allerdings nicht, dass die Pasta noch roh sein sollte. Al dente werden Ihre Nudeln, wenn Sie von der auf der Packung angegebenen Kochzeit 1–2 Minuten abziehen. Probieren Sie während des Kochens immer wieder einmal eine Nudel, um zu testen, ob die Pasta eventuell bereits ausreichend gegart ist. Ich persönlich mag meine Pasta sehr al dente, deshalb lasse ich meine Spaghetti nur etwa 5 Minuten kochen, sodass sie noch einen weißen »Kern« haben.

Wie lange frische Pasta gekocht werden muss, hängt davon ab, ob die Nudeln ganz frisch oder ob sie bereits etwas angetrocknet sind. Kochen Sie beispielsweise Tagliatelle innerhalb 1 Stunde nach der Zubereitung, dürfen Sie nur 2 Minuten kochen. Kochen Sie sie hingegen erst am nächsten Tag, wenn sie getrocknet sind, beträgt die Kochzeit etwa 5 Minuten.

Sobald die Pasta die gewünschte Konsistenz hat, den Topf vom Herd nehmen und die Nudeln abgießen. Dabei etwas Kochwasser auffangen, um damit gegebenenfalls die Sauce zu verdünnen. Nudeln niemals mit kaltem Wasser abschrecken, sonst wird die Stärke abgespült, die dafür sorgt, dass die Sauce gut an der Pasta haftet. Ich mische die Pasta nach dem Abgießen gewöhnlich sofort mit der Sauce. So nimmt sie die Sauce auf und wird dabei gleichzeitig fertig gegart.

Pasta schmeckt am besten frisch gekocht. In Italien sagt man: Die Pasta wartet nicht auf Sie, vielmehr müssen Sie auf die Pasta warten. Und ertränken Sie Ihre Nudeln nicht in Sauce, sie sollten nur gerade damit überzogen sein.

PASTA SELBER MACHEN UND KOCHEN

Kehrten die Bauern in den ländlichen Gegenden Italiens früher von den Feldern oder die Jäger aus den Wäldern heim, schlug ihnen bereits der Duft einer Suppe entgegen, die stets in einem Kessel über dem Herd vor sich hin köchelte. Suppen gehören mit zu den ältesten Gerichten der italienischen Küche und haben bis heute nichts an Beliebtheit eingebüßt. Denn sie sind nicht nur schmackhaft, wärmend und sättigend, sondern obendrein im Handumdrehen zubereitet. Etwas Gemüse oder Hülsenfrüchte und dazu ein wenig Olivenöl, Zwiebel, Pancetta und eine Handvoll Suppennudeln – mehr braucht es nicht. Und mit etwas Olivenöl oder Pesto und einem knusprigen Landbrot serviert, wird daraus eine vollwertige Mahlzeit.

Als leichte Vorspeise genießt man vor allem in den Herbst- und Wintermonaten gerne eine klare Brühe *(brodo)*. Noch heute steht in vielen italienischen Küchen stets ein Topf mit Brühe auf dem Herd, die darauf wartet, mit einer Pasta angereichert oder aber einfach nur als Consommé – bei festlichen Anlässen vielleicht sogar in hauchdünnen Porzellantässchen – serviert zu werden.

In diesem Kapitel finden Sie beides: die kräftigen Suppen und die leichten Brühen mit Pastaeinlage. Und dazu ein paar fantastische Grundbrühen, die sich auch zum Einfrieren eignen. Besonders praktisch ist es, wenn Sie die Brühe zunächst in Eiswürfelbehältern gefrieren lassen und die Würfel anschließend in Gefrierbeutel füllen. So können Sie bei Bedarf immer genau die Portion entnehmen, die Sie benötigen.

Hühnerbrühe

BRODO DI POLLO

1 großes Hähnchen (etwa 1,5 kg), enthäutet
1 Zwiebel, geschält
1 Möhre, halbiert
1 Stange Sellerie, halbiert
1 Handvoll glatte Petersilie (nach Belieben)
1 kräftige Prise Meersalz
ein paar schwarze Pfefferkörner

ERGIBT ETWA 1,5 LITER

Mit den Zutaten dieser Hühnerbrühe können Sie eine komplette Mahlzeit bestreiten: Servieren Sie die Brühe mit Pasta (die Sie darin kochen) als Vorspeise und das Huhn, das Sie in der Brühe gekocht haben, mit Salsa verde und einem Salat oder Gemüse als Hauptgang. Ein wunderbares Mittagessen für die kalte Jahreszeit.

Sämtliche Zutaten in einen Suppentopf oder einen anderen großen Topf füllen und mit kaltem Wasser (etwa 2 Liter) bedecken. Aufkochen und 15 Minuten kochen lassen. Die Wärmezufuhr verringern und das Ganze 2 Stunden köcheln lassen. Die Brühe dabei gegebenenfalls von Zeit zu Zeit abschäumen.

Das Hähnchen herausnehmen, die Brühe etwas abkühlen lassen, durch ein feines Sieb in eine Schüssel seihen und mindestens 2 Stunden in den Kühlschrank stellen. So setzt sich das Fett an der Oberfläche ab und muss vor der Weiterverarbeitung nur abgeschöpft werden.

Fischbrühe

FUMETTO DI PESCE

500 g Fischköpfe und -gräten (nach Möglichkeit mehr Köpfe als Gräten)
1 Zwiebel, in Spalten geschnitten
1 Stange Sellerie, grob gehackt
1 Möhre, grob gehackt
1 dicke Zitronenscheibe
je 2 Zweige Salbei und Thymian
150 ml trockener Weißwein
1 Lorbeerblatt
1 kräftige Prise Meersalz
ein paar schwarze Pfefferkörner

ERGIBT ETWA 1,5 LITER

Die Fischköpfe und die Gräten nicht einfach wegwerfen, denn sie verleihen der Brühe erst den richtigen Geschmack. Lassen Sie sich die Köpfe und Gräten also immer extra einpacken und mitgeben, wenn Sie Ihren Fisch vom Fischhändler filetieren lassen.

Diese Fischbrühe eignet sich gut zum Einfrieren – am besten in einem Eiswürfelbehälter. So können Sie die Würfel einzeln entnehmen, um damit beispielsweise eine Pastasauce zu verdünnen.

Sämtliche Zutaten in einen Suppentopf oder einen anderen großen Topf füllen und mit kaltem Wasser (etwa 2 Liter) bedecken. Aufkochen lassen, die Wärmezufuhr danach verringern und das Ganze 40 Minuten köcheln lassen. Die Brühe dabei gegebenenfalls von Zeit zu Zeit abschäumen.

Die Brühe durch ein feines Sieb in eine Schüssel seihen und im Kühlschrank (bis zu 3 Tage) aufbewahren oder einfrieren (4–6 Monate).

SUPPEN UND BRÜHEN

Rinderbrühe

BRODO DI MANZO

Vor allem in den ländlichen Gegenden Norditaliens durchzieht in den Wintermonaten noch heute viele Häuser der Duft von Fleischbrühe, die auf dem Herd vor sich hin köchelt. Die herzhafte Brühe wird mal mit Pasta, mal als klare Consommé zum Aufwärmen vor dem Hauptgericht serviert.

Ob Sie die Brühe vor dem Servieren entfetten, bleibt Ihnen überlassen. Vielleicht halten Sie es ja mit den Bolognesern, bei denen stets ein paar Fettaugen, die man hier liebevoll *stelline* (Sternchen) nennt, auf der Brühe schwimmen müssen.

500 g fleischige Rinderknochen (z.B. Hachse, Brust- oder Wadenknochen)
500 g Rinderknorpelknochen
2 Möhren, halbiert
2 Stangen Sellerie mit Grün, in 5 cm lange Stücke geschnitten
2 Zwiebeln, geschält und halbiert
2 große reife Tomaten, halbiert
1 Handvoll glatte Petersilie
1 Lorbeerblatt
1½ TL Meersalz
einige schwarze Pfefferkörner

ERGIBT ETWA 2 LITER

Den Backofen auf 220 °C vorheizen. Die Knochen in einem Bräter verteilen und 30 Minuten rösten. Umrühren. Möhren, Sellerie und Zwiebeln hinzufügen und das Ganze unter gelegentlichem Rühren weitere 45–60 Minuten rösten, bis die Knochen dunkelbraun sind.

Die Knochen mit dem Gemüse in einen großen Suppentopf füllen. Die im Bräter verbliebene Flüssigkeit entfetten und mit 500 ml Wasser aufgießen. Bei mittlerer Hitze aufkochen lassen und den Bratensatz loskochen. Zu den Knochen gießen und 2 Liter Wasser hinzufügen. Aufkochen lassen, die Wärmezufuhr danach verringern und bei etwas geöffnetem Deckel 30 Minuten köcheln lassen. Die Brühe dabei gegebenenfalls von Zeit zu Zeit abschäumen. Tomaten, Petersilie, Lorbeerblatt, Salz und Pfefferkörner dazugeben und weitere 3 Stunden bei leicht geöffnetem Deckel köcheln lassen.

Die Knochen herausnehmen und die Brühe durch ein feines Sieb in eine Schüssel seihen, noch einmal abschmecken und in der offenen Schüssel im Kühlschrank abkühlen lassen. Die Fettschicht, die sich an der Oberfläche absetzt, vor der Verwendung entfernen (oder auch nicht …).

Die Brühe kann 3 Tage im Kühlschrank aufbewahrt oder bis zu 6 Monate eingefroren werden. Die Brühe am besten in einem Eiswürfelbehälter gefrieren lassen und die Würfel anschließend in einen Gefrierbeutel füllen.

SUPPEN UND BRÜHEN

Gemüsebrühe

BRODO DI VERDURE

1 Zwiebel, geschält und halbiert

1 Möhre, halbiert

2 Stangen Staudensellerie mit Grün, halbiert

1 Knoblauchzehe, geschält

6 Champignons, im Ganzen

je 3 Stängel Majoran, Thymian und glatte
   Petersilie

3 Lorbeerblätter

1 TL Meersalz

1 TL schwarze Pfefferkörner

ERGIBT ETWA 1,5 LITER

Noch heute habe ich den Geschmack der herrlichen Gemüsebrühen meiner Kindheit auf der Zunge. Das Gemüse und die vielen frischen Kräuter, die ihnen erst den richtigen Geschmack verliehen, stammte natürlich aus unserem Garten.

Besonders lecker schmeckt diese Gemüsebrühe mit Ravioli mit Gemüsefüllung (siehe Seite 215), Tortellini oder Passatelli (siehe Seite 37). Davon werden nicht nur Vegetarier begeistert sein!

Sämtliche Zutaten in einen Suppentopf oder einen anderen großen Topf füllen, mit 2 Liter Wasser bedecken und aufkochen lassen. Die Wärmezufuhr danach verringern und das Ganze etwa 1 Stunde köcheln lassen.

Die Brühe anschließend durch ein feines Sieb in eine Schüssel seihen – fertig!

Minestrone mit Frühlingsgemüse

MINESTRONE LEGGERO CON DITALINI

3 Möhren, in Würfel geschnitten

2 Stangen Sellerie, in Würfel geschnitten

1 große weiße Zwiebel, gehackt

300 g Zucchini, in Würfel geschnitten

300 g Kartoffeln, in Würfel geschnitten

150 g Erbsen, enthülst

150 g grüne Bohnen, abgefädelt und in 1 cm
   lange Stücke geschnitten

200 g Spinat, gehackt

200 g reife Tomaten, enthäutet, die Samen
   entfernt (siehe Seite 51), Fruchtfleisch in
   Würfel geschnitten

Meersalz, frisch gemahlener schwarzer Pfeffer

300 g Ditalini

60 ml Olivenöl extra vergine

1 Handvoll Basilikum, gehackt, oder 2 EL Pesto

frisch geriebener Parmesan zum Servieren
   (nach Belieben)

FÜR 4–6 PERSONEN

Diese gesunde, farbenfrohe Frühlingssuppe ist etwas für Gaumen und Auge. Das Gemüse in möglichst gleich große Würfel schneiden, die etwas größer als die Pasta sein sollten. Ich habe hier Ditalini (kleine Röhrennudeln) verwendet, genauso gut eignen sich aber auch die etwas längeren Sedanini.

Das Gemüse in einen Suppentopf füllen und großzügig mit Wasser bedecken. Bei starker Hitze aufkochen lassen, mit einem Holzkochlöffel gut umrühren und mit Salz und Pfeffer würzen. Die Wärmezufuhr verringern, den Deckel auflegen und das Gemüse 15 Minuten garen. Die Pasta hinzufügen, gut umrühren und die Nudeln 8–10 Minuten bzw. nach Packungsanweisung kochen.

Die Minestrone vom Herd nehmen, Olivenöl und Basilikum oder Pesto einrühren. Wenn Sie Pesto verwenden, die Suppe noch mit etwas Parmesan bestreuen.

SUPPEN UND BRÜHEN

Gemüsebrühe mit Ditalini und Kartoffeln

PASTA E PATATE IN BRODO

Solche dicken, herzhaften Suppen nennt man in Italien *Minestra*. Besonders beliebt sind sie in der Toskana. Obwohl sie schon vor langer Zeit aus Südamerika zu uns gelangt war, wurde die Kartoffel bis ins 19. Jahrhundert in der italienischen Küche nur selten verwendet, weil man sie für giftig hielt. Ein Irrglaube, mit dem erst der Bischof von Ligurien, meiner Heimatregion, aufräumte: Er empfahl vor allem den Armen unter seinen Schäfchen den Anbau der nahrhaften Knolle.

100 g Pancetta
2 Zweige Rosmarin, die Nadeln abgezupft
80 ml Olivenöl extra vergine
3 Frühlingszwiebeln, fein gehackt
1 große reife Tomate, enthäutet, die Samen entfernt (siehe Seite 51), das Fruchtfleisch in Scheiben geschnitten
300 g vorwiegend festkochende Kartoffeln, geschält und in Würfel geschnitten
Meersalz und frisch gemahlener schwarzer Pfeffer
1 l Gemüsebrühe (siehe Seite 32)
200 g Ditalini oder andere Suppennudeln
frisch geriebener Parmesan zum Servieren (nach Belieben)

FÜR 4–6 PERSONEN

Den Pancetta mit dem Rosmarin fein hacken (am besten mit einem Wiegemesser – ein großes, scharfes Messer eignet sich aber ebenso gut).

Das Öl bei mittlerer Hitze in einem großen Topf heiß werden lassen. Die Frühlingszwiebeln mit der Pancetta-Rosmarin-Mischung hineingeben und 4 Minuten anschwitzen. Dabei laufend mit einem Holzpfannenwender rühren. Tomate und Kartoffeln hinzufügen, mit etwas Salz und Pfeffer bestreuen und 1 Minute rühren.

Die Brühe angießen, aufkochen und 10 Minuten kochen lassen. Die Pasta dazugeben und nach Packungsanweisung garen.

Die *Minestra* sehr heiß – nach Belieben mit Parmesan bestreut – servieren.

SUPPEN UND BRÜHEN

Nudelsuppe mit Bohnen

PASTA E FAGIOLI ALLA MONTANARA

Pasta e fagioli gehört zu den wenigen Gerichten, die man überall in Italien findet – sei es nun als norditalienische *Pasta e fasoi* oder als kalabrische *Pastafazool*, der Dean Martin ein Denkmal gesetzt hat. Diese kalabrische Variante wird mit weißen Riesenbohnen, in Italien *Fagioli di Spagna* (spanische Bohnen) genannt, zubereitet und mit Chilischoten gewürzt.

   Mit der Zubereitung muss bereits am Vortag begonnen werden, denn die Bohnen müssen über Nacht eingeweicht werden, und die fertige Suppe sollte vor dem Servieren einige Stunden ruhen.

1 kg weiße Riesenbohnen
1 Möhre, halbiert
1 Stange Sellerie, halbiert
75 ml Olivenöl
3 Knoblauchzehen, geschält und leicht zerdrückt
2 rote Chilischoten, fein gehackt
1 kg weiße Zwiebeln, geschält und grob gehackt
200 g Schinken, in Würfel geschnitten
200 g reife Tomaten, enthäutet, die Samen entfernt (siehe Seite 51), Fruchtfleisch in Würfel geschnitten
Meersalz
300 g Kartoffeln, geschält und in Würfel geschnitten
400 g Makkaroni, Ditalini oder Spaghetti (in kleine Stücke gebrochen)
frisch geriebene Muskatnuss zum Servieren

FÜR 4–6 PERSONEN

Die Bohnen mit kaltem Wasser bedecken und über Nacht einweichen lassen.

Am nächsten Tag abgießen, in einen großen Topf füllen und großzügig (5–10 cm hoch) mit kaltem Wasser bedecken. Möhre und Sellerie hinzufügen, aufkochen und 45 Minuten bei geringer Hitze köcheln lassen.

In der Zwischenzeit das Öl in einer Pfanne mit schwerem Boden erhitzen und den Knoblauch mit den Chilischoten goldbraun anbraten. Die Knoblauchzehen herausnehmen, die Zwiebeln in die Pfanne geben und unter Rühren glasig schwitzen. Den Schinken hinzufügen und 3 Minuten anbraten. Die Tomaten dazugeben, gut umrühren und das Ganze noch 2 Minuten kochen lassen.

Möhre und Sellerie aus dem Topf mit den Bohnen nehmen und den Pfanneninhalt hineingeben. Gut umrühren, mit Salz würzen und die Bohnen weitere 45 Minuten köcheln lassen. Den Topf vom Herd nehmen, Kartoffeln und Pasta hineingeben und gut umrühren. Den Topf zudecken und die Suppe etwa 2 Stunden ruhen lassen. Die Kartoffeln und die Pasta sind danach perfekt gegart!

Die Suppe noch einmal vorsichtig erhitzen, mit etwas frisch geriebenem Muskat bestreuen und servieren.

SUPPEN UND BRÜHEN

Kichererbsensuppe mit Quadretti

ZUPPA DI CECI CON QUADRETTI

Kichererbsen sind eine typische Zutat der mediterranen Küche, die man bereits in Rezepten aus dem antiken Rom findet. Sie sind ausgesprochen gesund und verleihen den Speisen einen angenehmen nussigen Geschmack. Der Name des berühmten römischen Philosophen und Politikers Cicero soll übrigens von *cicer*, dem lateinischen Wort für Kichererbse, abgeleitet sein. Schuld daran war angeblich eine Warze auf der Nase seines Großvaters, die wie eine Kichererbse aussah. Ich verwende am liebsten getrocknete Kichererbsen, die allerdings vor dem Kochen über Nacht eingeweicht werden müssen.

400 g Kichererbsen
300 g Einfacher Pastateig (siehe Seite 11)
10 g getrocknete Steinpilze
15 Salbeiblätter, grob gehackt
1 Knoblauchzehe, fein gehackt
2 Stangen Sellerie, fein gehackt
2 große reife Tomaten, enthäutet, die Samen entfernt (siehe Seite 51), Fruchtfleisch in Scheiben geschnitten
Meersalz
60 ml Olivenöl extra vergine
80 g Parmesan, frisch gerieben
frisch geriebene Muskatnuss

FÜR 4 PERSONEN

Die Kichererbsen 24 Stunden in kaltem Wasser einweichen, anschließend abgießen und in einen Kochtopf füllen. Mit der doppelten Menge kaltem Wasser bedecken und 2 Stunden köcheln lassen. Dabei regelmäßig mit einem Kochlöffel umrühren und gegebenenfalls den Schaum abschöpfen.

In der Zwischenzeit den Pastateig herstellen. Die Steinpilze 15 Minuten in warmem Wasser einweichen, abgießen, abtropfen lassen und grob hacken. Mit Salbei, Knoblauch und Sellerie mischen und beiseitestellen.

Den Pastateig dünn ausrollen (siehe Seite 17–18), dann zunächst waagrecht und danach senkrecht in 2 cm breite Streifen schneiden, sodass 2 cm große Quadrate entstehen. Mit Mehl bestäuben, auf ein sauberes, leicht bemehltes Geschirrtuch legen und mit einem angefeuchteten Geschirrtuch abdecken.

Nach 90 Minuten die Tomaten und die Pilzmischung zu den Kichererbsen geben, mit 1 kräftigen Prise Salz würzen, gut umrühren und das Ganze noch 30 Minuten kochen lassen, bis die Kichererbsen weich sind.

Die Quadretti 1 Minute in reichlich Salzwasser kochen. Abgießen und dabei etwas Kochwasser auffangen. Die Pasta zur Suppe geben, gut umrühren und das Ganze noch 2 Minuten kochen lassen.

Ist die Suppe zu trocken, etwas von dem aufgefangenen Nudelwasser hinzufügen. Die Suppe auf Suppenteller verteilen, jeweils mit 1 Esslöffel Olivenöl beträufeln, mit etwas frisch geriebenem Muskat und dem Parmesan bestreuen.

SUPPEN UND BRÜHEN

Passatelli in Brühe

PASSATELLI IN BRODO

Bei einem Abendessen mit den Angestellten von Lucio's Restaurant sagte mein früherer Geschäftspartner Marino Maioli, der aus den Bergen in der Nähe von Rimini stammt: »Ich würde zu gerne wieder einmal die Passatelli meiner Mutter essen! Das ist eine Art Pasta, aber keine Pasta im eigentlichen Sinn. Der Teig wird aus Parmesan und Paniermehl hergestellt und dann durch eine spezielle Presse mit Löchern gedrückt. Anschließend kocht man die Fädchen in Brühe, bis sie an die Oberfläche steigen. Passatelli sind ein typisches Wintergericht, das meist an Sonntagen gegessen wird. Wenn ihr wieder einmal in Italien seid, schaut mal bei meiner Mutter vorbei und lasst euch Passatelli von ihr machen.« Gesagt, getan! Ich fuhr quer durch Italien zu Marinos Mutter an die Adria, und die Passatelli, die sie für mich machte, waren genau so, wie Marino sie beschrieben hatte.

Passatelli sind eine Spezialität der Emilia-Romagna und werden gewöhnlich in einer Brühe serviert. Wie so oft in Italien sind sie außerhalb ihrer Ursprungsregion nahezu unbekannt. In der Emilia hat man ein besonderes Faible für Muskat. Deshalb wird nicht nur der Teig damit gewürzt, oft reibt man bei Tisch noch etwas davon über den Parmesan. In der Romagna, vor allem in den Küstengegenden, verfeinert man den Teig gerne mit Zitronenschale, kocht die Passatelli wie Nudeln und serviert sie mit einer Muschelsauce.

Es gibt allerdings ein kleines Problem: Die Presse ist selbst in Italien nur schwer zu bekommen. Eine Kartoffel- oder Spätzlepresse eignet sich aber ebenso gut.

3 Eier
etwas frisch geriebene Muskatnuss
Meersalz
150 g Parmesan, frisch gerieben
+ geriebener Parmesan zum Servieren
150 g altbackenes Brot, fein gemahlen, oder Paniermehl
20 g weiche Butter oder Knochenmark
1 EL Mehl
1,5 l Hühnerbrühe (siehe Seite 30)

FÜR 4 PERSONEN

Die Eier über einer großen Keramikschüssel aufschlagen und mit Muskat und etwas Salz würzen. Mit einer Gabel verrühren und dabei den Parmesan, das Paniermehl und die Butter oder das Knochenmark einarbeiten. Die Mischung zu einem weichen Teig verkneten. Ist der Teig zu klebrig, etwas Mehl hinzufügen, ist er zu fest, etwas Wasser dazugeben. Den Teig zu einer Kugel formen und 2 Stunden bei Zimmertemperatur ruhen lassen.

Den Teig in kleine Portionen teilen (sie sollten nicht zu groß sein, damit die Passatelli nicht zu lang werden) und durch die Kartoffelpresse auf ein leicht bemehltes Geschirrtuch drücken. Die Brühe zum Kochen bringen, vom Herd nehmen, die Passatelli sofort hineingeben und vorsichtig umrühren. Die Passatelli sind fertig, wenn sie an die Oberfläche steigen. Sofort mit Parmesan und nach Belieben noch etwas geriebener Muskatnuss bestreut servieren.

SUPPEN UND BRÜHEN

Nudelsuppe mit Erbsen

PASTA E PISELLI

Diese herzhafte Suppe ist so schnell und einfach zuzubereiten, dass sie von nun an wahrscheinlich häufiger auf Ihren Tisch kommen wird.
    Früher wurde die Pasta in den italienischen Lebensmittelgeschäften in Regalen mit Glasschütten gelagert. In den Schütten blieb stets eine Menge Bruch übrig, der zu einem günstigeren Preis verkauft wurde und den man gerne als Suppeneinlage verwendete.

90 ml Olivenöl extra vergine
25 g Butter
1 kleine weiße Zwiebel, fein gehackt
70 g Pancetta, in schmale Streifen geschnitten
400 g frische oder tiefgekühlte Erbsen
Meersalz und frisch gemahlener schwarzer Pfeffer
200 g Tubetti, Ditalini oder Spaghetti (in kleine Stücke gebrochen)
1 EL fein gehackte glatte Petersilie
80 g Parmesan, frisch gerieben

FÜR 4 PERSONEN

Öl und Butter bei geringer bis mittlerer Hitze in einem großen Topf erhitzen. Die Zwiebel mit dem Pancetta 6–8 Minuten unter Rühren darin anbraten, bis die Zwiebel weich ist. Die Erbsen dazugeben, sparsam mit Salz und Pfeffer würzen und die Erbsen einige Minuten unter Rühren erhitzen.

1 Liter Wasser oder Brühe nach Wahl angießen, aufkochen lassen und die Erbsen 10 Minuten (tiefgekühlte Erbsen 5 Minuten) garen. Die Pasta in den Topf geben und nach Packungsanweisung kochen. Dabei immer wieder mit einem Kochlöffel umrühren.

Sobald die Pasta gar ist, die Petersilie einrühren und die Suppe sofort mit dem Parmesan servieren.

Tortellini mit Fleischfüllung in Hühnerbrühe

TORTELLINI IN BRODO

Tortellini sind eine Spezialität der Emilia-Romagna. Besonders beliebt sind sie in Bologna und Modena. Sie können mit einer Sauce (sehr zu empfehlen die Bologneser Sauce auf Seite 56 oder die Tomatensaucen auf Seite 51 und 52) oder in einer Brühe serviert werden.

Wenn Sie Ihr Hackfleisch beim Metzger kaufen, bitten Sie ihn, es zweimal durch den Fleischwolf zu drehen. So wird die Füllung feiner und lockerer.

400 g Einfacher Pastateig (siehe Seite 11)
1,5 l Hühnerbrühe (siehe Seite 30)
frisch geriebener Parmesan zum Servieren

FÜR DIE FÜLLUNG

20 g Butter
100 g Hackfleisch vom Kalb
100 g Hackfleisch vom Schwein (möglichst von einem Lendenstück)
6 Salbeiblätter, fein gehackt
Meersalz und frisch gemahlener schwarzer Pfeffer
30 g Ricotta
50 g Schinken, fein gehackt
2 Eier
etwas frisch geriebene Muskatnuss
100 g Parmesan, frisch gerieben

FÜR 4 PERSONEN

Zunächst den Pastateig wie auf Seite 11 beschrieben herstellen.

Während der Teig ruht, die Butter bei starker Hitze in einer Pfanne erhitzen. Das Fleisch mit dem Salbei hineingeben, mit Salz und Pfeffer würzen und einige Minuten anbräunen. Anschließend in eine Schüssel füllen, abkühlen lassen und danach mit Ricotta, Schinken, Eiern, etwas Muskat und Parmesan vermengen.

Den Teig ausrollen und Tortellini daraus herstellen (siehe Seite 217). Die Tortellini mit der Fleischfarce füllen.

Die Brühe zum Köcheln bringen und die Tortellini 4–5 Minuten darin kochen (sie sind fertig, wenn sie an die Oberfläche steigen). Die Tortellini mit der Brühe in eine Terrine füllen und sofort mit reichlich frisch geriebenem Parmesan servieren.

SUPPEN UND BRÜHEN

Brühe mit Fleischbällchen und Pasta

PASTA IN BRODO CON POLPETTINE

Suppen und Eintöpfe mit Fleischbällchen anzureichern, ist eine arabische Tradition, die man vor mehr als 1000 Jahren auf Sizilien übernommen hat. Die herzhaften Fleischbällchen sind eine perfekte Ergänzung zu den zarten Zucchini und der leichten Pasta. Wie bei allen In-brodo-Gerichten kommt es hier besonders auf die Qualität der Brühe an – damit Sie Ihren Gästen am Ende der Mahlzeit stolz verkünden können, dass Sie sie selbst gemacht haben.

2 Scheiben italienisches Brot (1,5 cm dick), entrindet
250 ml Milch
200 g Kalbs- oder Rinderhackfleisch
1 Ei
1 Handvoll glatte Petersilie, gehackt
80 g Parmesan, frisch gerieben
Meersalz und frisch gemahlener schwarzer Pfeffer
2 l Rinderbrühe (siehe Seite 31)
500 g Zucchini, in Würfel geschnitten
400 g kurze Suppennudeln
frisch geriebener Parmesan zum Servieren

FÜR 4 PERSONEN

Das Brot in kleine Stücke reißen und in der Milch einweichen. Anschließend ausdrücken und mit Hackfleisch, Ei, Petersilie und Parmesan in eine Schüssel geben. Mit Salz und Pfeffer würzen und die Zutaten sorgfältig mit den Händen vermengen. Mit einem Löffel Bällchen abstechen (die Bällchen sollten möglichst nur etwa haselnussgroß sein).

Die Brühe in einem großen Topf zum Kochen bringen. Die Fleischbällchen hineingeben, die Wärmezufuhr verringern und die Bällchen 3–4 Minuten köcheln lassen, bis sie durchgegart sind (die Kochzeit hängt von der Größe der Bällchen ab). Zucchini und Pasta dazugeben und das Ganze köcheln lassen, bis die Pasta al dente gegart ist.

Die Suppe in eine Terrine füllen und sofort mit Parmesan bestreut servieren.

SUPPEN UND BRÜHEN

Gefüllte Quadretti in Rinderbrühe

QUADRETTI SPALMATI IN BRODO

Im Unterschied zu Ravioli wird die Füllung bei den Quadretti gleichmäßig auf einer Hälfte der Pasta verteilt. Anschließend klappt man die andere Hälfte darüber, drückt sie gut an und schneidet das Ganze in Quadrate.

200 g Einfacher Pastateig (siehe Seite 11)
1,5 l Rinderbrühe (siehe Seite 31)
frisch geriebener Parmesan zum Servieren

FÜR DIE FÜLLUNG

2 Eier
Meersalz und frisch gemahlener schwarzer
   Pfeffer
100 g Ricotta
100 g Mascarpone
100 g Parmesan, frisch gerieben

FÜR 4 PERSONEN

Zunächst einen Pastateig wie auf Seite 11 beschrieben – mit der halben Zutaten-menge – herstellen.

Während der Teig ruht, die Füllung zubereiten. Die Eier über einer großen Schüs-sel aufschlagen, mit etwas Salz und Pfeffer würzen, mit einer Gabel verquirlen und sorgfältig mit Ricotta, Mascarpone und Parmesan verrühren.

Den Pastateig zu einem langen Rechteck ausrollen (siehe Seite 17–18). Die Füllung gleichmäßig auf einer Teighälfte verstreichen, die zweite Hälfte darüber-schlagen und vorsichtig mit den Fingerspitzen andrücken. Dabei darauf achten, dass die Füllung auch gut an der oberen Teighälfte haftet. Den gefüllten Teig in 2 cm große Quadrate schneiden und 10 Minuten trocknen lassen.

Die Brühe in einem großen Topf zum Köcheln bringen, die Quadretti vorsichtig hineingleiten lassen und 3–4 Minuten kochen.

Sehr heiß mit Parmesan bestreut servieren.

SUPPEN UND BRÜHEN

Klassische Pasta-saucen

Mit der Pasta und der Sauce ist es wie mit dem Huhn und dem Ei. Man fragt sich, was eigentlich wichtiger ist – die Pasta oder die Sauce. Ist die Pasta lediglich die Grundlage, ohne die eine gute Sauce nun mal nicht auskommt, oder ist die Sauce nur dazu da, die Pasta erst richtig zur Geltung zu bringen?

In diesem Kapitel steht einmal nicht die Pasta, sondern die Sauce im Mittelpunkt. Sie lernen hier einige klassische Beilagen, Dressings und Würzsaucen kennen, die man in Italien stets vorrätig hat.

Es werden Ihnen hier Begriffe wie Sugo, Salsa und Ragù begegnen. Jeder dieser Begriffe bezeichnet eine ganze bestimmte Art von Sauce. Ein Ragù (oder tocco im ligurischen Dialekt) ist im Allgemeinen eine Fleischsauce. Ein Sugo ist eine dünnflüssige Sauce, die meist aus Tomaten hergestellt wird. Und eine Salsa ist eine dickere Gemüsesauce mit Gemüsestückchen, die nicht püriert wird.

Den Anfang macht natürlich die Königin der Saucen – das Pesto, der ganze Stolz meiner Heimatregion Ligurien.

PESTO

Drei Eigenschaften zeichnen die ligurische Küche aus: Sie ist einfach, preiswert und originell. Einfach ist sie, weil man die einzelnen Zutaten noch herausschmecken möchte. Unsere von wirtschaftlicher Not geprägte Geschichte hat uns die Sparsamkeit gelehrt, und der Einfluss anderer Seefahrernationen – etwa der Normannen, der Wikinger und der Araber – hat unsere Küche zu etwas ganz Besonderem gemacht.

Geradezu ein Paradebeispiel dafür ist das Pesto (was wörtlich übersetzt so viel wie »zerstampft« bedeutet): Die Zutaten waren zumindest zu seiner Geburtsstunde und in seiner Heimat preiswert – wenn Sie es heute in Deutschland zubereiten wollen und auf hochqualitative Ingredienzen zurückgreifen, ist es das zweifellos nicht mehr. Aber es ist tatsächlich einfach zuzubereiten und seine Wurzeln liegen vermutlich in der arabischen Welt. Das echte *Pesto alla genovese* besteht aus sieben Zutaten: Basilikum, Knoblauch, Salz, Pinienkernen, Olivenöl, Parmesan und Pecorino. Wichtig ist ein ausgewogener Geschmack, d. h. keine Zutat darf die anderen überdecken. Darüber, wie pikant ein Pesto sein sollte, d. h., wie viel Knoblauch man nimmt und wie pikant der Pecorino sein sollte, sind sich die Ligurier noch uneins. Es wird jedoch zunehmend pikanter, je mehr man sich Genua nähert.

Während es im 19. Jahrhundert in Ligurien vor allem das Basilikum war, das dem Pesto Geschmack und Farbe verlieh, hat man es in anderen Teilen Italiens den lokalen Geschmacksvorlieben angepasst. Damit Sie sich ein Bild von den zahlreichen regionalen Varianten machen können, finden Sie auch einige Rezepte aus anderen, vor allem süditalienischen Regionen:

- Linguine mit toskanischem Pesto (Seite 78)
- Fusilli mit Mandel-Minze-Pesto (Seite 78)
- Fusilli mit sizilianischem Pesto (Seite 79)
- Spaghetti mit Pistazienpesto (Seite 81)
- Rigatoni mit kalabrischem Pesto (Seite 82)
- Linguine mit Orangenpesto und Aubergine (Seite 85)
- Trofie mit Basilikum-Walnuss-Pesto (Seite 159)

Klassisches Pesto

PESTO ALLA GENOVESE

Weil das Pesto so einfach ist, kommt es besonders auf allerbeste Zutaten an. Damit es eine schöne erbsengrüne Farbe bekommt, sollten die Basilikumblätter klein und zart sein. Sind sie größer, empfehle ich Ihnen, die Stiele herauszutrennen und die Blätter in kleine Stücke zu reißen. Der Knoblauch muss ganz frisch, und die Pinienkerne dürfen nicht geröstet sein. Den Käse stets frisch reiben, und ein möglichst feines Meersalz verwenden. Am wichtigsten ist das Olivenöl. Am besten eignet sich hier wegen seines feinen, fruchtigen Geschmacks ein ligurisches Erzeugnis.

Es spricht zwar nichts dagegen, das Pesto im Mixer zuzubereiten, die richtige Emulsion erzielt man allerdings nur, wenn man die Zutaten im Mörser zermalmt. In welcher Reihenfolge man die Zutaten in den Mörser geben sollte, ist eine Frage, in der man sich ebenfalls uneins ist. Ich persönlich beginne stets mit Knoblauch und Salz und füge dann nacheinander das Basilikum, die Pinienkerne, den Käse und das Öl hinzu.

50 kleine Basilikumblätter
1 Knoblauchzehe, geschält
1 Prise Meersalz
1 EL ungeröstete Pinienkerne
2 EL frisch geriebener Parmesan
1 EL frisch geriebener milder Pecorino (nach Möglichkeit sardischer Pecorino)
etwa 3 EL Olivenöl extra vergine

FÜR 4 PERSONEN

Das Basilikum gründlich waschen und vorsichtig zwischen zwei Küchentüchern trocknen, ohne die Blätter dabei zu drücken.

Den Knoblauch mit 1 Prise Salz (es sorgt dafür, dass das Basilikum schön grün bleibt) mit drehenden Bewegungen im Mörser mit dem Stößel zermahlen. Die Pinienkerne, den Käse und 1 Esslöffel Öl hinzufügen und die Zutaten mit dem Stößel zermalmen. Das Pesto in eine Schüssel füllen und so viel Öl unterrühren, dass es eine glatte, cremige Konsistenz bekommt. Das Pesto, falls Sie es nicht gleich verwenden, mit Olivenöl bedeckt im Kühlschrank aufbewahren. Es ist so bis zu 1 Monat haltbar. Dabei darauf achten, dass es stets mit Öl bedeckt ist, damit es frisch bleibt und seine Farbe nicht verliert.

Wenn Sie Ihr Pesto lieber im Mixer zubereiten, alle Zutaten auf einmal hineingeben und auf niedrigster Stufe verrühren, bis das Pesto die gewünschte Konsistenz hat. Den Motor dabei immer wieder ausschalten, damit sich die Mischung abkühlen kann. Denn wird das Öl heiß, verliert das Basilikum sein Aroma.

Pesto niemals kochen oder erhitzen. Einfach mit der frisch gekochten Pasta – traditionell nimmt man Trenette (siehe Seite 76) – mischen und sofort servieren.

KLASSISCHE PASTASAUCEN

TOMATENSAUCEN

In der Vorstellung der Menschen ist die Tomatensauce so untrennbar mit Italien verbunden, dass viele überrascht sind, wenn sie erfahren, dass bis zum 18. Jahrhundert Tomaten in der italienischen Küche gar nicht verwendet wurden. Konnte sich die neue rote Frucht aus Amerika doch erst nach 1700 auch bei den Europäern durchsetzen. Den Anfang machten die Süditaliener und die Spanier, die Engländer hingegen brauchten noch einmal hundert Jahre, bis sie die Tomate nicht mehr für giftig hielten.

Es gibt mindestens ebenso viele Arten, eine Tomatensauce zuzubereiten, wie es Tomatensorten gibt. Worauf es vor allem ankommt, ist die Saucenbasis, von der letztlich der Geschmack der Sauce abhängt. Manche Köche verwenden dafür lediglich Zwiebeln, andere fügen noch etwas fein gehackten Knoblauch hinzu. Wieder andere schneiden den Knoblauch in Scheiben, damit die Sauce pikanter wird. Soll sie hingegen einen feineren Geschmack haben, wird das Öl lediglich mit dem Knoblauch aromatisiert. Manche geben noch Stangensellerie und Möhre dazu und passieren die Sauce vor dem Servieren. Andere verleihen ihr mit Sardellen, Chilischoten und Kapern eine pikante Note. Besonders herzhaft wird sie, wenn man sie noch mit gehacktem Pancetta oder Räucherspeck anreichert. Und nicht zu vergessen die Kräuter – Petersilie, Basilikum oder Thymian –, die man vor oder nach dem Kochen hinzufügt. Manche runden ihre Tomatensauce mit einem Tropfen Olivenöl ab, andere mit etwas Butter. Einige geben Parmesan dazu, andere nicht.

Ich stelle Ihnen hier drei meiner Lieblingstomatensaucen vor, die Sie jederzeit nach Lust und Laune abwandeln können, wie man das auch in Italien tut.

Pasta al pomodoro – Pasta, für gewöhnlich Spaghetti, mit Tomatensauce – ist das Gericht, das in ganz Italien wohl am meisten gegessen wird. Und das kommt nicht von ungefähr. Ist es doch außerordentlich schmackhaft und dabei kinderleicht und im Handumdrehen zuzubereiten.

A propos im Handumdrehen: Einen frischeren, eher säuerlichen Geschmack bekommt die Sauce, wenn man sie nur kurz kocht. Die Pasta einfach al dente kochen, währenddessen die Sauce zubereiten, Pasta und Sauce mischen – fertig ist die *Pasta al pomodoro!*

Tomatensauce I

SALSA DI POMODORO I

Tomaten und Basilikum sind die Stars dieser fantastischen, frischen und schnellen Sauce, die man am besten mit den süßsäuerlichen Strauchtomaten oder mit Eiertomaten zubereiten sollte (sind sie zu wässrig, die Tomaten nach dem Schneiden etwa ½ Stunde in einem Sieb abtropfen lassen).

1 EL Olivenöl extra vergine
2 Knoblauchzehen, geschält und leicht zerdrückt
1 rote Chilischote, der Länge nach halbiert, Kerne entfernt (nach Belieben)
600 g sehr reife Tomaten, enthäutet, die Samen entfernt (siehe unten), Fruchtfleisch gewürfelt
Meersalz
2 EL gehackte Basilikumblätter

FÜR 4 PERSONEN

Das Öl bei geringer Hitze in einem großen Topf mit schwerem Boden erhitzen. Den Knoblauch und gegebenenfalls die Chilischote hinzufügen und unter Rühren anschwitzen, bis der Knoblauch Farbe annimmt. Knoblauch und Chilischote anschließend aus dem Topf nehmen.

Die Tomaten in den Topf geben, mit Salz würzen und so lange köcheln lassen, bis die Tomaten zerfallen sind und die Flüssigkeit einzukochen beginnt. Dabei häufig umrühren, damit die Tomaten nicht anbrennen. Sobald die Sauce emulgiert und eindickt (nach etwa 4–5 Minuten), den Topf vom Herd nehmen und das Basilikum einrühren.

Die Sauce mit der Pasta – ich würde Spaghetti empfehlen – mischen und servieren.

Tomaten enthäuten und entkernen

Die Tomaten am Stielansatz kreuzweise einschneiden und 1 Minute in kochendes Wasser legen. Mit einem Schaumlöffel aus dem Topf heben und in Eiswasser tauchen, bis sich die Schale aufrollt. Die Tomaten trocken tupfen und die Schale einfach abziehen. Die Tomaten anschließend halbieren und die Samen mit einem Teelöffel herauskratzen.

KLASSISCHE PASTASAUCEN

Tomatensauce II

SALSA DI POMODORO II

1 Dose (400 g) geschälte Tomaten
60 ml Olivenöl extra vergine
1 Knoblauchzehe, gehackt
½ rote Zwiebel, fein gehackt
3 Stängel Basilikum
1 Prise Meersalz
1 TL Butter

FÜR 4 PERSONEN

Geschälte Tomaten in Dosen dürfen in keinem italienischen Haushalt fehlen und sind vor allem im Winter eine gute Alternative. Achten Sie aber auch hier auf Qualität – und darauf, dass die Dosen ausschließlich Tomaten enthalten – und kaufen Sie nach Möglichkeit italienische Produkte.
   Diese Sauce eignet sich besonders gut für Röhrennudeln wie z.B. Rigatoni.

Die Tomaten durch die Gemüsemühle passieren oder mit den Händen zerdrücken.

Das Öl bei mittlerer Hitze in einem großen Topf mit schwerem Boden erhitzen und den Knoblauch darin anschwitzen, bis er Farbe annimmt. Die Zwiebel hinzufügen und glasig schwitzen. Tomaten und Basilikum dazugeben, salzen und das Ganze 20 Minuten köcheln lassen, bis eine dicke Sauce entstanden ist. Das Basilikum entfernen und die Butter einrühren.

Tomatensauce III

SALSA DI POMODORO III

3 EL Olivenöl extra vergine
2 Knoblauchzehen, geschält und leicht
   zerdrückt
1 rote Zwiebel, gehackt
1 kleine Möhre, fein gewürfelt
2 Stangen Sellerie, fein gewürfelt
1 kg reife Eiertomaten, die Samen entfernt
   und das Fruchtfleisch grob gehackt
1 Prise Meersalz

FÜR 4 PERSONEN

Während der Saison, wenn Tomaten preisgünstig angeboten werden, sollten Sie gleich eine größere Menge dieser Sauce zubereiten und sie in sterilisierten Gläsern oder Flaschen konservieren. Und bevor Sie die Gläser verschließen, noch 1 frisches Basilikumblatt hinzufügen.

Für mich hat diese Sauce, die ich die »Grande Dame« unter den drei Tomatensaucen nennen würde, etwas von einer Sopranistin: Sie ist kraftvoll und dabei trotzdem fein und elegant. Sellerie, Möhre, Zwiebel und Basilikum unterstreichen ihren intensiven Tomatengeschmack noch.

Das Öl bei mittlerer Hitze in einem großen Topf mit schwerem Boden erhitzen, den Knoblauch unter Rühren anschwitzen, bis er Farbe annimmt, und danach herausnehmen. Die Zwiebel mit Möhre und Sellerie in den Topf geben und glasig schwitzen. Die Tomaten hinzufügen, salzen und das Ganze zugedeckt etwa 45 Minuten unter gelegentlichem Rühren köcheln lassen, bis die Tomaten zerfallen.

Die Sauce durch die Gemüsemühle oder ein Sieb passieren und wieder in den Topf gießen. Noch einmal abschmecken und bei geöffnetem Topf etwa 20 Minuten köcheln lassen, bis sie eindickt. Um zu prüfen, ob die Sauce die richtige Konsistenz hat, einen Tropfen davon auf einen Teller geben. Bildet sich ein großer wässriger Kreis um den Tropfen, ist die Sauce fertig.

Die Sauce kann 1 Woche im Kühlschrank aufbewahrt oder in sterilisierten Gläsern konserviert werden (siehe links).

RAGÙS

Ragùs findet man in ganz Italien, auch wenn sie in den einzelnen Regionen unterschiedlich zubereitet werden. Das Wort ist vom französischen Ragoût abgeleitet und bezeichnet ein Gericht aus klein geschnittenem, langsam geschmortem Fleisch (Kalb- oder Rindfleisch, Lamm, Ziege, Kaninchen- oder Wildhasenfleisch …).

Dabei bevorzugt jede Region andere Kräuter, Gewürze und Weine, und auch die Saucenbasis, in der das Fleisch gegart wird, wird unterschiedlich zubereitet. Manche Ragùs werden als zweigängige Mahlzeit serviert, d.h. die Sauce wird als erster Gang mit der Pasta gegessen, und im Anschluss serviert man das Fleisch, manchmal mit Gemüse, als Hauptgang. Oder aber das gehackte Fleisch wird in der Sauce mit der Pasta gegessen.

Das Ragù ist in der Regel ein Sonntagsgericht. Der Grund ist ein ganz einfacher: Sonntags hat man mehr Zeit zum Kochen. Jeder Italiener hat das Bild seiner Mutter oder Großmutter vor Augen, wie sie in einem großen Topf rührt, in dem das Ragù vor sich hin köchelt, und er erinnert sich an den herrlichen Duft, der diesem Topf entströmte.

Ragùs wecken Erinnerungen an gemeinsame Mahlzeiten, mit der Familie, mit Freunden. Vielleicht bald auch bei Ihnen … Und denken Sie daran: Die wichtigste Zutat eines jeden Ragùs ist Zeit.

Neben den Rezepten für die klassische Bolognese und die ligurischen Ragùs finden Sie in diesem Buch auf folgenden Seiten weitere Ragù-Rezepte:

- Neapolitanisches Ragù (Seite 58)
- Neapolitanische Fleischsauce (Seite 60)
- Sizilianische Fleischsauce (Seite 61)
- Lasagnette mit Tomaten-Ragù (Seite 172)
- Paprika-Pappardelle mit Ochsenschwanz (Seite 185)
- Lasagnette mit Kaninchensauce (Seite 186)
- Schokoladen-Tagliatelle mit Wildschwein-Ragù (Seite 191)

Ligurische Fleischsauce

TOCCO DI CARNE

Dieses gehaltvolle Ragù kommt aus Genua, der Hauptstadt der Region Ligurien. Dort nennt man es *tocco* (oder *tuccu* im Dialekt). Es kann ganz nach persönlichem Geschmack auf unterschiedliche Weise serviert werden: Man kann es – wie es meine Mutter machte – passieren und mit Pasta servieren oder man kredenzt vorab nur die Sauce mit Pasta und das Fleisch anschließend mit Gemüse (wie es meine Tante Anna zu tun pflegte). Wer Zeit und Muße hat, verwendet das Fleisch als reichhaltige Füllung von Ravioli und serviert diese dann mit der Sauce – und natürlich mit viel Parmesan darüber.

25 g getrocknete Steinpilze
100 ml Olivenöl extra vergine (nach Möglichkeit ein leichtes ligurisches Öl)
40 g Butter
50 g Knochenmark (nach Belieben)
1 Stange Sellerie, fein gewürfelt
1 kleine Möhre, fein gewürfelt
1 kleine weiße Zwiebel, fein gehackt
1 Knoblauchzehe, geschält und leicht zerdrückt
2 Lorbeerblätter
500 g Kalb- oder Rindfleisch (Schulter oder Bauch), wie ein Rollbraten aufgerollt und zusammengebunden
2 Zweige Rosmarin
120 ml trockener Weißwein
4 große, reife Tomaten, enthäutet, die Samen entfernt (siehe Seite 51) und das Fruchtfleisch in Würfel geschnitten
1 EL Tomatenmark
Meersalz
frisch gemahlener schwarzer Pfeffer
250–500 ml Kalbs- oder Rinderbrühe

FÜR 4 PERSONEN

Die Pilze 15 Minuten in warmem Wasser einweichen, abgießen, mit Küchenpapier trocken tupfen und fein hacken. Das Einweichwasser wegschütten.

Das Öl bei mittlerer bis starker Hitze in einem hohen Topf mit schwerem Boden (der sollte gerade so groß sein, dass das Fleisch hineinpasst) erhitzen. Butter und Knochenmark dazugeben und schmelzen lassen. Sellerie, Möhre, Zwiebel, Knoblauch, Lorbeer und Pilze in den Topf geben und 6–8 Minuten unter gelegentlichem Rühren anbraten, bis das Gemüse weich ist. Den Knoblauch herausnehmen, sobald er Farbe annimmt.

Das Fleisch mit dem Rosmarin in den Topf geben und 15 Minuten rundherum anbraten. Den Wein angießen und etwa 5 Minuten verdunsten lassen. Die Tomaten dazugeben und das Tomatenmark einrühren, mit Salz und Pfeffer würzen und gut umrühren.

Das Ganze 10–15 Minuten köcheln lassen. Das Fleisch anschließend mit Brühe bedecken und 1½ Stunden zugedeckt bei sehr geringer Hitze garen, bis das Fleisch sehr weich und die Sauce eingekocht ist. Dabei laufend prüfen, ob genug Flüssigkeit im Topf ist, und den Topf schwenken, damit nichts anhängt.

Soll das Ragù mit Pasta als Hauptgericht serviert werden, das Fleisch mit einer Gabel zerkleinern und mit der Sauce in der Gemüsemühle passieren oder auf niedrigster Stufe im Mixer pürieren.

Um es alternativ als zweiten Gang zu servieren, das Fleisch aus der Sauce nehmen und warm stellen. Lorbeerblätter und Rosmarin entfernen, die Sauce durchpassieren und mit Pasta als ersten Gang servieren. Das Fleisch mit Gemüse als zweiten Gang reichen.

KLASSISCHE PASTASAUCEN

Klassische Bolognese-Sauce

RAGÙ ALLA BOLOGNESE

»Wenn Sie etwas sehen, das aus der Emilia-Romagna kommt, müssen Sie sich davor verbeugen, denn das gebührt ihm«, schrieb der berühmte italienische Feinschmecker Pellegrino Artusi in seinem wunderbaren Kochbuch *La scienza in cucina e l'arte di mangiar bene (Von der Wissenschaft des Kochens und der Kunst des Genießens)*. Und vor diesem köstlichen Ragù muss ich mich einfach verbeugen. Traditionell isst man die Bolognese mit Tagliatelle, manchmal auch mit Rigatoni oder Conchiglie, aber nie mit Spaghetti. Außerdem verwendet man sie für die Lasagne Bologneser Art (siehe Seite 251).

Natürlich gibt es zahlreiche Varianten dieses Ragùs, und das selbst in Bologna. Deshalb hat die Accademia Italiana delle Cucina 1982 festgelegt, dass eine Bolognese folgende Zutaten enthalten muss: Rindfleisch, Pancetta, Zwiebel, Möhre, Stangensellerie, Tomatenmark, Brühe, Weißwein und Milch oder Sahne. Mir ist das allerdings ein bisschen zu langweilig, deshalb finden Sie hier das Rezept meiner Mutter mit drei verschiedenen Fleischsorten, Pilzen und Hähnchenleber. Tomaten – ob frisch oder aus der Dose – und Knoblauch, darin sind sich alle einig, haben in einer Bolognese nichts zu suchen.

In Bologna sagt man, ein Ragù werde *col naso* – mit der Nase – zubereitet, d.h. es gibt keine festen Kochzeiten, sondern man sollte am Geruch erkennen, wie weit das Ragù gerade ist. Aber das bekommt man mit der Zeit schon heraus.

60 g getrocknete Steinpilze
50 g Butter
100 ml Olivenöl extra vergine
100 g Pancetta
100 g Zwiebeln, fein gehackt
100 g Möhren, fein gewürfelt
100 g Stangensellerie, fein gewürfelt
4 Hähnchenlebern (etwa 75 g), die
    Häutchen entfernt und und das
    Fleisch fein gehackt
300 g Hackfleisch vom Kalb
300 g Hackfleisch vom Rind
2 milde Schweinswürste, gepellt
je 2 Zweige Rosmarin, Salbei, Thymian
    und Oregano
125 ml trockener Weißwein
3 Lorbeerblätter
3 EL dreifach konzentriertes Tomatenmark
Meersalz und frisch gemahlener schwarzer
    Pfeffer
150 ml Milch

FÜR 8–10 PERSONEN

Die Pilze 15 Minuten in warmem Wasser einweichen, abgießen, mit Küchenpapier trocken tupfen und fein hacken.

Butter und Öl bei mittlerer Hitze in einem Topf mit schwerem Boden erhitzen. Den Pancetta mit Zwiebeln, Möhren und Sellerie hineingeben, gut umrühren und das Ganze 15 Minuten unter Rühren anbraten, bis das Gemüse weich ist.

Steinpilze, Leber, das Fleisch und das Wurstbrät hinzufügen, umrühren und das Fleisch 15 Minuten anbräunen, bis es krümelig ist. Dabei regelmäßig umrühren. Inzwischen die Kräuter mit Küchengarn zu einem Sträußchen zusammenbinden.

Sobald das Fleisch schön gebräunt ist, den Wein angießen. Das Kräutersträußchen und die Lorbeerblätter hinzufügen und den Wein etwa 5 Minuten verdunsten lassen.

Das Tomatenmark einrühren, 250 ml Wasser angießen, mit Salz und Pfeffer würzen und gut umrühren. Das Ragù bei leicht geöffnetem Deckel 1 Stunde köcheln lassen. Dabei gelegentlich umrühren und gegebenenfalls noch etwas Wasser hinzufügen.

Die Milch dazugeben und das Ragù weitere 30 Minuten kochen. Noch einmal abschmecken, die Lorbeerblätter und das Kräutersträußchen entfernen – und schon ist das Ragù alla bolognese fertig.

Neapolitanisches Ragù

RAGÙ ALLA NAPOLETANA

Für die Neapolitaner geht nichts über ihr Ragù. Eduardo De Filippo, der berühmte Theaterautor und Schauspieler aus Neapel, hat ein herrliches Gedicht darüber geschrieben mit dem Tenor: Seine Mutter habe das beste Ragù gemacht, doch seit er verheiratet sei, bekomme er nur noch in Tomatensauce gekochtes Fleisch. Und genau das wollen wir nicht.

Das Fleisch kann auf zwei Arten zubereitet werden. Entweder schneidet man es in große Stücke und schmort es langsam butterweich. Oder man rollt es wie in unserem Rezept zu *Involtini* (Rouladen), im neapolitanischen Dialekt *braciole*, auf. Im Laufe der Zeit wurde die Sauce leichter, weil man magereres Fleisch, Olivenöl anstelle von Schweinefett und mageren Pancetta statt fettem Speck verwendete. Die Saucenbasis besteht lediglich aus – einer ordentlichen Menge – Zwiebeln. Auch die Kochzeit ist heute kürzer. Trotzdem muss das Ragù immer noch mehr als zwei Stunden bei sehr geringer Hitze köcheln.

Für die Neapolitaner ist dieses Ragù, das traditionell in einem Tontopf zubereitet wird, die Königin der Saucen. Zum Umrühren sollte man nur einen Holzlöffel verwenden, und es erfordert Hingabe und Konzentration. Dafür wird es Ihr Haus – und das Ihrer Nachbarn – mit einem unvergleichlichen Duft erfüllen.

500 g Rindfleisch (aus der Oberschale oder der Keule), in 4–6 etwa 5 mm dicke Scheiben geschnitten

Meersalz und frisch gemahlener schwarzer Pfeffer

3 Knoblauchzehen, sehr fein gehackt

100 g Sultaninen

30 g Pinienkerne

2 EL fein gehackte Petersilienblätter

150 ml Olivenöl extra vergine

500 g Schweinerippchen, auf die Größe des Topfs zurechtgeschnitten

50 g Pancetta, das Fett zum größten Teil entfernt, den Rest in Würfel geschnitten

2 rote Zwiebeln, fein gehackt

150 ml trockener Weißwein

2 kg reife Tomaten, enthäutet, die Samen entfernt (siehe Seite 51) und das Fruchtfleisch in Würfel geschnitten

15 kleine Basilikumblätter

500 g Rigatoni oder Bucatini

180 g Parmesan, frisch gerieben

FÜR 4–6 PERSONEN

Das Fleisch mit Salz und Pfeffer würzen und jede Scheibe mit Knoblauch, Sultaninen, Pinienkernen und Petersilie bestreuen. Die Scheiben aufrollen und mit Zahnstochern zustecken oder mit Küchengarn zubinden.

Das Öl bei mittlerer Hitze in einem großen Topf mit schwerem Boden oder einer ofenfesten Kasserolle erhitzen. Die Rouladen mit den Schweinerippchen 10–12 Minuten rundherum anbräunen und danach aus dem Topf nehmen. Den Pancetta mit den Zwiebeln hineingeben und etwa 10 Minuten bei geringer Hitze anbraten, bis die Zwiebeln weich sind. Dabei regelmäßig mit einem Holzpfannenwender umrühren. Den Fleisch wieder in den Topf legen, den Wein angießen und bei geringer Hitze verdunsten lassen. Tomaten und Basilikum hinzufügen, mit Salz und Pfeffer würzen und gut umrühren. Das Ragù 2 Stunden bei sehr geringer Hitze schmoren lassen. Das Fleisch dabei gelegentlich wenden und die Sauce umrühren. Ist sie zu stark eingekocht, noch etwas Wasser hinzufügen.

Sobald das Ragù fertig ist, das Fleisch aus dem Topf nehmen und für den zweiten Gang beiseitestellen.

Die Nudeln in reichlich Salzwasser al dente kochen, abgießen, mit der Sauce mischen und großzügig mit Parmesan bestreuen.

Neapolitanische Fleischsauce

LA GENOVESE

Auch wenn dieses Gericht *La Genovese* heißt, kommt es keineswegs aus Genua, sondern aus Neapel und ist in Ligurien und im übrigen Italien gänzlich unbekannt. Woher das Rezept ursprünglich stammt, weiß man bis heute nicht. Vermutlich wurde es irgendwann im 17. Jahrhundert von Genueser Köchen erfunden. Dafür spricht zumindest die Tatsache, dass es dem ligurischen *Tocco di carne* (siehe Seite 55) sehr ähnlich ist.

La Genovese wird traditionell in zwei Gängen serviert, die Sauce mit Pasta als erster Gang und das Fleisch als Hauptgang. Eine Besonderheit sind die vielen Zwiebeln, die Salami, der Schinken und die frischen Kräuter, die den Geschmack der Sauce betonen. Und auch hier gilt wieder: nur mit einem Holzlöffel umrühren.

50 g Pancetta, in kleine Würfel geschnitten
50 g Schinken, in kleine Würfel geschnitten
50 g Salami, in kleine Würfel geschnitten
1 Möhre, fein gewürfelt
1 Stange Sellerie, fein gewürfelt
1 kg weiße Zwiebeln, fein gehackt
5 große reife Tomaten, enthäutet, die Samen entfernt (siehe Seite 51) und das Fruchtfleisch in Würfel geschnitten
1 TL Thymianblätter
1 EL Rosmarinnadeln
1 EL glatte Petersilienblätter
1 TL Majoranblätter
50 g Butter
120 ml Olivenöl extra vergine
1 kg Rindfleisch (z. B. Schulter oder Bauch), wie ein Rollbraten aufgerollt und zusammengebunden
Meersalz und frisch gemahlener schwarzer Pfeffer
150 ml trockener Weißwein
Knollensellerie oder Kartoffelpüree zum Servieren

FÜR 8 PERSONEN

Den Pancetta in einer Schüssel mit Schinken, Salami, Möhre, Sellerie, Zwiebeln, Tomaten und Kräutern mischen.

Butter und Öl in einem ausreichend großen Topf mit schwerem Boden erhitzen. Die Pancetta-Mischung mit dem Fleisch hineingeben und mit Salz und Pfeffer würzen. Den Deckel auflegen und das Ganze 1½ Stunden bei sehr geringer Hitze schmoren lassen. Den Topf dabei regelmäßig schwenken und das Fleisch alle 15–20 Minuten wenden.

Den Deckel abnehmen, das Gemüse an den Rand schieben und das Fleisch bei mittlerer bis starker Hitze rundherum bräunen. Ein Drittel des Weins angießen und verdunsten lassen. Mit den restlichen zwei Dritteln ebenso verfahren. Den Deckel wieder auflegen und das Fleisch nochmals 1 Stunde bei geringer Hitze schmoren lassen. Dabei darauf achten, dass nichts anhängt, und gegebenenfalls noch etwas Wasser (immer nur 2–3 Esslöffel auf einmal) hinzufügen.

Die Sauce mit Pasta (Rigatoni, Ziti, Penne, Bucatini, Maltagliati …) als ersten Gang reichen und das Fleisch mit Knollensellerie oder Kartoffelpüree als Hauptgericht servieren.

KLASSISCHE PASTASAUCEN

Sizilianische Fleischsauce

RAGÙ ALLA SICILIANA

Diese sizilianische Variante des Neapolitanischen Ragùs wird ebenfalls mit Schweinerippchen und/oder Schweinswürsten und viel Zwiebeln zubereitet. Man verwendet hier allerdings nur ein großes Stück Fleisch, das gefüllt und aufgerollt wird. Serviert wird das Ragù wiederum als zweigängige Mahlzeit, d.h. die Sauce wird mit der Pasta gegessen und das Fleisch wird als Hauptgang serviert.

500 g magere Kalbsschulter (in einem
    rechteckigen Stück)
75 g Hackfleisch vom Kalb
4 Salsicce siciliane (Schweinswürste mit
    Fenchel)
10 Basilikumblätter, fein gehackt
1 Knoblauchzehe, fein gehackt
Meersalz
100 g Mortadella in dünnen Scheiben
2 hart gekochte Eier, in dünne Scheiben
    geschnitten
150 ml Olivenöl extra vergine
2 Zwiebeln, in feine Ringe geschnitten
100 ml Rotwein
2 kg reife Tomaten, enthäutet, die Samen
    entfernt (siehe Seite 51) und Fruchtfleisch
    im Mixer zerkleinert
1 TL Oreganoblätter, gehackt
2 Lorbeerblätter
frisch gemahlener schwarzer Pfeffer
frisch geriebener Parmesan zum Servieren
grüner Salat zum Servieren

FÜR 8 PERSONEN

Die Kalbsschulter flach klopfen und dabei darauf achten, dass sie überall die gleiche Dicke hat. Das Hackfleisch in einer Schüssel mit dem Brät von 1 Schweinswurst, Basilikum, Knoblauch und 1 Prise Salz vermengen und die Mischung auf dem Fleisch verstreichen.

Die Mortadella darauflegen und die Eierscheiben in der Mitte verteilen. Das Fleisch vorsichtig aufrollen, damit die Füllung nicht herausquillt, und die Roulade mit Küchengarn zubinden.

Die restlichen Würste 10 Minuten in einer kleinen beschichteten Pfanne rundherum braun braten. Etwas abkühlen lassen, das Fett mit Küchenpapier abtupfen und die Würste vierteln.

Das Öl bei mittlerer Hitze in einem großen Topf mit schwerem Boden erhitzen und die Zwiebeln einige Minuten mit 1 Prise Salz goldgelb anschwitzen. Dabei laufend mit einem Holzpfannenwender rühren. Die Roulade in den Topf legen und rundherum anbräunen. Den Wein angießen und bei geringer Hitze verdunsten lassen. Tomaten, Oregano und Lorbeerblätter hinzufügen und mit Salz und Pfeffer würzen. Die Würste dazugeben und die Zutaten gut verrühren. Die Wärmezufuhr verringern und das Fleisch etwa 2 Stunden schmoren lassen. Den Topf dabei regelmäßig schwenken und das Fleisch alle 15–20 Minuten wenden. Die Sauce laufend umrühren und gegebenenfalls noch etwas Wasser oder Brühe hinzufügen.

Die Sauce mit Pasta und reichlich Parmesan servieren (etwas Sauce für den Hauptgang aufheben). Das Küchengarn entfernen, das Fleisch in Scheiben schneiden und mit der restlichen Sauce und einem mit Olivenöl extra vergine und Rotweinessig angemachten Blattsalat kredenzen.

Béchamelsauce

BESCIAMELLA

Ob es sich bei dieser klassischen Sauce um eine italienische oder eine französische Erfindung handelt, weiß man nicht. Möglicherweise wurde sie von einem Leibkoch Ludwigs XIV. kreiert. Benannt ist sie nach Louis de Béchamel, einem Oberhofmeister des Sonnenkönigs. In seiner 1892 erschienenen Rezeptsammlung *La scienza in cucina e l'arte di mangiar bene (Von der Wissenschaft des Kochens und der Kunst des Genießens)* hat der berühmte italienische Feinschmecker Pellegrino Artusi daraus den italienischen Namen *Belsamella* gemacht. Heute heißt die Sauce *Besciamella* und ist eine wichtige Zutat in überbackenen Pastagerichten.

450 ml Milch
50 g Butter
50 g Mehl
Meersalz

ERGIBT ETWA 420 ML

Die Milch unter ständigem Rühren in einer kleinen Kasserolle erhitzen, bis sie leicht zu kochen beginnt. Den Topf vom Herd nehmen.

Die Butter bei geringer Hitze in einem Topf mit schwerem Boden zerlassen. Das Mehl einrühren und 2 Minuten unter laufendem Rühren anschwitzen, ohne dass es Farbe annimmt. Den Topf vom Herd nehmen und nach und nach mit dem Schneebesen die heiße Milch einrühren. Dabei darauf achten, dass sich keine Klümpchen bilden. Den Topf anschließend wieder auf die Herdplatte stellen, die Sauce mit Salz würzen und unter laufendem Rühren kochen lassen, bis sie eine cremige Konsistenz hat.

Getrocknete Pasta

Getrocknete Pasta *(pasta secca)* ist die meistgegessene Pasta, nicht nur in Italien, sondern weltweit. Sie ist leicht und gut verdaulich, einfacher zuzubereiten und länger haltbar als frische Pasta. Legen Sie sich also am besten einen Vorrat verschiedener Pastasorten an, damit Sie für jede Sauce und jede Zubereitung die richtige Nudel parat haben.

Bei getrockneter Pasta sollte man nicht sparen. Achten Sie auf Qualität und darauf, dass der richtige Hartweizen verwendet wurde, nur dann wird die Pasta richtig al dente. Billigprodukte sind oft aus minderwertigem Weizen und im Schnellverfahren getrocknet. Bevorzugen Sie italienische Erzeugnisse: Der beste Hartweizen kommt aus Süditalien, und dort wurde im Laufe der Jahrhunderte auch die Kunst des Trocknens perfektioniert.

Es gibt nichts Schlimmeres als verkochte Pasta. Matschige Nudeln verderben die beste Sauce. Pasta sollte immer al dente gekocht werden, d. h. sie sollte noch »Biss haben«. Gießen Sie die Nudeln am besten bereits ein bis zwei Minuten früher ab als auf der Packung angegeben und machen Sie in den letzten drei, vier Minuten die Garprobe, ob sie bereits weich genug sind. Bevor Sie Ihre Pasta abgießen, sollten Sie immer etwas Kochwasser abnehmen, um damit gegebenenfalls die Sauce zu verdünnen. Außerdem trägt die darin enthaltene Stärke dazu bei, dass die Sauce besser an der Pasta haftet.

Getrocknete Pasta lässt sich zwar mit allen möglichen Saucen kombinieren, welche Form sich aber am besten für welche Sauce eignet, ersehen Sie aus dieser Übersicht:

- lange, schmale Nudeln wie Spaghetti, Vermicelli, Linguine und Bavette passen am besten zu Tomatensaucen, Meeresfrüchten, Saucen auf Butter- und Ölbasis, Pesto und leichten Sahnesaucen,

- geformte Pasta wie Cavatelli, Farfalle, Fusilli, Gemmelli und Orecchiette eignet sich für Tomaten-, Käse- und Fleischsaucen, Pesto, Saucen mit Fleisch- oder Gemüsestücken,

- Röhrennudeln wie Rigatoni, Tortiglioni, Ziti, Paccheri, Penne, Manicotti, Makkaroni und Garganelli passen zu Tomatensalsas, Ragùs und dicken Sahnesaucen.

Und noch ein Hinweis: Getrocknete Cappelli d'angelo (Engelshaar) nicht mit Sauce servieren. Sie sind viel zu dünn, um die Sauce aufzunehmen, und eignen sich am besten als Suppeneinlage.

GETROCKNETE PASTA

UNGEKOCHTE SAUCEN

Bei der Pasta mit *salsa a crudo* (ungekochter Sauce) werden die heißen Nudeln kurz mit einer kalten, ungekochten Sauce vermischt und warm serviert.

Die meisten ungekochten Saucen muss man nach der Zubereitung 15–60 Minuten durchziehen lassen. Saucen, die sofort nach der Zubereitung gegessen werden können, am besten mit etwas Zitronensaft abschmecken.

Bei der Pasta mit *salsa a crudo* handelt es sich nicht um einen Pastasalat, bei dem die Nudeln nach dem Kochen mit kaltem Wasser abgeschreckt werden, um den Garprozess zu stoppen, und erst angemacht werden, wenn sie kalt sind. Ich selbst bin kein Fan von Pastasalaten. Denn warum sollte man einen wunderbaren Salat mit einer kalten Pasta ruinieren?

Bei der Pasta mit *salsa a crudo* ist nur die Sauce kalt. Die Pasta muss heiß und al dente gekocht sein. Für die ungekochten Saucen empfehle ich Ihnen Olivenöl aus Ligurien, das einen besonders feinen, fruchtigen Geschmack hat.

Ungekochte Saucen eignen sich vorzüglich für heiße Sommertage und laue Sommernächte. Und damit das Ganze ein richtiger Genuss wird, die Pasta unbedingt sofort essen, solange sie noch warm ist.

Spaghettini mit Tomaten-Basilikum-Sauce

SPAGHETTINI SALSA A CRUDO SEMPLICE

1 Knoblauchzehe, geschält und halbiert

600 g reife Tomaten, enthäutet, die Samen entfernt (siehe Seite 51) und das Fruchtfleisch in Streifen geschnitten

100 ml Olivenöl extra vergine

1 große Handvoll Basilikumblätter, grob gehackt

1 Handvoll Oreganoblätter, grob gehackt

Meersalz und frisch gemahlener schwarzer Pfeffer

400 g Spaghettini oder Vermicelli

FÜR 4 PERSONEN

Ihren besonders feinen Geschmack verdankt diese Sauce den sonnengereiften Zutaten – Tomaten, Basilikum, Oregano und Olivenöl –, aus denen sie zubereitet wird.

Die Servierschüssel mit der Knoblauchzehe ausreiben. Die Tomaten hineingeben und mit Olivenöl, Basilikum und Oregano mischen. Mit Salz und Pfeffer würzen und nochmals gut durchmischen. Zudecken und 1 Stunde bei Zimmertemperatur durchziehen lassen.

Die Nudeln in reichlich Salzwasser al dente kochen. Abgießen, gut abtropfen lassen, kurz mit der Sauce mischen und sofort servieren.

Linguine mit allem

LINGUINE CON TUTTO

600 g reife Tomaten, enthäutet, die Samen entfernt (siehe Seite 51), Fruchtfleisch gewürfelt (für dieses Gericht eignen sich auch verschiedenfarbige Kirschtomaten)

80 g schwarze Oliven, entsteint

8 Sardellenfilets in Öl, abgetropft

50 g Kapern in Salzlake (am besten die kleinen sizilianischen), abgespült und abgetropft

1 Knoblauchzehe, geschält und halbiert

½ rote Zwiebel, fein gehackt

2 Stangen Sellerie (nur die gelben Herzen), fein gehackt

1 Handvoll glatte Petersilienblätter, gehackt

1 Handvoll Basilikumblätter, gehackt

1 TL Oreganoblätter, gehackt

4 EL Olivenöl extra vergine

Meersalz und frisch gemahlener schwarzer Pfeffer

400 g Linguine

FÜR 4 PERSONEN

Bei den Italienern heißen solche Gerichte *fuori dall'uscio*, was man etwa mit »frisch aus dem Garten« übersetzen könnte. Das heißt, hier kommt alles hinein, was man im Garten gerade frisch ernten kann. Es bleibt also vollkommen Ihnen selbst überlassen, welche Zutaten Sie dafür verwenden. Hauptsache, sie kommen frisch aus dem eigenen Garten oder von Ihrem Gemüsehändler.

Die gewürfelten Tomaten etwa 30 Minuten in einem Sieb abtropfen lassen.

Inzwischen die Oliven zweimal der Länge nach halbieren. Die Sardellen klein schneiden und in einer kleinen Schüssel mit Oliven und Kapern mischen.

Die Servierschüssel mit der Knoblauchzehe ausreiben und die abgetropften Tomaten hineingeben. Zwiebel, Sellerie, Kräuter und Olivenöl hinzufügen und mit Salz und Pfeffer würzen. Die Zutaten gut durchmischen und zugedeckt mindestens 30 Minuten durchziehen lassen.

Die Linguine in reichlich Salzwasser al dente kochen.

Die Olivenmischung unter die Sauce rühren. Die Nudeln abgießen, mit der Sauce mischen und sofort servieren.

GETROCKNETE PASTA

Spaghetti mit Tomaten-Mozzarella-Dressing

SPAGHETTI ALLA CAPRESE

Dieses einfache Gericht kann ich Ihnen für heiße Sommertage nur wärmstens empfehlen. Verwenden Sie nach Möglichkeit nicht den gummiartigen abgepackten Mozzarella aus dem Supermarkt, sondern kaufen Sie am besten einen frischen Mozzarella aus Kuhmilch – oder besser noch aus Büffelmilch – in einem italienischen Lebensmittelgeschäft.

500 g reife Tomaten, enthäutet, die Samen entfernt (siehe Seite 51) und das Fruchtfleisch fein gewürfelt
1 Knoblauchzehe, geschält und halbiert
1 TL gehackte Oreganoblätter
15 Basilikumblätter, in Stücke gerissen
150 ml Olivenöl extra vergine
150 g Mozzarella, fein gewürfelt
Meersalz
400 g Spaghetti
1 Handvoll kleine Basilikumblätter zum Garnieren

FÜR 4 PERSONEN

Die gewürfelten Tomaten etwa 30 Minuten in einem Sieb abtropfen lassen.

Eine Servierschüssel mit der Knoblauchzehe ausreiben (so bekommt das Gericht eine angenehme Knoblauchnote). Die Tomaten mit Oregano, Basilikum, Olivenöl und Mozzarella mischen, mit Salz abschmecken und das Ganze etwa 30 Minuten durchziehen lassen.

Die Spaghetti in reichlich Salzwasser al dente kochen, abgießen und gut abtropfen lassen. Mit dem Dressing mischen, die Basilikumblätter kurz unterheben und sofort servieren.

GETROCKNETE PASTA

Maccheroncini mit Ricotta und Rosmarin

MACCHERONCINI RICOTTA E ROSMARINO

200 g frischen Ricotta
2 EL fein gehackte Rosmarinnadeln
2 EL frisch geriebener Parmesan
2 EL frisch geriebener Pecorino
Meersalz und frisch gemahlener schwarzer
    Pfeffer
3 EL Olivenöl extra vergine
400 g Maccheroncini (kurze Makkaroni)
10 g blanchierte Mandeln, grob gehackt

FÜR 4 PERSONEN

Dieses frische, leichte Dressing wird zimmerwarm mit warmen Nudeln serviert. Der Rosmarin verleiht dem Gericht eine pikante Note, die gut mit dem salzigen Pecorino harmoniert. Der Ricotta wiederum mildert diesen salzigen Geschmack etwas und sorgt dafür, dass die Sauce gut an den Nudeln haftet.

Den Ricotta in einer Keramik- oder einer Glasschüssel mit Rosmarin, Parmesan und Pecorino vermengen und mit Salz und Pfeffer würzen. Anschließend nach und nach so viel Olivenöl unterrühren, bis eine glatte Sauce entstanden ist.

Die Nudeln in reichlich Salzwasser al dente kochen, abgießen (dabei etwas Kochflüssigkeit auffangen) und abtropfen lassen.

Die Pasta sofort in eine große Servierschüssel füllen. Die Ricottamischung mit 2 Esslöffeln Nudelwasser verdünnen und über die Nudeln gießen.

Die Zutaten vorsichtig durchmischen, das Gericht mit den Mandeln bestreuen und unmittelbar vor dem Servieren nach Belieben noch mit etwas Olivenöl beträufeln.

Penne mit Tomaten und Minze

PENNE AL SUGO CRUDO QUASI COTTO

120 ml Olivenöl extra vergine
1 Knoblauchzehe, fein gehackt
1 EL sehr fein gehackte Petersilienblätter
500 g reife Tomaten, enthäutet, die Samen
    entfernt (siehe Seite 51) und das Fruchtfleisch fein gewürfelt
1 EL sehr fein gehackte Minzeblätter
Meersalz und frisch gemahlener schwarzer
    Pfeffer
400 g Penne
2 EL frisch geriebener Pecorino

FÜR 4 PERSONEN

Diese Sauce ist *quasi cotto*, d.h. beinahe gekocht. Wie das zu verstehen ist? Nun, die aus rohen Zutaten hergestellte Sauce wird mit der frisch gekochten Pasta gemischt und kurz erhitzt. Dadurch bekommt das Gericht einen intensiveren Geschmack, und die Sauce schmeckt trotzdem sehr frisch.

Das Öl in einer großen Schüssel mit Knoblauch und Petersilie verrühren. Tomaten und Minze dazugeben, mit Salz und Pfeffer würzen und die Zutaten gut vermischen.

Die Nudeln in reichlich Salzwasser al dente kochen.

Die Nudeln abgießen und sofort in den Topf zurück geben. Sauce und Pecorino dazugeben und alles kurz durchmischen. 2 Minuten unter laufendem Rühren auf der Herdplatte erhitzen und sofort servieren.

GETROCKNETE PASTA

Rigatoni mit Tomaten-Chili-Dressing

RIGATONI PICCHI PACCHIU

500 g reife Tomaten, enthäutet, die Samen
    entfernt (siehe Seite 51) und das Frucht-
    fleisch in Würfel geschnitten
150 ml Olivenöl extra vergine
2 Knoblauchzehen, fein gehackt
2 rote Chilischoten, die Samen entfernt
    und die Schoten fein gehackt
10 kleine Basilikumblätter
Meersalz
400 g Rigatoni
3 EL frisch geriebener Pecorino

FÜR 4 PERSONEN

Picchi pacchiu ist im sizilianischen Dialekt der Name für eine auf der Insel heimische Schneckenart. Gleichzeitig bedeutet der Ausdruck aber auch »sich durchs Leben schlagen«. Der Rezeptname soll andeuten, dass dies ein Armeleutegericht aus einfachen, aber schmackhaften Zutaten ist. In manchen Gegenden Siziliens wird die Sauce nicht wie hier kalt serviert, sondern man kocht die Tomaten kurz mit dem Öl und dem Knoblauch.

Rigatoni – der Name bedeutet so viel wie »geriffelt« – werden vorwiegend in Süditalien gegessen – genauso wie die kleinen roten Chilischoten, die man für die Sauce verwendet. Ich nehme hier Pecorino und keinen Parmesan. Er passt einfach besser zu diesem pikanten Gericht.

In einer großen Schüssel die Tomaten mit Olivenöl, Knoblauch, Chilischoten und Basilikum mischen. Mit Salz würzen und etwa 1 Stunde durchziehen lassen.

Die Nudeln in reichlich Salzwasser al dente kochen. Abgießen und mit der Sauce mischen. Mit dem Käse bestreuen und sofort servieren.

Spaghetti mit Käse und Pfeffer

SPAGHETTI CACIO E PEPE

400 g Spaghetti
150 g Pecorino, frisch gerieben
frisch gemahlener Pfeffer

FÜR 4 PERSONEN

Ich nenne dieses Gericht »Spaghetti mit nichts«. *Cacio* ist der toskanische Name des Pecorino, und *pepe* heißt Pfeffer. Beides sind Zutaten, mit denen man die Pasta normalerweise bestreut. In diesem traditionellen Gericht aus Latium, der Region, in der die italienische Hauptstadt liegt, fungieren sie dagegen gewissermaßen als Sauce. Der herrliche Pecorino aus der Region wäre einfach zu schade, um ihn lediglich zum Bestreuen zu verwenden. Ihre Gäste werden möglicherweise glauben, Sie hätten die Sauce vergessen – es sei denn, sie sind Käseliebhaber ...

Die Spaghetti in reichlich Salzwasser al dente kochen. Abgießen und dabei 125 ml Kochwasser auffangen.

Die Nudeln mit etwas Kochwasser in eine Schüssel geben, den Käse darüberstreuen und das Ganze gut durchmischen. Großzügig Pfeffer darübermahlen, nochmals durchmischen und servieren.

GETROCKNETE PASTA

Spaghetti mit Knoblauch und Chili

SPAGHETTI ALL'AGLIO E OLIO

Richtig zubereitet, ist diese absolut einfache Sauce eine Delikatesse. In Italien isst man dieses Gericht gerne in der Nacht – oder am frühen Morgen – als Katerfrühstück. Sowohl die Römer als auch die Neapolitaner beanspruchen für sich, das Gericht erfunden zu haben. Ich neige eher zu den Neapolitanern, aus dem einfachen Grund, weil mir diese Art, eine Pasta zuzubereiten, sehr neapolitanisch erscheint.

Die Sauce ist im Handumdrehen fertig. Wenn Sie keine Chilischoten zu Hause haben, nehmen Sie stattdessen einfach schwarzen Pfeffer. Wer mag, kann die Sauce noch mit Oliven, Kapern und Sardellen anreichern. Sind Sie kein großer Knoblauchfreund, einfach die ganzen Zehen im Öl erwärmen, bis sie Farbe annehmen, und anschließend herausnehmen. Die Petersilie kann auch durch Basilikum ersetzt werden, oder Sie nehmen eine Mischung aus beidem.

400 g Spaghetti
200 ml Olivenöl extra vergine
3 Knoblauchzehen, fein gehackt
1 rote Chilischote, in Ringe geschnitten
1 große Handvoll glatte Petersilienblätter, fein gehackt
Meersalz

FÜR 4 PERSONEN

Die Spaghetti in reichlich Salzwasser al dente kochen.

In der Zwischenzeit das Öl bei geringer Hitze in einem Topf mit schwerem Boden erhitzen und den Knoblauch 1 Minute unter Rühren anbraten, bis er sein Aroma entfaltet. 2 Esslöffel Nudelwasser hinzufügen, Chilischote und Petersilie einrühren, mit Salz würzen und das Ganze unter gelegentlichem Rühren 3 Minuten kochen lassen.

Die Spaghetti abgießen und sofort mit der Sauce mischen. 1 Minute bei geringer Hitze erwärmen, auf vier vorgewärmte Teller verteilen und servieren.

GETROCKNETE PASTA

Trenette mit Pesto, Kartoffel und grünen Bohnen

TRENETTE AL PESTO CON FAGIOLINI E PATATE

Dieses ungewöhnliche Pastagericht stammt aus dem ligurischen Fischerort Portovenere. Trenette nennt man in Genua die Linguine. Die Bohnen sollten möglichst die gleiche Breite wie die Pasta haben. Um sich das Bohnenschnippeln zu erleichtern, empfehle ich Ihnen einen Bohnenschneider. Er kostet nicht viel, und die Bohnen lassen sich damit mühelos in schöne gleichmäßige Stücke schneiden.

50 kleine Basilikumblätter

1 Knoblauchzehe, geschält

Meersalz

1 EL ungeröstete Pinienkerne

2 EL frisch geriebener Parmesan + geriebener
  Parmesan zum Servieren

1 EL frisch geriebener milder Pecorino
  (vorzugsweise sardischer Pecorino)

etwa 3 EL Olivenöl extra vergine

1 große, vorwiegend festkochende
  Kartoffel, geschält und in 1 cm große
  Würfel geschnitten

300 g grüne Bohnen, abgefädelt und der
  Länge nach in feine Streifen geschnitten

400 g Trenette oder Linguine

1 Stückchen Butter

FÜR 4 PERSONEN

Für das Pesto die Basilikumblätter waschen und vorsichtig zwischen Küchenpapier trocken tupfen.

Den Knoblauch mit 1 Prise Salz (das Salz sorgt dafür, dass das Basilikum seine grüne Farbe behält) im Mörser zermahlen. Das Basilikum dazugeben und die Zutaten mit kreisenden Bewegungen zermahlen. Pinienkerne, Parmesan und Pecorino sowie 1 Esslöffel Öl dazugeben und das Ganze zu einer cremigen Masse verrühren (gegebenenfalls noch etwas mehr Öl hinzufügen). Das Pesto kann bis zu 1 Monat im Kühlschrank aufbewahrt werden. Es sollte dann aber stets mit Olivenöl bedeckt sein, damit es frisch bleibt und nicht unansehnlich wird.

Wenn's schnell gehen muss, die Zutaten einfach auf niedrigster Stufe im Mixer verrühren. Den Mixer dabei immer wieder ausschalten, damit sich das Öl nicht erhitzt und der Geschmack des Basilikums nicht beeinträchtigt wird.

Wasser in einem großen Topf zum Kochen bringen, salzen und die Kartoffel 5 Minuten kochen. Bohnen und Nudeln dazugeben und das Ganze kochen lassen, bis die Pasta al dente ist. Anschließend abgießen und dabei etwas Kochwasser auffangen.

2 Esslöffel Pesto mit 2 Esslöffeln Nudelwasser in eine große Schüssel geben. Nudeln, Bohnen, Kartoffel und Butter hinzufügen und das restliche Pesto darauf verteilen. Etwas Parmesan darüberstreuen und die Zutaten gut durchmischen, bis sie mit dem Pesto überzogen sind. Sofort servieren.

Linguine mit toskanischem Pesto

LINGUINE AL PESTO DI NOCI

150 g milder Pecorino (nach Möglichkeit
    sardischer Pecorino)
200 g Walnusskerne
2 große Handvoll kleine Basilikumblätter
Meersalz
100 ml Olivenöl extra vergine
400 g Linguine

FÜR 4 PERSONEN

Bei dieser Sauce aus der Nordtoskana hat unverkennbar das Pesto alla genovese aus dem benachbarten Ligurien Pate gestanden. Der Pecorino wird hier vorher nicht gerieben, sondern nur klein geschnitten, was dem Pesto eine interessante Konsistenz verleiht. Auch das Basilikum und die Walnüsse sollten nicht zu fein zerkleinert werden. Beim Einkauf der Nüsse unbedingt darauf achten, dass sie frisch sind.

Den Pecorino in kleine Würfel schneiden und 2 Minuten mit Walnüssen, Basilikum, etwas Salz und 4 Esslöffeln Öl im Mixer pürieren. Das Pesto in eine Schüssel füllen und das restliche Öl unterrühren.

Die Nudeln in reichlich Salzwasser al dente kochen.

Inzwischen 1 Esslöffel Nudelkochwasser unter das Pesto rühren. Die Pasta abgießen, vorsichtig mit dem Pesto mischen und sofort servieren. Nach Belieben noch etwas geriebenen Pecorino dazu reichen.

Fusilli mit Mandel-Minze-Pesto

FUSILLI AL PESTO DI MANDORLE E MENTA

4 EL Olivenöl extra vergine
1 Knoblauchzehe, geschält und leicht
    zerdrückt
250 g Kirschtomaten, geviertelt
10 Basilikumblätter, gehackt
Meersalz
100 g blanchierte Mandeln, geröstet
1 EL gehackte Minzeblätter + ein paar ganze
    Blätter zum Garnieren
1 EL Oreganoblätter
1 TL Kapern in Salzlake, abgespült und
    abgetropft
400 g Fusilli

FÜR 4 PERSONEN

Dieses schnelle, aromatische Gericht eignet sich hervorragend als sommerliches Abendessen. Es hat Ähnlichkeit mit dem kalabresischen Pesto, das noch einige gekochte Zutaten enthält. Ich habe hier heiße Kirschtomaten genommen.

½ Esslöffel Öl bei starker Hitze in einer Pfanne mit schwerem Boden erhitzen und den Knoblauch unter Rühren goldgelb anschwitzen. Anschließend herausnehmen und die Wärmezufuhr verringern. Die Tomaten mit dem Basilikum in die Pfanne geben, mit Salz würzen und etwa 6 Minuten unter gelegentlichem Rühren kochen lassen.

Inzwischen die Mandeln mit Minze, Oregano, Kapern, dem restlichen Öl und etwas Salz im Mörser zermahlen.

Die Nudeln in reichlich Salzwasser al dente kochen. Abgießen, zu den Tomaten geben und das Ganze vorsichtig mischen. Das Pesto hinzufügen, alles gut vermischen und sofort mit Minzeblättchen garniert servieren.

Fusilli mit sizilianischem Pesto

FUSILLI AL PESTO SICILIANO

Wie die ligurische Küche ist auch die sizilianische von der arabischen Küche beeinflusst. Deshalb wird das Pesto auch im Mörser zubereitet. Bekannt ist dieses Pesto auch unter dem Namen Pesto Trapani. Bei diesem Namen hat die an der Ostküste Siziliens gelegene normannische Stadt Pate gestanden.

4 reife Tomaten, enthäutet, die Samen entfernt (siehe Seite 51) und das Fruchtfleisch in Würfel geschnitten
Meersalz
200 g blanchierte Mandelkerne
1 Knoblauchzehe, geschält
12 Basilikumblätter
1 kleine rote Chilischote, der Länge nach halbiert und die Samen entfernt
100 g Parmesan, frisch gerieben + geriebener Parmesan zum Servieren
100 ml Olivenöl extra vergine
400 g Fusilli

FÜR 4 PERSONEN

Den Backofen auf 200 °C vorheizen. Die Tomatenwürfel in ein Sieb geben, mit 1 Teelöffel Salz bestreuen und etwa 30 Minuten abtropfen lassen.

Die Mandeln auf ein Backblech streuen und im Ofen etwa 10 Minuten goldbraun rösten. Die Mandeln dabei häufig wenden, damit sie gleichmäßig gebräunt werden, und darauf achten, dass sie nicht verbrennen (sie werden sonst bitter). Aus dem Ofen nehmen und abkühlen lassen.

Die abgekühlten Mandeln mit Knoblauch und Basilikum grob hacken und im Mixer mit Tomaten, Chilischote, Parmesan, 2 Esslöffeln Öl und ½ Teelöffel Salz zu einem cremigen Püree verrühren. Zum Schluss das restliche Öl einrühren.

Die Nudeln in reichlich Salzwasser al dente kochen.

Inzwischen das Pesto in eine große Schüssel geben und mit 1 Esslöffel Nudelwasser verrühren. Die Pasta abgießen und vorsichtig mit dem Pesto mischen. Mit etwas Olivenöl beträufeln, mit Parmesan bestreuen und sofort servieren.

Buonissimo!

GETROCKNETE PASTA

Spaghetti mit Pistazienpesto

SPAGHETTI AL PESTO DI PISTACCHI

Auch diese Sauce kommt aus Sizilien. Pistazien werden auf der Insel in großen Mengen angebaut, insbesondere in der Gegend um die kleine Stadt Bronte am Fuße des Ätna. Und wie könnte man die Nüsse besser verarbeiten als zu einem solch leckeren, leuchtend grünen Pesto – das übrigens auch mit Gnocchi oder Penne vorzüglich schmeckt.

150 g ungeröstete Pistazienkerne
1 kleine Knoblauchzehe, geschält
10 Basilikumblätter
1 TL ungeröstete Pinienkerne
40 g Parmesan, klein geschnitten
1 Prise Meersalz
etwa 100 ml Olivenöl extra vergine
400 g Spaghetti
1 Handvoll grob gehackte ungeröstete
    Pistazienkerne zum Servieren

FÜR 4 PERSONEN

Die Pistazien in kochendem Wasser blanchieren, abgießen, etwas abkühlen lassen und die Häutchen entfernen.

Die Nüsse im Mörser fein zerstoßen, in eine kleine Schüssel füllen und zur Seite stellen. Den Knoblauch mit Basilikum, Pinienkernen, Parmesan und 1 Prise Salz in den Mörser geben und das Ganze zu einem cremigen Püree zermahlen. Das Olivenöl unterrühren und das Pesto sorgfältig mit den Pistazien verrühren. Dabei gegebenenfalls noch etwas Öl hinzufügen.

Alternativ die Pistazien mit Knoblauch, Basilikum, Pinienkernen, Parmesan, 1 Prise Salz und Öl in den Mixer füllen und die Zutaten auf niedrigster Stufe zu einem cremigen Püree verrühren. Den Mixer dabei immer wieder ausschalten, damit sich das Öl nicht erhitzt und der Geschmack des Basilikums nicht beeinträchtigt wird.

Die Spaghetti in reichlich Salzwasser al dente kochen.

In der Zwischenzeit das Pesto in eine große Schüssel geben und mit 1 Esslöffel Nudelwasser verdünnen. Die Spaghetti abgießen und vorsichtig mit dem Pesto mischen. Mit den gehackten Pistazien bestreuen und sofort servieren.

GETROCKNETE PASTA

Rigatoni mit kalabrischem Pesto

RIGATONI AL PESTO CALABRESE

Im süditalienischen Kalabrien isst man gerne scharf. Und für feurige Schärfe sorgen in diesem fantastischen Pesto die Chilischoten. Seine leuchtend orangene Farbe verdankt es der ungewöhnlichen Mischung aus roter Paprikaschote und Käse.

Traditionell wird es nicht mit Knoblauch zubereitet, aber wer mag, kann trotzdem eine Zehe dazugeben.

180 ml Olivenöl extra vergine
½ weiße Zwiebel, fein gehackt
Meersalz
2 rote Paprikaschoten, Samen und Häutchen
    entfernt, Schoten in Streifen geschnitten
10 Basilikumblätter
150 g Ricotta
1 große reife Tomate, enthäutet, die Samen
    entfernt (siehe Seite 51) und das Frucht-
    fleisch in Würfel geschnitten
2 kleine rote Chilischoten, Samen entfernt
    und Schoten gehackt
1 TL Oreganoblätter
1 Knoblauchzehe, geschält (nach Belieben)
150 g Pecorino, frisch gerieben
100 g Parmesan, frisch gerieben
400 g Rigatoni
1 Handvoll junge Brunnenkresseblätter zum
    Garnieren (nach Belieben)

FÜR 4 PERSONEN

4 Esslöffel Öl bei mittlerer Hitze in einer Pfanne mit schwerem Boden erhitzen und die Zwiebel mit 1 Prise Salz unter Rühren glasig schwitzen.

Paprikaschoten und Basilikum dazugeben, mit Salz würzen und gut umrühren. Das Gemüse 20 Minuten weich garen und danach etwa 20 Minuten abkühlen lassen.

Den Pfanneninhalt in den Mixer füllen, Ricotta, Tomate, Chilischoten, Oregano, Knoblauch und das restliche Olivenöl hinzufügen und die Zutaten 20 Sekunden auf mittlerer Stufe pürieren. Den Käse dazugeben und das Ganze zu einem glatten, cremigen Pesto verrühren. Das fertige Pesto in eine große Schüssel füllen.

Die Nudeln in reichlich Salzwasser al dente kochen. Abgießen und vorsichtig mit dem Pesto mischen. Nach Belieben mit Brunnenkresseblättern garnieren und sofort servieren.

Linguine mit Orangenpesto und Aubergine

LINGUINE AL PESTO D'ARANCIA CON MELANZANE

Die Orangen und die Mandeln, die diesem ungewöhnlichen Pesto Farbe und Geschmack verleihen, lassen erahnen, dass es aus Sizilien kommt. Das Pesto lässt sich mit jeder Art Pasta servieren, schmeckt aber auch sehr gut mit Couscous und eignet sich hervorragend als Grundlage für Salatdressings. Für das Gericht benötigen Sie lediglich zwei oder drei Esslöffel davon. Der Rest kann – mit Olivenöl bedeckt – bis zu 2 Monate im Kühlschrank aufbewahrt werden.

1 Aubergine
Meersalz
180 ml Olivenöl extra vergine
400 g Linguine
1 Knoblauchzehe, geschält und halbiert
150 g Ricotta
frisch geriebener Parmesan zum Servieren

FÜR DAS ORANGENPESTO

3 Orangen, geschält, die Kerne entfernt und das Fruchtfleisch klein geschnitten
80 g Basilikumblätter
200 g blanchierte Mandeln
50 g Kapern in Salzlake, abgespült und abgetropft
1 Prise Meersalz
etwa 60 ml Olivenöl extra vergine

FÜR 4 PERSONEN

Die Pestozutaten in den Mixer füllen und auf niedriger Stufe fein pürieren. Gegebenenfalls noch etwas Öl hinzufügen, damit das Pesto schön glatt und cremig wird. In eine kleine Gefrierdose füllen und mit einer dünnen Schicht Olivenöl bedecken.

Die Enden der Aubergine abschneiden. Die Aubergine in 1 cm dicke Scheiben schneiden, in ein Sieb legen, mit Salz bestreuen und 40 Minuten abtropfen lassen (das nimmt ihr den bitteren Geschmack). Die Scheiben anschließend abspülen und mit Küchenpapier trocken tupfen.

Das Öl in einer großen Pfanne sehr heiß werden lassen und die Auberginenscheiben auf beiden Seiten goldbraun braten. Auf Küchenpapier abtropfen und etwas abkühlen lassen und danach in 5 × 0,5 cm große Streifen schneiden.

Die Nudeln in reichlich Salzwasser al dente kochen.

In der Zwischenzeit eine große Schüssel mit der Knoblauchzehe ausreiben. Den Ricotta mit den Auberginenstreifen, 2–3 Esslöffeln Pesto und 1 Esslöffel Nudelwasser hineingeben und alles gut verrühren. Die Pasta abgießen und vorsichtig untermischen. Mit geriebenem Parmesan bestreuen und sofort servieren.

GETROCKNETE PASTA

Spaghetti mit Aubergine und Tomate

SPAGHETTI ALLA NORMA

Dieses bekannte sizilianische Gericht war eine Hommage an den Komponisten Bellini. Meinte sein Erfinder doch, der harmonische Geschmack erinnere ihn an die herrliche Oper *Norma*. Die Spaghetti (man kann auch Rigatoni oder Tortiglioni nehmen) werden mit einer Tomaten-Basilikum-Sauce gemischt. Darauf kommt eine Schicht gebratene Auberginenscheiben. Zum Bestreuen nimmt man eigentlich salzigen Ricotta, aber mir ist der Ricotta manchmal zu salzig, und deshalb verwende ich Parmesan. Stattdessen bestreue ich das Gericht unmittelbar vor dem Servieren gerne noch mit frischem Ricotta.

350 g Auberginen
Meersalz
1 Dose (400 g) geschälte Tomaten
220 ml Olivenöl extra vergine
1 Knoblauchzehe, fein gehackt
frisch gemahlener schwarzer Pfeffer
1 große Handvoll Basilikumblätter, gehackt
400 g Spaghetti
200 g Parmesan, frisch gerieben
80 g frischer Ricotta

FÜR 4 PERSONEN

Die Enden der Auberginen abschneiden. Die Auberginen in dünne Scheiben schneiden, in ein Sieb legen, mit Salz bestreuen und 40 Minuten abtropfen lassen (das nimmt ihr den bitteren Geschmack).

Inzwischen die Tomatensauce zubereiten. Die Tomaten durch die Gemüsemühle streichen oder in der Küchenmaschine pürieren. Etwa 100 ml Öl bei geringer Hitze in einer Pfanne mit schwerem Boden erhitzen und den Knoblauch 1–2 Minuten unter Rühren anschwitzen, bis er Farbe annimmt. Die Tomaten dazugeben, mit Salz und Pfeffer würzen und 15 Minuten bei mittlerer Hitze braten. Anschließend das Basilikum – bis auf einen kleinen Rest – unterrühren.

Die Auberginenscheiben abspülen und mit Küchenpapier trocken tupfen. Das restliche Öl bei mittlerer Hitze in einer beschichteten Pfanne erhitzen und die Auberginenscheiben auf jeder Seite etwa 2 Minuten goldbraun braten. Mit einem Schaumlöffel herausheben und auf Küchenpapier abtropfen lassen.

Inzwischen die Spaghetti in reichlich Salzwasser al dente kochen und danach abgießen (dabei etwas Kochwasser auffangen).

Die Spaghetti mit der Sauce mischen und die Sauce gegebenenfalls mit etwas Nudelwasser verdünnen. Den Parmesan und das restliche Basilikum hinzufügen und in eine große vorgewärmte Servierschüssel füllen. Die Auberginenscheiben mit etwas Salz bestreuen und die Spaghetti damit bedecken. Mit dem Ricotta bestreuen und sofort servieren.

Spaghetti mit Oliven und Kapern

SPAGHETTI OMAGGIO ALL'EOLIE

100 g grüne sizilianische Oliven

100 g schwarze Oliven

80 g kleine Kapern in Salzlake (nach Möglichkeit sizilianische Kapern), abgespült und abgetropft

100 ml Olivenöl extra vergine

1 Knoblauchzehe, fein gehackt

6 Eiertomaten, enthäutet, die Samen entfernt (siehe Seite 51) und das Fruchtfleisch in schmale Streifen geschnitten

2 rote Chilischoten, fein gehackt

Meersalz

1 Handvoll kleine Basilikumblätter, grob gehackt

1 TL gehackte Oreganoblätter

400 g Spaghetti

FÜR 4 PERSONEN

Dieses Gericht ist eine fantastische Hommage an die vor Sizilien gelegenen Äolischen Inseln. Kommen von dort doch die besten Kapern der Welt. Sie sind winzig klein und sehen fast wie Pfefferkörner aus. Ich empfehle Ihnen Oliven mit Stein – sie schmecken einfach besser – und für den richtigen sizilianischen Touch ein Olivenöl aus Sizilien.

Die Oliven entsteinen, hacken und mit den Kapern in eine Schüssel geben.

Das Öl bei mittlerer Hitze in einer Pfanne mit schwerem Boden erhitzen und den Knoblauch etwa 1 Minute anschwitzen. Oliven und Kapern dazugeben und 3 Minuten unter Rühren erhitzen. Tomaten und Chilischoten hinzufügen und 3 Minuten kochen lassen. In der letzten Minute mit Salz würzen und die Kräuter unterrühren.

Inzwischen die Nudeln in reichlich Salzwasser al dente kochen. Abgießen, vorsichtig mit der Sauce mischen und sofort servieren.

Bavette mit Dicken Bohnen

BAVETTE CON FAVE FRESCHE

1,5 kg junge Dicke Bohnen

120 ml Olivenöl extra vergine

1 weiße Zwiebel oder 2 Frühlingszwiebeln, gehackt

Meersalz und frisch gemahlener schwarzer Pfeffer

400 g Bavette

60 g Parmesan, frisch gerieben

FÜR 4 PERSONEN

Auf dieses Gericht freue ich mich jedes Jahr im Frühsommer, wenn die frischen, jungen Dicken Bohnen auf den Markt kommen.
Bavette sehen ähnlich aus wie Linguine, die Sie für dieses Gericht ebenfalls verwenden können.

Die Bohnen enthülsen und die Häutchen entfernen.

Das Öl bei mittlerer Hitze in einer großen Pfanne mit schwerem Boden erhitzen und die Zwiebel unter häufigem Rühren 5 Minuten glasig schwitzen. Die Bohnen dazugeben, ein paarmal wenden und mit Salz und Pfeffer würzen. 3 Esslöffel Wasser hinzufügen, umrühren und die Bohnen bei geringer Hitze köcheln lassen, bis das Wasser verdunstet ist.

Inzwischen die Nudeln in reichlich Salzwasser al dente kochen. Abgießen, zu den Bohnen geben und das Ganze noch einmal abschmecken. 1 Minute unter Rühren erhitzen, mit dem Parmesan bestreuen und servieren.

GETROCKNETE PASTA

Bucatini mit Dicken Bohnen und Minzepüree

BUCATINI CON SALSA MARÒ

Dicke Bohnen sind einfach ein wunderbares Geschenk des Frühlings. In meiner Kindheit und Jugend, die ich in Italien verbracht habe, konnten wir es kaum erwarten, die kleinen, zarten Schoten im Garten zu pflücken. Sobald der Korb, den uns meine Mutter mitgegeben hatte, voll war, versammelte sich die ganze Familie zum Enthülsen. Meist aßen wir die zarten grünen Kerne roh, nur mit etwas Meersalz und Olivenöl. Dazu gab es einen milden Pecorino und knuspriges Brot. Ein herrlicher Genuss!

In anderen Gegenden Liguriens macht man daraus eine Art Pesto, *marò* genannt, das als Aufstrich für Bruschettas verwendet wird und das ich hier zu einer Sauce »umfunktioniert« habe.

1 kg junge Dicke Bohnen
1 Knoblauchzehe, geschält
5 kleine Minzeblätter
Meersalz
100 g Pecorino, frisch gerieben
125 ml Olivenöl extra vergine
400 g Bucatini

FÜR 4 PERSONEN

Die Bohnen enthülsen und danach die Häutchen entfernen. Das braucht ein bisschen Zeit und Geduld, aber die Mühe lohnt sich. Sie benötigen etwa 225 g Bohnenkerne.

1 Handvoll Bohnenkerne zum Garnieren beiseitelegen. Den Rest mit Knoblauch, Minze und einigen Prisen Salz im Mörser zu einer glatten Paste zermahlen. Die Mischung in eine große Schüssel geben und den Pecorino untermischen. Zum Schluss das Öl unter Rühren in einem feinen Strahl einlaufen lassen.

Die Nudeln in reichlich Salzwasser al dente kochen.

In der Zwischenzeit die Bohnensauce mit 2 Esslöffeln Nudelwasser verdünnen. Die Nudeln abgießen (dabei etwas Kochwasser auffangen) und vorsichtig mit der Sauce mischen. Sieht das Ganze zu trocken aus, das aufgefangene Nudelwasser hinzufügen. Mit den restlichen Bohnenkernen bestreuen und sofort servieren.

Fusilli mit grünen Bohnen und Tomaten

FUSILLI CON FAGIOLINI E POMODORO

In diesem Gericht habe ich Elemente der ligurischen und der sizilianischen Küche kombiniert. Typisch ligurisch sind die grünen Bohnen, die mit der Pasta gekocht werden. Das sizilianische Element sind die Mandeln. Die getrockneten Tomaten verleihen dem Gericht einen besonders intensiven Geschmack, und die Sauce wird schön cremig, sodass sie gut an den Nudeln haftet.

120 g getrocknete Tomaten in Öl, abgetropft

80 g blanchierte Mandeln

4 EL Olivenöl extra vergine

200 g grüne Bohnen, abgefädelt und der Länge nach in feine Streifen geschnitten (ein Bohnenschneider ist dabei sehr hilfreich)

400 g Fusilli

2 Knoblauchzehen, geschält und leicht zerdrückt

200 g reife Tomaten, enthäutet, die Samen entfernt (siehe Seite 51) und das Fruchtfleisch in Würfel geschnitten

1 EL grob gehackter Oregano

Meersalz und frisch gemahlener schwarzer Pfeffer

1 kleine Handvoll Oreganoblättchen zum Garnieren (nach Belieben)

FÜR 4 PERSONEN

Die getrockneten Tomaten grob hacken und die Mandeln mit der flachen Messerklinge leicht zerdrücken. Beides mit 1 Esslöffel Öl auf niedriger Stufe im Mixer zu einer glatten Paste verrühren, in eine Schüssel füllen und zur Seite stellen.

In einem großen Topf Wasser zum Kochen bringen und salzen. Die Bohnen mit der Pasta hineingeben und das Ganze so lange kochen, bis die Nudeln al dente sind.

In der Zwischenzeit das restliche Öl bei geringer Hitze in einer Pfanne mit schwerem Boden erhitzen. Den Knoblauch unter Rühren goldgelb anschwitzen und danach aus der Pfanne nehmen. Die Tomaten-Mandel-Paste in die Pfanne geben und bei mittlerer Hitze mit einem Pfannenwender darin verteilen. Nach 1 Minute die gewürfelten Tomaten und den Oregano dazugeben, mit Salz und Pfeffer würzen und das Ganze 3 Minuten unter Rühren kochen lassen. Die Pfanne anschließend vom Herd nehmen.

Nudeln und Bohnen abgießen und dabei etwas Kochwasser auffangen. Pasta und Bohnen zur Sauce geben und 1 Minute bei mittlerer Hitze verrühren. Sieht die Sauce zu trocken aus, etwas Nudelwasser hinzufügen. Nach Belieben mit Oreganoblättchen bestreuen und sofort servieren.

Rigatoni mit Aubergine und Steinpilzen

RIGATONI CON MELANZANE E FUNGHI

Diese Auberginensauce wird ohne Tomaten zubereitet. In Italien würde man sagen *in bianco*, was wörtlich übersetzt so viel bedeutet wie »in Weiß«. Verwenden Sie dafür am besten ein sizilianisches Olivenöl. Die Chilischoten sollen dem Gericht etwas süditalienische Schärfe verleihen, und die Steinpilze harmonieren ausgezeichnet mit den Auberginen. Das ligurische norditalienische Element stellen die Kräuter dar.

3 Auberginen
Meersalz
20 g getrocknete Steinpilze
120 ml Olivenöl extra vergine
2 Knoblauchzehen, fein gehackt
2 rote Chilischoten, Samen entfernt und Schoten fein gehackt
1 EL gehackte Thymianblätter
1 EL gehackte Oreganoblätter
400 g Rigatoni
50 g Parmesan, frisch gerieben

FÜR 4 PERSONEN

Die Enden der Auberginen abschneiden. Die Auberginen schälen und in 1 cm große Würfel schneiden. In ein Sieb legen, mit Salz bestreuen und 40 Minuten abtropfen lassen, um ihnen die Bitterkeit zu nehmen. Anschließend abspülen und mit Küchenpapier trocken tupfen.

Inzwischen die Pilze 20 Minuten in warmem Wasser einweichen. Abgießen, gut ausdrücken, mit Küchenpapier trocken tupfen und hacken.

Das Öl bei geringer Hitze in einer Pfanne mit schwerem Boden erhitzen und den Knoblauch mit den Chilischoten unter Rühren anschwitzen, bis er Farbe annimmt. Pilze und Auberginen dazugeben, mit Salz würzen und die Zutaten gut verrühren. Das Ganze 10 Minuten unter Rühren erhitzen und danach die Kräuter untermischen.

In der Zwischenzeit die Nudeln in reichlich Salzwasser al dente kochen. Abgießen und vorsichtig mit der Sauce mischen. Mit dem Parmesan bestreuen und sofort servieren.

Makkaroni mit Mangold

MACCHERONI ALLE BIETE

Spinat mit Öl, Sultaninen und Pinienkernen wird in Ligurien gerne als Beilage serviert, und ich habe mir schon oft überlegt, ob der Spinat nicht auch gut zu Nudeln passen würde. Den Spinat habe ich hier durch Mangold ersetzt, weil er herzhafter ist. Dafür sollte das Olivenöl möglichst mild und fruchtig sein.

20 g Sultaninen

2 Stauden Mangold

3 EL Olivenöl extra vergine + Olivenöl zum Servieren

1 Knoblauchzehe, geschält und leicht zerdrückt

1 kleine rote Chilischote, der Länge nach halbiert (die Samen nicht entfernen)

30 g Pinienkerne

40 g schwarze Oliven, entsteint und grob gehackt

Meersalz und frisch gemahlener schwarzer Pfeffer

400 g Makkaroni

45 g Pecorino, frisch gerieben

FÜR 4 PERSONEN

Die Sultaninen 10 Minuten in warmem Wasser einweichen. Abgießen und mit Küchenpapier trocken tupfen.

Den Mangold putzen, waschen und trocken schleudern. Die Blattrippen herausschneiden und die Blätter in schmale Streifen schneiden.

Das Öl bei geringer Hitze in einer Pfanne mit schwerem Boden erhitzen, den Knoblauch mit der Chilischote unter Rühren goldgelb anschwitzen und danach herausnehmen. Sultaninen, Mangold, Pinienkerne und Oliven in die Pfanne geben, mit Salz und Pfeffer würzen und gut umrühren. Den Deckel auflegen und das Ganze etwa 5 Minuten kochen lassen. Dabei regelmäßig umrühren und gegebenenfalls etwas Wasser hinzufügen.

In der Zwischenzeit die Nudeln in reichlich Salzwasser al dente kochen. Abgießen und etwas Kochwasser auffangen.

Die Makkaroni mit der Hälfte des Pecorino zur Sauce geben und alles gut durchmischen. Ist die Mischung zu trocken, etwas Nudelwasser hinzufügen. In eine Schüssel füllen, mit etwas Olivenöl beträufeln, mit dem restlichen Käse bestreuen und sofort servieren.

Makkaroni mit Gemüse

MACCHERONI ALLE VERDURE

Dieses Gericht bezeichne ich gerne als *sogno di mezza estate*, als einen Mittsommertraum. Denn genau dann hat das Gemüse Saison, das hier verwendet wird. Damit der Eigengeschmack der verschiedenen Gemüse besser zur Geltung kommt, werden sie getrennt gekocht und erst zum Schluss mit Tomaten und Käse gemischt. Auf diese Weise entsteht eine Farben- und Geschmackssinfonie, die nicht nur den Gaumen, sondern auch das Auge erfreut.

1 große gelbe Paprikaschote
2 längliche Auberginen
3 Zucchini
100 ml Olivenöl extra vergine
1 Knoblauchzehe, geschält und leicht zerdrückt
300 g reife Tomaten, enthäutet, die Samen entfernt (siehe Seite 51) und das Fruchtfleisch in Würfel geschnitten
Meersalz
400 g Makkaroni
100 g frischer Mozzarella, in Würfel geschnitten
60 g Parmesan, frisch gerieben
60 g Basilikumblätter, fein gehackt

FÜR 4 PERSONEN

Die Paprikaschote von Samen und Häutchen befreien und die Enden der Auberginen und der Zucchini abschneiden. Das Gemüse waschen, trocken tupfen und in 1 cm große Würfel schneiden.

Das Gemüse getrennt in jeweils 1 Esslöffel Öl unter Rühren anbraten: die Paprikaschote 5 Minuten, die Auberginen 4 Minuten und die Zucchini 3 Minuten. Anschließend aus der Pfanne nehmen und zur Seite stellen.

Für die Sauce das restliche Öl bei geringer Hitze in einer großen Pfanne mit schwerem Boden erhitzen. Den Knoblauch unter Rühren goldgelb anschwitzen und danach herausnehmen. Die Wärmezufuhr etwas erhöhen, Tomaten in die Pfanne geben, mit Salz würzen und etwa 10 Minuten köcheln lassen.

Inzwischen die Makkaroni in reichlich Salzwasser al dente kochen. Abgießen und zur Sauce geben. Die restlichen Zutaten nacheinander untermischen und sofort servieren.

GETROCKNETE PASTA

Orecchiette mit Rucola-Gorgonzola-Sauce

ORECCHIETTE CON RUCOLA E GORGONZOLA

Orecchiette heißt wörtlich übersetzt »kleine Ohren«. Mich erinnert die Form dieser Pasta allerdings eher an kleine Schüsseln, zumal sich darin die Sauce so wunderbar sammelt. Die Orecchiette kommen ursprünglich aus Apulien, wo sie heute noch von Hand gemacht werden. Die Vertiefungen werden beim Formen mit dem Daumen hineingedrückt.

400 g Orecchiette
50 g Butter
4 EL Milch
50 g Gorgonzola Dolcelatte, die Rinde entfernt und Käse klein geschnitten
etwa 30 junge Rucolablätter, gewaschen, getrocknet und grob gehackt
Meersalz und frisch gemahlener schwarzer Pfeffer
2 EL frisch geriebener Parmesan

FÜR 4 PERSONEN

Die Orecchiette in reichlich Salzwasser al dente kochen.

In der Zwischenzeit Butter und Milch bei geringer Hitze in einer Pfanne mit schwerem Boden heiß werden und den Gorgonzola unter Rühren darin schmelzen lassen. Anschließend den Rucola einrühren, die Sauce 5 Minuten kochen lassen und mit Salz (Vorsicht, der Gorgonzola ist bereits relativ salzig.) und Pfeffer abschmecken.

Die Nudeln abgießen und zur Sauce geben. Den Parmesan darüberstreuen, alles gut vermischen und sofort servieren.

GETROCKNETE PASTA

Sedani »Vier Käse«

SEDANI AI QUATTRO FORMAGGI

Dieser italienische Klassiker ist das Lieblingsgericht meiner Familie. Ich habe hier Sedani verwendet, eine Art kleine Makkaroni, es eignet sich aber auch jede andere frische oder getrocknete Pasta. Besonders gut schmeckt die Sauce mit Gnocchi. Probieren Sie einfach aus, welche Pasta Ihnen am meisten zusagt. Das gilt übrigens auch für den Käse. Gorgonzola und Parmesan sollten allerdings unbedingt dabei sein. Ich empfehle Ihnen einen Dolcelatte-Gorgonzola. Er ist besonders cremig und mild und überdeckt die anderen Zutaten nicht. Wenn Sie die Butter schmelzen, können Sie noch ein paar frische Majoranblätter dazugeben. Und unter das fertige Gericht kann man auch noch ein paar gehackte Walnusskerne mischen.

400 g Sedani
50 g Gorgonzola Dolcelatte
60 g Emmentaler
60 g Fontina
30 g Butter
120 ml Milch
etwas frisch geriebene Muskatnuss
frisch gemahlener schwarzer Pfeffer
60 g Parmesan, frisch gerieben

FÜR 4 PERSONEN

Die Nudeln in reichlich Salzwasser al dente kochen.

In der Zwischenzeit den Käse entrinden und in kleine Würfel schneiden.

Die Butter bei geringer Hitze in einem Topf mit schwerem Boden zerlassen. Käse, Milch und etwas frisch geriebene Muskatnuss dazugeben und den Käse unter Rühren schmelzen lassen, bis eine glatte Sauce entstanden ist. Kräftig mit Pfeffer würzen und 1 Esslöffel Parmesan unterrühren.

Die Nudeln abgießen und mit der Sauce mischen. Gegebenenfalls noch etwas Muskat hinzufügen, den restlichen Parmesan untermischen und sofort servieren.

Penne mit feuriger Tomatensauce

PENNE ALL'ARRABBIATA

Arrabiata bedeutet »wütend« und spielt auf die scharfen Chilischoten in der Sauce an. Wenn sich die feurige Sauce um die geriffelten Penne legt, werden sie im Mund zu regelrechten kleinen »Brandbomben«. Ich war ein Teenager, als ich das Gericht zum ersten Mal in einer Trattoria in Rom gegessen habe. Mein Bruder, der sich das Gleiche bestellt hatte, und ich hatten vorher noch nie Chilischoten probiert. Als uns der Kellner fragte, ob wir die Penne »richtig wütend« wollten, antwortete mein Bruder: »Ja, ganz wütend – *arrabbiatissimo*.« Denn er hielt die Frage für einen Scherz. Die Pasta, die man uns dann servierte, war absolut ungenießbar.

Erst viel später, in Australien, habe ich die scharfen Schoten schätzen gelernt. Fazit: An Chilischoten sollte man sich vorsichtig herantasten. So sollten Sie es auch mit diesem Rezept halten und je nach Geschmack etwas mehr oder etwas weniger Chilischoten nehmen als angegeben.

2 EL Olivenöl extra vergine
1 Knoblauchzehe, geschält und leicht
  zerdrückt
150 g Guanciale oder Pancetta, fein gewürfelt
2 rote Chilischoten, fein gehackt
1 Dose (400 g) geschälte Tomaten
Meersalz
400 g Penne rigate
50 g Pecorino, frisch gerieben

FÜR 4 PERSONEN

Das Öl bei geringer Hitze in einer Pfanne mit schwerem Boden erhitzen, den Knoblauch unter Rühren goldgelb anschwitzen und danach herausnehmen. Die Guanciale oder Pancetta mit den Chilischoten in die Pfanne geben und etwa 5 Minuten unter häufigem Wenden knusprig braten.

Die Tomaten durch die Gemüsemühle passieren oder in der Küchenmaschine pürieren, in die Pfanne geben und mit Salz würzen. Den Deckel auflegen und das Ganze 15 Minuten bei mittlerer Hitze kochen lassen. Dabei regelmäßig umrühren.

Die Nudeln in reichlich Salzwasser al dente kochen. Abgießen, zur Sauce geben und 1 Minute mit der Sauce verrühren. Mit Pecorino bestreuen und sofort servieren.

GETROCKNETE PASTA

Spaghetti mit Fleischbällchen

SPAGHETTI CON LE POLPETTINE

Als ich zum ersten Mal von diesem Gericht hörte, hielt ich es für eine amerikanische Erfindung, denn damals wusste ich noch nicht viel über die italienischen Regionalküchen. Kannte ich doch nur die Küche meiner Mutter und die Speisekarte unseres Restaurants. Ein Kochbuch hatte ich noch nie in Händen gehalten, denn die Rezepte wurden von Generation zu Generation mündlich weitergegeben. Das änderte sich, als ich meine Leidenschaft für das Kochen entdeckte und begann, mich mit den italienischen Regionalküchen zu beschäftigen. Und dabei stieß ich auch auf dieses Gericht und erfuhr, dass es sich dabei um eine süditalienische Spezialität handelt, die vor allem auf Sizilien sehr beliebt ist (ironischerweise ist sie inzwischen allerdings in Amerika populärer als in Italien ...).

30 g Weißbrot, entrindet
100 ml Milch
200 g Hackfleisch vom Kalb oder Rind
50 g Salsiccia siciliana (Schweinswurst mit Fenchel)
1 Ei
1 EL gehackte Majoranblätter
½ kleine weiße Zwiebel, fein gehackt
2 Knoblauchzehen, fein gehackt
90 g Parmesan, frisch gerieben
Meersalz und frisch gemahlener schwarzer Pfeffer
2 EL Olivenöl
60 g Butter
1 Dose (400 g) geschälte Tomaten
4 Stängel Basilikum, gehackt
400 g Spaghetti

FÜR 4 PERSONEN

Das Weißbrot in der Milch einweichen, bis es die Flüssigkeit aufgesogen hat, und danach mit einer Gabel zerdrücken.

Das Brot mit Hackfleisch, Wurst, Ei, Majoran, Zwiebel, ⅓ des Knoblauchs und 2 Esslöffeln Parmesan in eine große Schüssel geben. Mit Salz und Pfeffer würzen, die Zutaten sorgfältig vermengen und kleine Bällchen aus der Mischung formen.

Öl und Butter bei mittlerer Hitze in einer Pfanne mit schwerem Boden erhitzen und den restlichen Knoblauch 1 Minute unter Rühren anschwitzen. Die Fleischbällchen dazugeben und 8 Minuten rundherum anbräunen.

Die Tomaten durch die Gemüsemühle passieren oder in der Küchenmaschine pürieren, zu den Fleischbällchen geben und mit Salz würzen. Das Basilikum einrühren und das Ganze 15 Minuten köcheln lassen. Die Pfanne dabei von Zeit zu Zeit rütteln und vorsichtig umrühren.

Inzwischen die Spaghetti in reichlich Salzwasser al dente kochen. Abgießen und sofort mit der Sauce mischen. In eine vorgewärmte Servierschüssel füllen und servieren.

Spaghetti Carbonara

SPAGHETTI ALLA CARBONARA

Dieses Gericht gehört zu Rom wie das Kolosseum. Seinen Namen verdankt es vermutlich den Kohleverkäufern (*carbonari*), die sich gerne damit stärkten. Richtig bekannt wurde es in der Nachkriegszeit, als es die in Italien stationierten amerikanischen Soldaten für sich entdeckten, weil es sie an ihre Eier mit Schinken erinnerte. Auf diese Weise gelangte das Rezept auch nach Amerika, wo man es noch mit Sahne und Zwiebeln anreicherte. Ich bevorzuge allerdings die traditionelle Variante.

Damit das Gericht den richtigen Geschmack bekommt, sollte man keinen Parmesan, sondern Pecorino (einen Schafskäse) verwenden. Und das gilt eigentlich auch für die Guanciale (ein magerer ungeräucherter Speck, der aus der Schweinebacke hergestellt wird), die allerdings außerhalb Italiens nicht ohne Weiteres zu bekommen ist und deshalb notfalls auch durch Pancetta ersetzt werden kann. Da beide Zutaten bereits relativ salzig sind, kommt dieses Rezept ganz ohne Salz aus.

2 EL Olivenöl extra vergine
150 g Guanciale oder Pancetta, in 1 cm große Würfel geschnitten
frisch gemahlener schwarzer Pfeffer
3 Eier
400 g Spaghetti
80 g Pecorino, frisch gerieben + geriebener Pecorino zum Servieren

FÜR 4 PERSONEN

Das Öl bei starker Hitze in einer Pfanne mit schwerem Boden erhitzen und die Guanciale oder Pancetta mit etwas Pfeffer unter ständigem Wenden 6–8 Minuten knusprig braten. Die Pfanne danach vom Herd nehmen.

Die Eier mit 1 Prise Pfeffer verquirlen.

Die Spaghetti in reichlich Salzwasser al dente kochen.

Inzwischen je 2 Esslöffel Pecorino auf vier tiefe Teller verteilen. 1 Minute, bevor die Spaghetti fertig sind, den Speck mit 2 Esslöffeln Nudelwasser bei geringer Hitze erwärmen.

Die Nudeln abgießen (dabei etwas Kochwasser auffangen) und mit dem Speck mischen. Die Eier darübergießen und etwa 30 Sekunden rühren. Sieht die Mischung zu trocken aus, etwas Nudelwasser hinzufügen.

Die Spaghetti auf die Teller verteilen und sofort – nach Belieben mit etwas geriebenem Pecorino – servieren.

Spaghetti-Frittata mit Schinken und Mozzarella

FRITTATA DI PASTA

Mit etwas Tomatensauce und ein paar Eiern werden die Spaghetti hier in eine Frittata verwandelt, wie man sie in Süditalien gerne als kleine Mahlzeit zu einem Picknick oder an den Strand mitnimmt.

400 g Spaghetti
1 Rezept Tomatensauce II (siehe Seite 52)
3 Eier
120 g Parmesan, frisch gerieben
1 EL gehackte glatte Petersilie
Meersalz und frisch gemahlener schwarzer Pfeffer
2 EL Olivenöl extra vergine
20 g Butter
150 g Schinken, in 1 cm große Würfel geschnitten
150 g Mozzarella, in 1 cm große Würfel geschnitten
1 große Handvoll Basilikumblätter, fein gehackt

FÜR 4 PERSONEN

Die Spaghetti in reichlich Salzwasser kochen, aber bereits 2 Minuten vor dem Ende der angegebenen Kochzeit abgießen und mit der Tomatensauce mischen.

Die Eier in einer großen Schüssel kräftig mit Parmesan und Petersilie verrühren. Mit Salz und Pfeffer würzen und die Spaghetti daruntermischen. Öl und Butter bei geringer Hitze in einer großen beschichteten Pfanne (20 cm Durchmesser) erhitzen. Die Hälfte der Spaghettimischung hineingeben, gut andrücken und glatt streichen. Schinken, Mozzarella und Basilikum darüberstreuen, die restliche Spaghettimischung darauf verteilen und ebenfalls gut andrücken.

Die Frittata etwa 6 Minuten bei mittlerer bis starker Hitze backen, bis sich auf der Unterseite eine Kruste bildet. Mithilfe eines Tellers wenden und auf der anderen Seite backen.

Die Frittata heiß mit einem Blattsalat oder kalt als kleinen Imbiss, z. B. bei einem Picknick, servieren.

Rigatoni mit Kartoffeln und Bacon

PASTA E PATATE

Dies ist ein typisch italienisches Bauerngericht, das man kochte, um schnell und preiswert satt zu werden. Mein Vater, der aus einer Bauernfamilie stammte, erzählte uns immer: »Wenn alle Stricke rissen, Olivenöl, Kartoffeln und Pasta waren immer da, und ein Schinken hing auch immer irgendwo.«

4 Kartoffeln, geschält und in Würfel geschnitten
400 g kurze Nudeln (z. B. Rigatoni oder eine Mischung aus verschiedenen Sorten mit gleicher Kochzeit)
3 EL Olivenöl extra vergine
80 g Bacon oder Pancetta, fein gewürfelt
Meersalz und frisch gemahlener schwarzer Pfeffer
60 g Parmesan, frisch gerieben
1 Handvoll Basilikumblätter, grob gehackt

FÜR 4 PERSONEN

Wasser in einem großen Topf zum Kochen bringen, salzen und die Kartoffeln 3 Minuten kochen. Die Nudeln dazugeben und das Ganze kochen lassen, bis die Pasta al dente ist.

In der Zwischenzeit das Öl bei mittlerer Hitze in einer Pfanne mit schwerem Boden erhitzen und den Bacon knusprig braten.

Kartoffeln und Pasta mit einem Schaumlöffel aus dem Topf heben und sofort in die Pfanne geben (das Wasser macht das Gericht schön cremig). Die Zutaten gut verrühren, mit Salz und Pfeffer würzen, mit Parmesan und Basilikum bestreuen und sehr heiß servieren.

Orecchiette mit Kalbsrouladen

ORECCHIETTE CON INVOLTINI

Dieses leckere Gericht ist vom Neapolitanischen und Sizilianischen Ragù inspiriert, ist aber sehr viel schneller zubereitet und außerdem nicht so schwer. Orecchiette sind eine Pasta, die man vorwiegend im süditalienischen Apulien findet. Da sie wie »Öhrchen« – das bedeutet Orecchiette wörtlich übersetzt – geformt sind, nehmen sie die Sauce besonders gut auf.

8 Kalbsschnitzel
Meersalz
40 g Pinienkerne, grob gehackt
1 große Handvoll Minzeblätter, sehr fein
    gehackt
2 Knoblauchzehen, 1 sehr fein gehackt,
    1 ungeschält leicht zerdrückt
200 g Pecorino, frisch gerieben
120 ml Olivenöl extra vergine
3 EL trockener Weißwein
1 Dose (400 g) geschälte Tomaten
frisch gemahlener schwarzer Pfeffer
400 g Orecchiette
grüner Salat zum Servieren

FÜR 4 PERSONEN

Die Kalbsschnitzel mit wenig Salz bestreuen. Pinienkerne, Minze und den gehackten Knoblauch gleichmäßig auf die Schnitzel verteilen. Zum Schluss die Hälfte des Pecorinos darüberstreuen. Mit etwas Olivenöl beträufeln, die Schnitzel aufrollen und mit Zahnstochern feststecken.

Das restliche Öl bei geringer Hitze in einer Pfanne mit schwerem Boden erhitzen, den ungeschälten Knoblauch unter Rühren goldgelb anschwitzen und danach herausnehmen.

Die Rouladen in die Pfanne legen und bei mittlerer Hitze rundherum anbräunen. Den Wein hinzufügen und den Alkohol etwa 5 Minuten verdunsten lassen. Die Pfanne dabei gelegentlich rütteln.

Die Tomaten durch die Gemüsemühle passieren oder in der Küchenmaschine pürieren, in die Pfanne geben und mit Salz und Pfeffer würzen. Gut umrühren und das Ganze etwa 15 Minuten unter gelegentlichem Rühren bei geringer bis mittlerer Hitze kochen lassen.

In der Zwischenzeit die Nudeln in reichlich Salzwasser al dente kochen. Abgießen und in eine Servierschüssel füllen. Den Pfanneninhalt darübergießen und alles gut durchmischen. Mit dem restlichen Pecorino bestreuen und sofort mit einem grünen Salat servieren.

Conchiglie mit Steinpilzen und Schweinswürstchen

CONCHIGLIE ALLA PAPALINA SBAGLIATA

Ich bin von Sydney aus oft kilometerweit zum einzigen Restaurant gefahren, in dem es meine geliebte *pasta papalina* gab. Sie können sich vermutlich meine Enttäuschung vorstellen, als ich irgendwann erfuhr, dass es sich nicht um das Originalrezept handelte (das finden Sie auf Seite 176). Die Sahnesauce war aber trotzdem sehr lecker, deshalb habe ich sie hier nachgekocht. *Sbagliata* bedeutet »falsch« (weil es ja nicht das Originalrezept ist …).

10 g getrocknete Steinpilze

3 EL Olivenöl extra vergine

50 g Butter

1 Knoblauchzehe, geschält und leicht zerdrückt

200 g Salsicce siciliane (Schweinswürste mit Fenchel)

150 g Sahne

Meersalz und frisch gemahlener schwarzer Pfeffer

2 Eier

2 Eigelb

30 g Parmesan, frisch gerieben

30 g milder Pecorino, frisch gerieben

400 g Conchiglie

FÜR 4 PERSONEN

Die Pilze in einer kleinen Schüssel mit warmem Wasser bedecken und 15 Minuten einweichen lassen. Anschließend abgießen, mit Küchenpapier trocken tupfen und fein hacken.

Öl und Butter bei mittlerer Hitze in einer Pfanne mit schwerem Boden erhitzen, den Knoblauch unter Rühren goldgelb anschwitzen und danach herausnehmen. Die Pilze in die Pfanne geben und 3 Minuten unter Rühren anbraten.

Die Würste pellen und in die Pfanne geben. Das Brät ein wenig zerkrümeln und unter Rühren etwa 5 Minuten goldbraun braten. Die Wärmezufuhr verringern, die Sahne angießen, sparsam salzen und kräftig mit Pfeffer würzen und 5 Minuten köcheln lassen.

Inzwischen Eier und Eigelbe in einer Schüssel kräftig mit dem Käse und 1 Prise Salz verrühren.

Die Nudeln in reichlich Salzwasser al dente kochen. Abgießen und dabei etwas Kochwasser auffangen. Die Nudeln mit der Sauce mischen, die Pfanne vom Herd nehmen und die Eiermischung unterrühren. Sieht das Ganze zu trocken aus, etwas Nudelwasser hinzufügen.

Spaghetti mit Tintenfisch und Tomate

SPAGHETTI IN GUAZZETTO

Schon seit Langem überlege ich, einige klassische italienische Hauptgerichte so abzuwandeln, dass man sie als Pastasaucen servieren kann. Besonders geeignet schien mir dafür der *Guazzetto*, ein leichtes Schmorgericht, das häufig aus Meeresfrüchten zubereitet wird. Durch das langsame Garen bekommt das Gericht einen wunderbar intensiven Geschmack, ohne dass der Eigengeschmack der einzelnen Zutaten dabei verloren geht.

1 kleiner Oktopus (200 g)

200 g kleine Kalmare

200 g kleine Sepien

75 ml Olivenöl extra vergine

2 Knoblauchzehen, geschält und leicht
zerdrückt

2 rote Chilischoten, in feine Ringe geschnitten

250 ml trockener Weißwein

1 Dose (400 g) geschälte Tomaten

Meersalz

400 g Spaghetti

1 große Handvoll Basilikumblätter, in Stücke
gerissen

FÜR 4 PERSONEN

Auch wenn's ein bisschen teurer ist, spart man viel Mühe, wenn man bereits küchenfertig vorbereitete Tintenfische kauft. Ansonsten heißt es Ärmel aufkrempeln, Schürze umbinden und ab an die Spüle!

Die Fangarme des Oktopus unterhalb des harten Schnabels vom Kopf abtrennen. Den Schnabel entfernen. Den sackartigen Körper umstülpen und Tintenbeutel sowie Eingeweide entfernen. Die Haut vom Körper abziehen, Körper und Tentakel gründlich unter fließendem Wasser waschen, abtropfen lassen und trocken tupfen. Den Körper in mundgerechte Stücke schneiden und mit den Tentakeln zur Seite stellen.

Bei Kalmaren und Sepien die Fangarme mit einer Hand fassen. Den Körper mit der anderen Hand halten und die Fangarme herausziehen. Dabei darauf achten, dass der Tintenbeutel nicht beschädigt wird. Die Tentakel unterhalb der Augen abtrennen. Kopf und Darm entfernen. Den Schnabel herausziehen und ebenfalls entfernen. Die Haut von den Tuben abziehen, Tuben und Tentakel gründlich unter fließendem Wasser waschen. Tuben der Länge nach aufschneiden, in 1 cm breite Streifen schneiden und mit den Tentakeln zur Seite stellen.

Das Öl bei geringer bis mittlerer Hitze in einer Pfanne mit schwerem Boden erhitzen, den Knoblauch unter Rühren goldgelb anschwitzen und danach herausnehmen. Den Oktopus mit den Chilischoten in die Pfanne geben und 5–6 Minuten anbraten, bis sich der Oktopus rosa verfärbt. Kalmare, Sepien und Weißwein hinzufügen, umrühren und das Ganze köcheln lassen, bis der Wein verdunstet ist.

Die durchpassierten Tomaten in die Pfanne geben, mit Salz würzen und die Sauce 30 Minuten köcheln lassen. Dabei von Zeit zu Zeit umrühren.

Kurz vor Ende der Kochzeit die Spaghetti in reichlich Salzwasser al dente kochen. Abgießen und mit der Sauce mischen. Mit dem Basilikum bestreuen und servieren.

GETROCKNETE PASTA

Spaghetti mit Meeresfrüchten

SPAGHETTI ALLO SCOGLIO

Die Küche unseres Restaurants in Italien war das Reich meines Onkels Ciccio. Unterstützt wurde er dort von seiner Frau, meiner Tante Anna, und meiner Mutter. Für den Einkauf und den Weinkeller war mein Vater zuständig.

Ciccio war ein sehr kreativer Koch, und er war es mit Leib und Seele. Die Leute kamen von weit her, um seine zahlreichen Spezialitäten zu genießen. Besonders beliebt waren diese Spaghetti mit Meeresfrüchten. Das Rezept stammte zwar eigentlich nicht von ihm, aber er hatte es so verfeinert und abgewandelt, dass es allgemein nur als *Spaghetti alla Ciccio* bekannt war. Ihm dabei zuzusehen, wie er mit wehender Schürze in der Küche herumwirbelte, war ein wahres Vergnügen, das ich mit diesem Rezept gerne an Sie weitergeben möchte.

Achten Sie beim Kauf darauf, dass die Weichtiere in ihren Kalkschalen fest verschlossen sind und sich erst beim Kochen öffnen. Ist zuvor auch nur der kleinste Spalt geöffnet, sind sie ungenießbar.

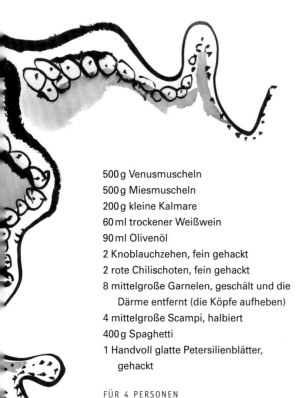

500 g Venusmuscheln
500 g Miesmuscheln
200 g kleine Kalmare
60 ml trockener Weißwein
90 ml Olivenöl
2 Knoblauchzehen, fein gehackt
2 rote Chilischoten, fein gehackt
8 mittelgroße Garnelen, geschält und die Därme entfernt (die Köpfe aufheben)
4 mittelgroße Scampi, halbiert
400 g Spaghetti
1 Handvoll glatte Petersilienblätter, gehackt

FÜR 4 PERSONEN

Die Venusmuscheln 1 Stunde in Salzwasser legen, um sie vom Sand zu befreien. Anschließend mehrmals in frischem Wasser waschen, abtropfen lassen und in eine Schüssel füllen. Die Miesmuscheln unter fließendem Wasser abschrubben, entbarten und zu den Venusmuscheln geben.

Die Fangarme der Kalmare mit einer Hand fassen. Mit der anderen den Körper halten und die Fangarme herausziehen. Die Tentakel unmittelbar unterhalb der Augen vom Kopf abtrennen und den Kopf wegwerfen. Den durchsichtigen Chitinstab herausziehen und ebenfalls wegwerfen. Die Tentakel halbieren. Die Eingeweide aus den Tuben entfernen, die Haut unter fließendem Wasser abziehen und die Tuben in schmale Ringe schneiden. Die Ringe und die Tentakel noch einmal unter fließendem Wasser waschen und mit Küchenpapier trocken tupfen.

Die Muscheln mit dem Wein in eine große Pfanne geben und stark erhitzen, bis sie sich geöffnet haben. Die geöffneten Muscheln sofort aus der Pfanne nehmen (wenn sie zu lange kochen, werden sie zäh) und die Kochflüssigkeit durch ein feines Sieb in eine große Schüssel seihen. Das Muschelfleisch aus den Schalen lösen (ein paar ganze Muscheln zum Garnieren aufheben) und in die Kochflüssigkeit legen, damit es nicht austrocknet. Die Pfanne gründlich ausspülen.

Das Öl bei geringer Hitze in der Pfanne erhitzen. Knoblauch und Chilischoten 3 Minuten unter Rühren anschwitzen. Die Kalmare dazugeben und 5 Minuten anbraten. Garnelen, Scampi und Garnelenköpfe hinzufügen. Die Garnelenköpfe mit dem Pfannenwender zerdrücken und aus der Pfanne nehmen, sobald sie sich verfärben. Garnelen und Scampi weitere 3 Minuten kochen lassen. Die Muscheln mit 4 Esslöffeln Kochflüssigkeit in die Pfanne geben und 3 Minuten unter Rühren kochen lassen. Die Scampi herausnehmen und warm stellen.

Die Spaghetti in reichlich Salzwasser al dente kochen. Abgießen und zur Sauce geben. Die Petersilie darüberstreuen und das Ganze gut durchmischen. Die Scampi darauf anrichten und sofort servieren.

Spaghetti mit Sardinen

SPAGHETTI CON LE SARDE

Dieses Gericht kommt aus Palermo, der Hauptstadt von Sizilien. Bitten Sie am besten Ihren Fischhändler, die Sardinen auszunehmen und zu filetieren. Der süßliche Fenchel und die Sultaninen passen besonders gut zu den Sardinen. Damit das Ganze eine schöne Farbe bekommt, gebe ich etwas Safran dazu. Und für ein bisschen Biss sorgt geröstetes Paniermehl.

2 kleine Fenchelknollen
60 g Sultaninen
3 EL Olivenöl extra vergine + Olivenöl zum Servieren
6 Sardellenfilets in Öl
1 Zwiebel, fein gehackt
30 g Pinienkerne
frisch gemahlener schwarzer Pfeffer
1 Messerspitze Safranfäden
400 g frische Sardinen, filetiert und in 3 cm lange Stücke geschnitten
400 g Spaghetti
4 EL Paniermehl

FÜR 4 PERSONEN

Die Fenchelstiele abschneiden und die harten äußeren Schichten der Knollen entfernen. Die Herzen etwa 30 Minuten in leicht gesalzenem Wasser weich kochen. Abgießen (dabei etwas Kochflüssigkeit auffangen), in Stücke schneiden und zur Seite stellen.

Während der Fenchel kocht, die Sultaninen 15 Minuten in warmem Wasser einweichen. Anschließend gut ausdrücken, grob hacken und beiseitestellen.

Das Öl bei mittlerer Hitze in einer Pfanne mit schwerem Boden erhitzen und die Sardellenfilets mit einer Gabel darin zerdrücken. Zwiebel, Pinienkerne und Sultaninen dazugeben und 5 Minuten unter Rühren anschwitzen, bis die Zwiebel weich ist.

Den Fenchel mit 3 Esslöffeln Kochwasser in die Pfanne geben und mit Pfeffer würzen. Den Safran hinzufügen, gut umrühren und den Fenchel 8 Minuten kochen lassen. Die Sardinen dazugeben und 15 Minuten unter häufigem Rühren kochen lassen.

Inzwischen die Spaghetti in reichlich Salzwasser al dente kochen.

Das Paniermehl in einer kleinen beschichteten Pfanne goldgelb rösten.

Die Spaghetti abgießen und mit der Sauce mischen. Dabei bei Bedarf noch etwas Fenchelwasser hinzufügen. Mit dem Paniermehl bestreuen, mit etwas Olivenöl beträufeln und heiß servieren.

GETROCKNETE PASTA

Spaghetti mit Venusmuscheln in Weißwein

SPAGHETTI ALLE VONGOLE IN BIANCO

Nach Meer schmeckt dieser italienische Klassiker, bei dem die Königin der Pasta mit Venusmuscheln kombiniert wird. Ein typisches Sommergericht, das in der warmen Jahreszeit in jedem italienischen Küstenort auf der Speisekarte steht. Am besten schmeckt es, wenn man es im Badedress mit den Füßen im warmen Sand direkt am Strand mit einem gut gekühlten Weißwein genießt.

So zubereitet mögen die meisten Italiener ihre Spaghetti alle vongole am liebsten, manche bevorzugen statt der Weißweinsauce allerdings eine Tomatensauce. Das Rezept finden Sie auf Seite 116. Probieren Sie beides einmal aus und entscheiden Sie selbst ...

1 kg Venusmuscheln
3 EL Weißwein
100 ml Olivenöl extra vergine
400 g Spaghetti
2 Knoblauchzehen, geschält und leicht
zerdrückt
2 kleine rote Chilischoten, in sehr feine Ringe
geschnitten
2 EL gehackte glatte Petersilie

FÜR 4 PERSONEN

Die Muscheln gründlich unter fließendem kaltem Wasser waschen, mit Weißwein und 1 Esslöffel Olivenöl in eine Pfanne geben und etwa 5 Minuten bei starker Hitze kochen, bis sie sich öffnen, und dabei laufend umrühren. Die geöffneten Muscheln mit einem Schaumlöffel herausheben und in einer Schüssel etwas abkühlen lassen. Die Kochflüssigkeit um die Hälfte reduzieren, durch ein feines, mit einem Tuch ausgelegtes Sieb seihen und zur Seite stellen. Die Pfanne gründlich ausspülen.

Das Muschelfleisch aus den Schalen lösen (ein paar ganze Muscheln zum Garnieren aufheben) und mit der reduzierten Kochflüssigkeit in eine Schüssel füllen.

Die Spaghetti in reichlich Salzwasser kochen, aber bereits 2 Minuten vor dem Ende der angegebenen Kochzeit abgießen.

Inzwischen das restliche Öl bei mittlerer Hitze in der ausgespülten Pfanne erhitzen. Den Knoblauch mit Chilischoten und 1 Esslöffel Petersilie unter Rühren goldgelb anschwitzen und danach herausnehmen. Das Muschelfleisch mit der Kochflüssigkeit in die Pfanne geben und 2 Minuten köcheln lassen.

Die Spaghetti in die Pfanne geben, mit der restlichen Petersilie bestreuen und die ganzen Muscheln hinzufügen. 1 Minute bei geringer Hitze durchschwenken und sofort servieren.

Spaghetti mit Venusmuscheln in Tomatensauce

SPAGHETTI ALLE VONGOLE CON POMODORO

Diese Variante der Spaghetti alle vongole ist zwar nicht ganz so populär, schmeckt aber genauso gut wie die Version mit Weißwein. Wichtig ist nur, dass die Sauce den Geschmack der Muscheln nicht überdeckt und dass man die Sauce erst erwärmt, bevor man sie zu den Muscheln gibt, damit sie nicht zu lange kochen.

1 kg Venusmuscheln
3 EL Weißwein
100 ml Olivenöl extra vergine
400 g Spaghetti
2 Knoblauchzehen, geschält und leicht
   zerdrückt
2 EL gehackte glatte Petersilie
frisch gemahlener schwarzer Pfeffer
½ Rezept Tomatensauce I (siehe Seite 51),
   leicht erwärmt

FÜR 4 PERSONEN

Die Muscheln gründlich unter fließendem kaltem Wasser waschen, mit Weißwein und 1 Esslöffel Olivenöl in eine Pfanne geben und etwa 5 Minuten bei starker Hitze kochen, bis sie sich öffnen, und dabei laufend umrühren. Die geöffneten Muscheln mit einem Schaumlöffel herausheben und in einer Schüssel etwas abkühlen lassen. Die Kochflüssigkeit – falls nötig – etwas reduzieren, durch ein feines, mit einem Tuch ausgelegtes Sieb seihen und zur Seite stellen. Die Pfanne gründlich ausspülen.

Das Muschelfleisch aus den Schalen lösen (ein paar ganze Muscheln zum Garnieren aufheben) und mit der reduzierten Kochflüssigkeit in eine Schüssel füllen.

Die Spaghetti in reichlich Salzwasser kochen, aber bereits 2 Minuten vor dem Ende der angegebenen Kochzeit abgießen.

In der Zwischenzeit das restliche Öl bei mittlerer Hitze in der ausgespülten Pfanne erhitzen. Den Knoblauch mit 1 Esslöffel Petersilie unter Rühren goldgelb anschwitzen und danach herausnehmen. Das Muschelfleisch mit der Kochflüssigkeit in die Pfanne geben, mit Pfeffer würzen und 2 Minuten köcheln lassen. Zum Schluss die warme Tomatensauce einrühren.

Die Spaghetti in die Pfanne geben, mit der restlichen Petersilie bestreuen und die ganzen Muscheln hinzufügen. 1 Minute bei geringer Hitze durchschwenken und sofort servieren.

Spaghetti mit Kapern, Chilischote und Sardellen

SPAGHETTI ALLA PUTTANESCA

3 EL Olivenöl extra vergine
1 Knoblauchzehe, fein gehackt
6 Sardellenfilets in Öl, abgetropft und fein
    gehackt
1 rote Chilischote, fein gehackt
400 g Eiertomaten, enthäutet, die Samen ent-
    fernt (siehe Seite 51) oder 1 Dose (400 g)
    geschälte Tomaten
150 g schwarze Oliven, entsteint und grob
    gehackt
1 EL Kapern in Salzlake, abgespült und
    abgetropft
Meersalz
400 g Spaghetti

FÜR 4 PERSONEN

Aus Rom kommt dieses pikante Gericht – und pikant ist hier nicht nur die Sauce, sondern auch der Name, denn *alla puttanesca* bedeutet »auf Huren- art«. Interessanterweise sucht man Kräuter in allen klassischen römischen Pastagerichten vergebens. Es scheint fast so, als pflanzten die Römer auf ihren Balkons nur Geranien ...

Das Öl bei mittlerer Hitze in einer Pfanne mit schwerem Boden erhitzen und den Knoblauch 1 Minute unter Rühren goldgelb anschwitzen. Sardellenfilets und Chilischote dazugeben und ebenfalls 1 Minute anbraten.

Die Tomaten durch die Gemüsemühle passieren oder in der Küchenmaschine pürieren und mit Oliven und Kapern in die Pfanne geben. Mit Salz würzen, gut umrühren und das Ganze 10–15 Minuten kochen lassen. Dabei regelmäßig umrühren.

Inzwischen die Spaghetti in reichlich Salzwasser al dente kochen. Abgießen, mit der Sauce mischen und sofort servieren.

Spaghetti mit Bottarga

SPAGHETTI ALLA BOTTARGA

100 ml Olivenöl extra vergine
1 Knoblauchzehe, geschält und leicht
    zerdrückt
1 rote Chilischote, der Länge nach halbiert
    und die Samen entfernt
400 g Spaghetti
60 g geriebene Bottarga aus
    Meeräschenrogen
1 Handvoll glatte Petersilienblätter, fein
    gehackt

FÜR 4 PERSONEN

Bottarga, eine alte sardische Spezialität, wird aus Meeräschen- oder Thun- fischrogen hergestellt, der gepresst und luftgetrocknet wird. Man bekommt sie am Stück oder gerieben in italienischen Lebensmittelgeschäften. In Sizi- lien ist Thunfisch-Bottarga sehr beliebt, die in dünne Scheiben geschnitten auf frischem Ciabatta gegessen wird.
    Bei diesem einfachen Rezept sind drei Dinge unbedingt zu beachten: Nehmen Sie ein wirklich gutes, mildes Olivenöl und eine Bottarga aus Meer- äschenrogen. Und die Bottarga darf nie mit der Pfanne in Berührung kom- men, solange sie auf dem Herd steht.

Das Öl bei mittlerer Hitze in einer Pfanne mit schwerem Boden erhitzen. Den Knoblauch und die Chilischote unter Rühren goldgelb anschwitzen. Anschließend herausnehmen und die Pfanne vom Herd nehmen.

In der Zwischenzeit die Spaghetti in reichlich Salzwasser al dente kochen.

Die Pfanne wieder auf die Herdplatte stellen und das Öl erwärmen. Die Spaghetti abgießen und in die Pfanne geben. Die Pfanne wieder vom Herd nehmen, die Nudeln mit dem Öl mischen und nach und nach die Bottarga hinzufügen, bis sie sich gleichmäßig verteilt hat. Mit der Petersilie bestreuen und sehr heiß servieren.

GETROCKNETE PASTA

Spaghetti mit schwarzen Oliven und Sardellen

SPAGHETTI ALLE OLIVE

Auf den obligatorischen Parmesan kann man bei diesem gehaltvollen Gericht mit Olivenpaste, Oliven und Walnüssen getrost verzichten. Sie können die Sauce auch vereinfachen, indem Sie nur Olivenpaste benutzen. Erhitzen Sie einfach etwas Olivenöl mit der Petersilie bei mittlerer Hitze in einer Pfanne und mischen Sie es mit den Spaghetti. Das Ganze anschließend in eine Schüssel füllen und die Olivenpaste untermischen. Ist die Mischung zu trocken, noch etwas Nudelwasser hinzufügen.

Die Olivenpaste nennt man in Ligurien *il caviale dei poveri* – den Kaviar der Armen. Seeleute und Pilger nahmen stets ein Glas Olivenpaste mit auf die Reise, denn sie eignet sich auch vorzüglich als Brotaufstrich. Bereiten Sie also gleich eine größere Menge zu, denn die Paste ist auch ideal für ein Picknick.

400 g Spaghetti
1 große Handvoll Basilikumblätter, in Stücke gerissen

FÜR DIE OLIVENPASTE

2 Sardellenfilets in Öl, abgetropft
4 Walnusskerne, grob gehackt
100 g schwarze Oliven, entsteint und grob gehackt
1 TL Kapern in Salzlake, abgespült und abgetropft
1 EL Olivenöl extra vergine

FÜR DIE SAUCE

150 ml Olivenöl extra vergine
1 Knoblauchzehe, fein gehackt
1 rote Chilischote, fein gehackt
1 große Handvoll glatte Petersilienblätter, gehackt
1 große Tomate, enthäutet, die Samen entfernt (siehe Seite 51) und das Fruchtfleisch in Würfel geschnitten
Meersalz und frisch gemahlener schwarzer Pfeffer
50 g grüne Oliven (nach Möglichkeit sizilianische), entsteint und in Scheiben geschnitten

FÜR 4 PERSONEN

Die Zutaten für die Olivenpaste auf niedriger Stufe im Mixer pürieren. Die Paste in eine Schüssel füllen und zur Seite stellen.

Für die Sauce das Öl bei geringer Hitze in einer Pfanne mit schwerem Boden erhitzen und den Knoblauch mit der Chilischote etwa 1 Minute unter Rühren anschwitzen. Die Petersilie einrühren, die Tomate dazugeben und mit Salz und Pfeffer würzen. Die Wärmezufuhr erhöhen und das Ganze unter häufigem Rühren 5 Minuten bei mittlerer Hitze kochen lassen. Oliven und Olivenpaste einrühren, die Sauce noch 1 Minute kochen lassen und danach vom Herd nehmen.

Die Spaghetti in reichlich Salzwasser al dente kochen. Abgießen und dabei etwas Kochwasser auffangen.

Die Sauce wieder auf die Herdplatte stellen. Bei geringer Hitze die Spaghetti und das Basilikum unterrühren und bei Bedarf etwas Nudelwasser hinzufügen. In eine Schüssel füllen und servieren.

GETROCKNETE PASTA

Spaghetti mit Calamari

SPAGHETTI AI CALAMARETTI

Dieses einfache Gericht findet man an der italienischen Mittelmeerküste überall, und überall schmeckt es ein bisschen anders. Selbst meine Mutter, meine Tante Anna und mein Onkel Ciccio bereiteten es auf unterschiedliche Weise zu.

Für mich verbinden sich damit viele Erinnerungen, die ich in diesem Rezept festzuhalten versuche: an den Geschmack und den Geruch des Meeres, an die Freude in den Augen meiner Mutter, wenn ihr die Fischer die kleinen Kalmare präsentierten ...

50 g Sultaninen

400 g ganz frische kleine Kalmare

100 ml Olivenöl

1 Knoblauchzehe, fein gehackt

1 EL fein gehackte Petersilienblätter

50 g Taggiasca-Oliven oder andere kleine
    Oliven, entsteint und halbiert

30 g Pinienkerne

2 Stängel Basilikum

3 große Tomaten, enthäutet, die Samen
    entfernt (siehe Seite 51) und das Frucht-
    fleisch in Scheiben geschnitten

Meersalz und frisch gemahlener schwarzer
    Pfeffer

400 g Spaghetti

FÜR 4 PERSONEN

Die Sultaninen 10 Minuten in warmem Wasser einweichen, abtropfen lassen und mit Küchenpapier trocken tupfen.

Die Fangarme der Kalmare mit einer Hand fassen. Mit der anderen den Körper halten und die Fangarme herausziehen. Die Tentakel unmittelbar unterhalb der Augen vom Kopf abtrennen und den Kopf wegwerfen. Das Fischbein herausziehen und ebenfalls wegwerfen. Die Eingeweide aus dem Körperbeutel entfernen, die Haut unter fließendem Wasser abziehen und den Körper in schmale Ringe schneiden. Die Ringe und die Tentakel noch einmal unter fließendem Wasser waschen und mit Küchenpapier trocken tupfen.

Das Öl bei geringer Hitze in einer Pfanne mit schwerem Boden erhitzen. Knoblauch und Petersilie 2 Minuten unter Rühren anschwitzen. Tintenfischringe und -tentakel dazugeben und umrühren. Oliven, Pinienkerne, Sultaninen und Basilikum hinzufügen, umrühren und das Ganze 5 Minuten bei mittlerer Hitze kochen lassen. Dabei häufig umrühren. Die Tomaten dazugeben, mit Salz und Pfeffer würzen und die Sauce weitere 5 Minuten kochen lassen. Anschließend die Basilikumzweige herausnehmen.

Inzwischen die Spaghetti in reichlich Salzwasser al dente kochen und danach abgießen. Bei geringer Hitze etwa 1 Minute mit der Sauce mischen und sofort servieren.

Makkaroni mit frischem Thunfisch

MACCHERONI AL TONNO FRESCO

Die ligurischen Fischer sind auf den Thunfisch nicht gut zu sprechen. Vertilgt er auf seiner Reise entlang der Küste doch alles, was ihm vors – weit offene – Maul schwimmt und so auch sämtliche Sardellen.

Wegen seines roten Fleischs und seines kräftigen Geschmacks wird Thunfisch gerne als gegrilltes Steak mit Minze und Knoblauch serviert. Ich habe ihn hier in einer Sauce mit den herrlichsten sizilianischen Produkten kombiniert.

2 Knoblauchzehen, sehr fein gehackt

½ Bund glatte Petersilie, die Blätter abgezupft

3 EL Olivenöl extra vergine

½ weiße Zwiebel, fein gehackt

500 g frischer Thunfisch, in 1 cm große Würfel geschnitten

Meersalz und frisch gemahlener schwarzer Pfeffer

3 EL trockener Weißwein

2 große, reife Tomaten, enthäutet, die Samen entfernt (siehe Seite 51) und das Fruchtfleisch in Würfel geschnitten

60 g schwarze Oliven, entsteint

60 g blanchierte Mandeln, gehackt

400 g Makkaroni

1 EL grob gehackte Oreganoblätter

FÜR 4 PERSONEN

Knoblauch und Petersilie auf einem Küchenbrett mit dem Wiegemesser oder einem großen scharfen Messer sehr fein hacken.

Das Öl bei mittlerer Hitze in einer Pfanne mit schwerem Boden erhitzen und die Zwiebel 5 Minuten unter Rühren glasig schwitzen.

Die Zwiebel etwas an den Rand schieben, die Wärmezufuhr erhöhen und den Thunfisch auf beiden Seiten 1–2 Minuten bei starker Hitze anbraten. Knoblauch und Petersilie dazugeben, die Zutaten gut verrühren und mit Salz und Pfeffer würzen.

Den Wein hinzufügen und etwa 3 Minuten bei geringer Hitze verdunsten lassen. Tomaten und Oliven dazugeben und 10 Minuten bei geringer Hitze köcheln lassen. Dabei von Zeit zu Zeit umrühren. Zum Schluss die Mandeln einrühren.

In der Zwischenzeit die Makkaroni in reichlich Salzwasser al dente kochen. Abgießen und nicht zu wenig Kochwasser auffangen.

Die Nudeln mit der Sauce mischen (dabei bei Bedarf etwas Nudelwasser hinzufügen), mit dem Oregano bestreuen und heiß servieren.

GETROCKNETE PASTA

Linguine mit Schwertfisch

LINGUINE AL PESCE SPADA

Schwertfische fängt man vor den Küsten Siziliens hauptsächlich im Juni. Einmal war ich um diese Zeit gerade auf Lipari, einer der Äolischen Inseln im Norden von Sizilien. Und es war faszinierend zu beobachten, wie die Menschen dort diesem Ereignis entgegenfieberten, weil sie damit das Geld verdienen konnten, das ihnen auf Monate hinaus ihren Lebensunterhalt sichern würde. Die Kinder begleiteten ihre Väter morgens zum Hafen und sahen den Schiffen nach, bis sie am Horizont verschwanden. Am Nachmittag kamen sie mit ihren Müttern wieder, und die Fischer, die mit ihrem Fang zurückkehrten, wurden wie Helden begrüßt.

Ich hatte damals ein Zimmer bei einer Fischerfamilie, und dort habe ich auch dieses Gericht kennengelernt.

300 g verschiedenfarbige Kirschtomaten

4 EL Olivenöl extra vergine

2 Knoblauchzehen, fein gehackt

400 g Schwertfisch, in 1 cm große Würfel geschnitten

2 rote Chilischoten, in feine Ringe geschnitten

1 große Handvoll glatte Petersilienblätter, grob gehackt

1 kleine Handvoll Basilikumblätter, grob gehackt

Meersalz

400 g Linguine

FÜR 4 PERSONEN

Die Tomaten waschen, trocken tupfen und vierteln.

Das Öl bei geringer Hitze in einer Pfanne mit schwerem Boden erhitzen und den Knoblauch 1 Minute unter Rühren anschwitzen. Den Schwertfisch mit den Chilischoten dazugeben und bei starker Hitze etwa 1 Minute rundherum anbraten.

Die Tomaten hinzufügen und etwa 8 Minuten bei mittlerer Hitze kochen lassen. Dabei regelmäßig umrühren. Petersilie und Basilikum einrühren und mit Salz würzen. Die Sauce noch 1 Minute kochen lassen und danach vom Herd nehmen.

Die Nudeln in reichlich Salzwasser al dente kochen. Abgießen und dabei etwas Kochwasser auffangen.

Die Pfanne wieder auf die Herdplatte stellen, die Linguine 1 Minute bei geringer Hitze mit der Sauce mischen (dabei bei Bedarf etwas Nudelwasser hinzufügen) und sofort servieren.

Bucatini mit Aubergine und Sardellen

BUCATINI CON FILETTI DI MELANZANE

Hier habe ich alle Köstlichkeiten Siziliens – Auberginen, Sardellen, Kapern und Oliven – in einem köstlichen, raffinierten Gericht vereint.

3 Auberginen

Meersalz

450 g reife Tomaten, enthäutet und die Samen entfernt (siehe Seite 51)

1 EL fein gehacktes Basilikum

120 ml Olivenöl extra vergine

1 Knoblauchzehe, geschält und leicht zerdrückt

8 Sardellenfilets in Öl, abgetropft und grob gehackt

50 g Kapern in Salzlake, abgespült und abgetropft

50 g schwarze Oliven

frisch gemahlener schwarzer Pfeffer

400 g Bucatini

FÜR 4 PERSONEN

Die Enden der Auberginen abschneiden, die Auberginen schälen und in dünne Streifen schneiden. In ein Sieb legen, mit Meersalz bestreuen und 40 Minuten abtropfen lassen (dadurch verlieren sie ihren bitteren Geschmack).

In der Zwischenzeit die Tomaten durch die Gemüsemühle passieren oder in der Küchenmaschine pürieren und das Basilikum unterrühren.

Die Auberginen abspülen und mit Küchenpapier trocken tupfen. Das Öl bei mittlerer Hitze in einer beschichteten Pfanne erhitzen und die Auberginen portionsweise 3–4 Minuten rundherum goldbraun braten. Anschließend aus der Pfanne nehmen und auf Küchenpapier abtropfen lassen.

Das Auberginenöl in eine Pfanne mit schwerem Boden gießen, den Knoblauch bei geringer Hitze unter Rühren goldgelb anschwitzen und danach herausnehmen. Die Tomaten mit Sardellen, Kapern und Oliven in die Pfanne geben, mit Salz und Pfeffer würzen (Vorsicht, die Kapern sind bereits relativ salzig.), alles gut verrühren und bei mittlerer Hitze 15 Minuten köcheln lassen. Die Auberginen leicht salzen, zur Sauce geben und das Ganze weitere 8 Minuten bei geringer Hitze köcheln lassen.

Die Nudeln in reichlich Salzwasser al dente kochen. Abgießen, mit der Sauce mischen und sofort servieren.

Orecchiette mit Sardellen und Kapern

ORECCHIETTE ALLA SALSA DEL SOLE

Ich habe dieses Gericht einmal für mich und einen Freund gekocht, der gerade aus Kalabrien zurückgekommen war. Er stammt selbst von dort und erzählte mir voller Stolz von den Menschen und ihrer Küche. »Lass uns was essen«, sagte ich zu ihm, »Du hast mir den Mund wässrig gemacht.« Meinem Freund hat es vorzüglich geschmeckt, und er erklärte mir, das Essen habe ihn an die Sonne Kalabriens erinnert.

8 Sardellenfilets in Öl, abgetropft
1 Handvoll glatte Petersilienblätter
1 Knoblauchzehe, geschält
1 EL Kapern in Salzlake, abgespült und
abgetropft
2 rote Chilischoten
4 EL Olivenöl extra vergine
1 Stange Sellerie, die zarten gelben Teile fein
gehackt
2 große, reife Tomaten, enthäutet, die Samen
entfernt (siehe Seite 51) und das Fruchtfleisch in Würfel geschnitten
Meersalz und frisch gemahlener schwarzer
Pfeffer
1 große Handvoll Basilikumblätter, in Stücke
gerissen
400 g Orecchiette
60 g Pecorino, frisch gerieben

FÜR 4 PERSONEN

Die Sardellen mit Petersilie, Knoblauch, Kapern und Chilischoten mit dem Wiege-messer oder einem breiten scharfen Messer fein hacken.

Das Öl bei geringer Hitze in einer Pfanne mit schwerem Boden erhitzen und die Petersilienmischung mit dem Sellerie 2 Minuten unter Rühren anschwitzen, bis der Knoblauch Farbe annimmt.

Die Tomaten dazugeben, mit Salz und Pfeffer würzen, umrühren und das Ganze etwa 10 Minuten kochen lassen. Dabei regelmäßig umrühren. Anschließend das Basilikum hinzufügen.

In der Zwischenzeit die Nudeln in reichlich Salzwasser al dente kochen. Abgießen und 1 Minute mit der Sauce mischen. Mit dem Pecorino bestreuen und sofort servieren.

Bucatini mit Garnelen und Artischocken

BUCATINI CON GAMBERI E CARCIOFI

Wenn die Artischocken Saison haben, stehen auf meiner Speisekarte stets *Gamberi e carciofi*, gegrillte Garnelen, die auf einem Bett aus rohen, mit Zitrone und Olivenöl angemachten Artischockenscheiben serviert werden. Und weil das Gericht so köstlich schmeckt, dachte ich, man sollte es einmal in ein Pastagericht verwandeln.

So kam mir die Idee, eine Sauce auf der Basis von gebratenem Gemüse zu entwerfen, zusammen mit gehacktem Knoblauch, Petersilie und einem Hauch Tomate und Chilischoten. Hier ist das Ergebnis!

500 g große Garnelen, geschält und die Därme entfernt (die Köpfe aufheben)
1 Zitrone, halbiert
5 große Artischocken
3 Knoblauchzehen, geschält
1 große Handvoll glatte Petersilienblätter
45 ml Olivenöl extra vergine
1 kleine rote Chilischote, in feine Ringe geschnitten
Meersalz
50 ml trockener Weißwein
300 g reife Tomaten, enthäutet, die Samen entfernt (siehe Seite 51) und das Fruchtfleisch in Würfel geschnitten
400 g Bucatini
10 Basilikumblätter, gehackt

FÜR 4 PERSONEN

Die Garnelen zweimal der Länge nach und einmal waagrecht halbieren.

Eine Schüssel zur Hälfte mit kaltem Wasser füllen. 1 Zitronenhälfte auspressen und den Saft ins Wasser geben. Die harten Hüllblätter der Artischocken entfernen. Die Stiele herausbrechen und die Spitzen etwa um ein Drittel abschneiden. Mit einem scharfen Messer das Unterteil der Artischocken großzügig abschneiden, bis der gelbe Boden erscheint, mit der Schnittfläche einer Zitronenhälfte einreiben. Dann die Artischocke halbieren und die Hälften wieder mit Zitrone einreiben. Das Heu mit einem Teelöffel herauskratzen. Die Böden mit der Schnittfläche der zweiten Zitronenhälfte einreiben, halbieren und die Schnittflächen ebenfalls mit Zitrone abreiben. In Viertel schneiden und in das Zitronenwasser legen.

Mit einem Wiegemesser oder einem scharfen Messer den Knoblauch mit der Petersilie sehr fein hacken.

Das Öl bei starker Hitze in einer Pfanne mit schwerem Boden erhitzen und die Garnelenköpfe darin anbraten. Die Köpfe dabei gut andrücken, damit das Öl das Aroma annimmt. Sobald sie ihre Farbe verändern, die Pfanne vom Herd nehmen, die Köpfe herausnehmen und das Öl etwa 1 Minute abkühlen lassen.

Die Knoblauch-Petersilien-Mischung in die Pfanne geben und bei geringer Hitze 2 Minuten unter Rühren anschwitzen. Chilischote und Artischocken hinzufügen, 5 Minuten unter häufigem Rühren anbraten und danach sparsam mit Salz würzen.

Den Wein angießen und bei mittlerer Hitze unter Rühren verdunsten lassen. Garnelen und Tomaten in die Pfanne geben, gut umrühren und nochmals mit etwas Salz würzen. Die Sauce etwa 5 Minuten unter häufigem Rühren kochen lassen, bis die Artischocken weich sind, und anschließend vom Herd nehmen.

Die Nudeln in reichlich Salzwasser al dente kochen. Abgießen und dabei etwas Kochwasser auffangen.

Das Basilikum über die Sauce streuen, die Pfanne wieder auf die Herdplatte stellen und die Nudeln bei geringer Hitze 1 Minute mit der Sauce mischen (dabei gegebenenfalls 1–2 Esslöffel Nudelwasser hinzufügen) und sofort servieren.

Linguine mit Thunfisch

LINGUINE AL TONNO

Die Seeleute waren Meister darin, aus den wenigen Zutaten, die die Kombüse hergab, eine gute, sättigende Mahlzeit zuzubereiten. Weshalb sollte das also nicht auch uns gelingen? Schließlich lässt sich aus einer Dose Thunfisch durchaus ein anständiges Essen zaubern. Versuchen Sie, Kapern von der Insel Pantelleria, einer der Äolischen Inseln vor der Küste Siziliens, zu bekommen. Sie haben einen unvergleichlichen Geschmack.

100 g Thunfisch in Öl

75 ml Olivenöl extra vergine

6 Sardellenfilets in Öl, abgetropft

1 Knoblauchzehe, geschält und leicht
    zerdrückt

1 kleine Zwiebel, in dünne Ringe geschnitten

100 g schwarze Oliven, entsteint

40 g Kapern in Salzlake, abgespült und
    abgetropft

Meersalz und frisch gemahlener schwarzer
    Pfeffer

500 g reife Tomaten, enthäutet, die Samen
    entfernt (siehe Seite 51) und das Frucht-
    fleisch in Würfel geschnitten

400 g Linguine

50 g Paniermehl

FÜR 4 PERSONEN

Den Thunfisch abtropfen lassen und mit einer Gabel zerpflücken.

Das Olivenöl bei geringer Hitze in einer Pfanne mit schwerem Boden erhitzen und die Sardellen mit einer Gabel im heißen Öl zerdrücken. Den Knoblauch hinzufügen, unter Rühren goldgelb anschwitzen und danach herausnehmen. Die Zwiebel dazugeben und 3–4 Minuten glasig schwitzen. Oliven, Thunfisch und Kapern in die Pfanne geben und mit Salz und Pfeffer würzen. Die Tomaten unterrühren und das Ganze 10 Minuten bei mittlerer Hitze kochen lassen. Dabei von Zeit zu Zeit umrühren.

Inzwischen die Nudeln in reichlich Salzwasser al dente kochen und das Paniermehl in einer beschichteten Pfanne goldgelb rösten.

Die Linguine abgießen und sofort mit der Sauce mischen. Mit dem Paniermehl bestreuen und sofort servieren.

Penne mit Paprikaschoten und Sardellen

PENNE AI PEPERONI E ACCIUGHE

Eine Spezialität meiner Mutter waren geröstete Paprikaschoten (aus unserem Garten), die sie mit Sardellen und Kapern füllte, mit Zahnstochern zusteckte und in Öl einlegte. Ich war damals allerdings noch der Meinung, Paprikaschoten schmeckten mir nicht, und wollte sie nicht essen, was meine Mutter sehr verärgerte. Dann machte sie eines Tages ein Pastagericht mit den gleichen Zutaten, und im Nu war meine Abneigung gegen Paprikaschoten verflogen. Ich würde keinen Käse dazu servieren, sollten Sie dennoch nicht darauf verzichten wollen, würde ich Ihnen einen milden Pecorino empfehlen.

An heißen Sommertagen lässt sich die Sauce auch zu einem kalten Dressing abwandeln. Den Knoblauch dann nicht hacken, sondern eine große Keramikschüssel damit ausreiben. Die übrigen Saucenzutaten in die Schüssel füllen und das Dressing 10 Minuten durchziehen lassen. Mit der heißen Pasta mischen und warm servieren.

4 Paprikaschoten (nach Möglichkeit 2 rote und 2 gelbe)

3 EL Olivenöl extra vergine

4 Sardellenfilets in Öl, abgetropft

2 Knoblauchzehen, fein gehackt

1 Handvoll glatte Petersilienblätter, fein gehackt

1 TL Kapern in Salzlake, abgespült und abgetropft

2 große, reife Tomaten, enthäutet, die Samen entfernt (siehe Seite 51) und das Fruchtfleisch in Würfel geschnitten

Meersalz und frisch gemahlener schwarzer Pfeffer

1 große Handvoll Basilikumblätter, fein gehackt

400 g Penne

FÜR 4 PERSONEN

Die Paprikaschoten unter dem Backofengrill rösten, bis die Schale schwarz wird. Mit einer Zange umdrehen und auf der anderen Seite rösten. Die Paprikaschoten mit einem feuchten Küchentuch bedecken und 15 Minuten ruhen lassen. Die Schale lässt sich danach mühelos abziehen. Samen und Häutchen entfernen und das Fruchtfleisch in 5 mm breite Streifen schneiden.

Das Öl bei mittlerer Hitze in einer Pfanne mit schwerem Boden erhitzen und die Sardellenfilets mit einer Gabel im heißen Öl zerdrücken. Knoblauch und Petersilie dazugeben und 2 Minuten unter Rühren anschwitzen. Kapern, Tomaten und Paprikastreifen hinzufügen, mit Salz und Pfeffer würzen, die Zutaten gut verrühren und das Ganze 3 Minuten kochen lassen. Zum Schluss das Basilikum einrühren und die Pfanne vom Herd nehmen.

Die Nudeln in reichlich Salzwasser al dente kochen und abgießen. Die Pfanne wieder auf die Herdplatte stellen, Nudeln und Sauce 1 Minute bei geringer Hitze verrühren und heiß servieren.

Orecchiette mit Brokkoli und Sardellen

ORECCHIETTE AI BROCCOLI

Dieses Gericht galt lange Zeit als römische Spezialität, auch wenn die Orecchiette (kleine Ohren) eine typisch süditalienische Pastaform sind. Im antiken Rom pflegte man alles und jedes mit Garum, einer Art Fischsauce, zu würzen. Wie in China die Sojasauce und in Amerika der Ketchup war Garum aus der römischen Küche nicht wegzudenken. Besonders gerne würzte man damit den Brokkoli, der bei den Römern (zu Recht) als besonders gesundes Gemüse galt. Den gleichen Effekt erzielt man heute mit Sardellen und Chilischoten.

½ Brokkoli
400 g Orecchiette
100 ml Olivenöl extra vergine
2 Knoblauchzehen, geschält und leicht
    zerdrückt
2 rote Chilischoten, in feine Ringe geschnitten
5 Sardellenfilets in Öl, abgetropft
Meersalz und frisch gemahlener schwarzer
    Pfeffer
frisch geriebener Parmesan zum Servieren
    (nach Belieben)

FÜR 4 PERSONEN

Den Brokkoli in Röschen zerteilen. Die holzigen Stielenden entfernen und die Stiele in dünne Scheiben schneiden.

Wasser in einem großen Topf zum Kochen bringen, salzen und die Brokkoliröschen etwa 4 Minuten blanchieren. Mit einem Schaumlöffel herausheben, in eiskaltem Wasser abschrecken und abtropfen lassen.

Die Nudeln in das kochende Brokkoliwasser geben und al dente kochen.

In der Zwischenzeit das Öl bei geringer Hitze in einer großen beschichteten Pfanne erhitzen und den Knoblauch mit Chilischoten und Sardellen 3 Minuten anbraten. Dabei darauf achten, dass er nicht verbrennt. Den Knoblauch anschließend herausnehmen und den Brokkoli in die Pfanne geben. Vorsichtig umrühren und mit Salz und Pfeffer würzen.

Die Nudeln abgießen (dabei etwas Kochwasser auffangen) und in der Pfanne mit der Sauce mischen. Damit die Sauce schön cremig wird, 1–2 Esslöffel Nudelwasser hinzufügen.

Nach Belieben mit Parmesan bestreuen und sofort servieren.

Penne mit Sardellen und Sultaninen

PENNE ALLE ACCIUGHE E PANGRATTATO

Paniermehl ist vielleicht so etwas wie der Parmesan der süditalienischen Küche. Zumindest findet man es in vielen süditalienischen Pastagerichten, was damit zusammenhängen könnte, dass man sich im armen italienischen Süden den teuren Käse nicht leisten konnte.

Die Zutaten für dieses Gericht hat man eigentlich immer im Haus. Das ideale Essen also, wenn unverhofft Gäste kommen oder man nach einem langen Abend noch Hunger verspürt.

25 g Sultaninen
100 ml Olivenöl extra vergine
1 Knoblauchzehe, fein gehackt
10 Sardellenfilets in Öl, abgetropft und
    grob gehackt
2 TL Kapern in Salzlake, abgespült und
    abgetropft
25 g Pinienkerne
2 große rote Chilischoten, in feine Ringe
    geschnitten
2 EL fein gehackte Petersilienblätter
Meersalz und frisch gemahlener schwarzer
    Pfeffer
400 g Penne rigate
150 g Paniermehl

FÜR 4 PERSONEN

Die Sultaninen 10 Minuten in warmem Wasser einweichen. Abgießen, mit Küchenpapier trocken tupfen und grob hacken.

Das Öl bei mittlerer Hitze in einer großen Pfanne erhitzen und den Knoblauch 1 Minute anschwitzen, bis er Farbe annimmt. Sardellen, Kapern, Pinienkerne und Sultaninen dazugeben, die Zutaten gut verrühren und 2–3 Minuten erhitzen. Chilischoten und Petersilie darüberstreuen, mit Salz und Pfeffer würzen, noch einmal umrühren und die Pfanne vom Herd nehmen.

Die Nudeln in reichlich Salzwasser al dente kochen.

In der Zwischenzeit das Paniermehl in einer kleinen beschichteten Pfanne goldgelb rösten.

Die Sauce wieder auf die Herdplatte stellen. Die Nudeln abgießen und mit der Sauce mischen. Das Paniermehl darüberstreuen, noch einmal durchmischen und heiß servieren.

GETROCKNETE PASTA

Penne mit Miesmuscheln und Kartoffeln

PENNE ALLE PATATE E COZZE

Ich mag Miesmuscheln sehr, und das nicht nur wegen ihres Meeresgeschmacks und ihrer Vielseitigkeit, sondern auch weil sie das ideale Essen für ein geselliges Beisammensein sind. Und was das Tollste ist – sie sind so preiswert, dass sie sich jeder leisten kann. Als Kind nahm ich immer ein kurzes Messer mit, wenn ich zum Schwimmen ging. Damit klopfte ich die Muscheln von den Felsen und verspeiste sie gleich an Ort und Stelle.

1,5 kg Miesmuscheln, abgeschrubbt und
   entbartet
120 ml Olivenöl extra vergine
2 Knoblauchzehen, 1 fein gehackt, 1 geschält
   und leicht zerdrückt
400 g Penne
300 g Kartoffeln, geschält und in 1 cm große
   Würfel geschnitten
2 EL fein gehackte Petersilienblätter
frisch gemahlener schwarzer Pfeffer

FÜR 4 PERSONEN

Die Muscheln mit 2 Esslöffeln Öl und der gehackten Knoblauchzehe in einem großen Topf 1–2 Minuten bei mittlerer Hitze dünsten, bis sie sich geöffnet haben. Die Muscheln dann sofort mit einer Zange herausnehmen und auf einem Teller abkühlen lassen.

Die Kochflüssigkeit bei Bedarf gegebenenfalls um die Hälfte reduzieren, durch ein feines Sieb in eine Schüssel seihen und beiseitestellen.

Das Muschelfleisch aus den Schalen lösen (8 ganze Muscheln zum Garnieren aufheben) und grob hacken.

Nudeln und Kartoffeln in reichlich Salzwasser kochen, bis die Penne al dente und die Kartoffeln weich sind.

Inzwischen das restliche Öl bei geringer Hitze in einer Pfanne mit schwerem Boden erhitzen, die zerdrückte Knoblauchzehe unter Rühren anschwitzen, bis sie Farbe annimmt, und danach herausnehmen. Die gehackten Muscheln mit 4 Esslöffeln Kochflüssigkeit in die Pfanne geben, die Petersilie unterrühren und das Ganze 3 Minuten bei mittlerer Hitze kochen lassen.

Nudeln und Kartoffeln abgießen und 1 Minute mit den Muscheln vermischen. Bei Bedarf etwas Nudelwasser hinzufügen. Auf vier tiefe Teller verteilen, mit den ganzen Muscheln garnieren, mit etwas Pfeffer übermahlen und sofort servieren.

Garganelli mit Garnelen

GARGANELLI AI GAMBERI

Dieses Gericht kann ich Ihnen nur wärmstens empfehlen. Der Eigengeschmack der einzelnen Zutaten kommt in der Sauce besonders gut zur Geltung, und die geriffelten, röhrenförmigen Garganelli nehmen die Sauce hervorragend auf. Lassen Sie sich also von der langen Zubereitungszeit nicht abschrecken – die Arbeitsschritte sind ganz einfach, und die getrockneten Tomaten können Sie bereits am Vortag herstellen.

600 g reife Tomaten
Meersalz
4 Knoblauchzehen, geschält, 2 in Scheiben geschnitten, 1 im Ganzen, 1 gehackt
1 große Handvoll Basilikumblätter
100 ml Olivenöl extra vergine
400 g mittelgroße Garnelen, geschält und die Därme entfernt (die Köpfe aufheben)
65 ml trockener Weißwein
frisch gemahlener schwarzer Pfeffer
400 g Garganelli

FÜR 4 PERSONEN

Den Backofen auf 80 °C vorheizen. Die Stielansätze der Tomaten herausschneiden und die Tomaten der Länge nach halbieren. Die Samen mit einem Teelöffel entfernen und die Hälften mit der Schnittfläche nach oben auf ein Backblech legen. Mit Salz bestreuen und in jede Hälfte einige Knoblauchscheibchen stecken. Die Tomaten 3 Stunden im leicht geöffneten Backofen trocknen, anschließend herausnehmen, etwas abkühlen lassen und den Knoblauch entfernen. Die Schalen abziehen und das Fruchtfleisch der Länge nach in Scheiben schneiden.

Für das Basilikumöl das Basilikum mit der ganzen Knoblauchzehe, 3 Esslöffeln Olivenöl und 1 Prise Salz im Mixer pürieren, bis die Mischung eine cremige Konsistenz hat.

Das restliche Öl bei mittlerer Hitze in einer Pfanne mit schwerem Boden erhitzen und den gehackten Knoblauch 2 Minuten unter Rühren anschwitzen. Die Garnelenköpfe dazugeben und anbraten, bis sie ihr Aroma entfalten. Den Wein angießen und bei geringer Hitze verdunsten lassen. Die Garnelenköpfe herausnehmen und die Schwänze in die Pfanne geben. 2 Minuten unter Rühren braten und mit Salz und Pfeffer würzen. Zum Schluss die Tomaten dazugeben und 1 Minute unter Rühren erhitzen. Die Pfanne vom Herd nehmen und das Basilikumöl einrühren.

Die Nudeln in reichlich Salzwasser al dente kochen. Abgießen, mit der Sauce mischen und sofort servieren.

Conchiglie mit Miesmuscheln

CONCHIGLIE CON MUSCOLI

Dies ist eines meiner Lieblingsgerichte. Obwohl Miesmuscheln außerordentlich preiswert sind, sind sie ein wirklicher Hochgenuss – vorausgesetzt, man bereitet sie richtig zu und kocht sie nicht zu lange. Wichtig ist auch, dass sie absolut frisch sind. Die Muscheln vor der Zubereitung gründlich unter fließendem Wasser säubern, die Bärte entfernen und bereits geöffnete Exemplare aussortieren. Ich habe die Muscheln hier mit einer Sauce aus Kirschtomaten kombiniert, die einen wunderbar frischen Geschmack hat. Und passend dazu habe ich Conchiglie – Muschelnudeln – gewählt, die obendrein den Effekt haben, dass sich das Muschelfleisch beim Durchmischen darin wie in einer Muschel verfängt.

3 EL Olivenöl extra vergine
1 kleine Zwiebel, sehr fein gehackt
1 Stange Sellerie, sehr fein gehackt
350 g reife Kirschtomaten, halbiert
Meersalz und frisch gemahlener schwarzer
    Pfeffer
1 kg Miesmuscheln, abgeschrubbt und
    entbartet
1 Knoblauchzehe, geschält und leicht
    zerdrückt
3 TL trockener Weißwein
einige Thymian- und Majoranblätter
400 g Conchiglie
1 Handvoll glatte Petersilienblätter, gehackt

FÜR 4 PERSONEN

Die Hälfte des Öls bei geringer Hitze in einer Pfanne mit schwerem Boden erhitzen und die Zwiebel mit dem Sellerie 5 Minuten anschwitzen, bis sie Farbe annimmt. Die Tomaten dazugeben, mit Salz und Pfeffer würzen und die Tomaten 8 Minuten unter gelegentlichem Rühren kochen lassen.

Nun hat man die Wahl: Man kann die Sauce so lassen, wie sie ist, oder man passiert sie durch die Gemüsemühle oder ein feines Sieb, wenn eine glattere Sauce gewünscht wird.

Die Muscheln bei starker Hitze in einer großen Pfanne dünsten, bis sie sich öffnen. Die geöffneten Muscheln sofort in eine Schüssel füllen und etwas abkühlen lassen. Die Flüssigkeit, die sie beim Kochen abgegeben haben, durch ein feines Sieb in eine zweite Schüssel seihen.

Das Muschelfleisch aus den Schalen lösen, die Hälfte grob hacken und den Rest ganz lassen.

Das restliche Öl bei geringer Hitze in der Pfanne heiß werden lassen, den Knoblauch goldgelb anschwitzen und danach herausnehmen. Die Muscheln in die Pfanne geben, mit dem Wein beträufeln und den Wein verdunsten lassen. Die Tomatensauce mit 3 Esslöffeln Muschelsud dazugeben, Thymian und Majoran einrühren und mit Salz und Pfeffer abschmecken.

Die Nudeln in reichlich Salzwasser al dente kochen, abgießen und 1 Minute unter vorsichtigem Rühren mit dem Pfanneninhalt mischen. Mit der Petersilie bestreuen und sofort servieren.

Farfalle mit Garnelen und Garnelenbutter

FARFALLE AI PEPERONI E GAMBERI

Eine Garnelenbutter hebt hier den feinen Geschmack der Garnelen und des Sommergemüses und verleiht der Sauce einen schönen Glanz.

100 ml Olivenöl extra vergine
6 Schalotten, gehackt
1 Bund Thymian
4 Knoblauchzehen, gehackt
450 g große Garnelen, geschält und die Därme entfernt (die Köpfe aufheben)
250 g Butter, in Würfel geschnitten
1 rote Paprikaschote
200 g Zuckerschoten, die Enden abgeschnitten und Schoten in Streifen geschnitten
200 ml Fischbrühe (siehe Seite 30)
Meersalz und frisch gemahlener schwarzer Pfeffer
400 g Farfalle

FÜR 4 PERSONEN

Für die Garnelenbutter die Hälfte des Öls bei geringer Hitze in einer mittelgroßen Pfanne erhitzen. Die Schalotten mit Thymian und der Hälfte des Knoblauchs hineingeben und etwa 3 Minuten glasig anschwitzen. Die Garnelenköpfe dazugeben und 8–10 Minuten braten. Die Köpfe dabei mit einem Kartoffelstampfer zerdrücken. Die Butter hinzufügen und langsam schmelzen, aber nicht zum Kochen kommen lassen. Die Pfanne vom Herd nehmen und die Butter 15 Minuten abkühlen lassen. Durch ein feines Sieb in eine Schüssel passieren und im Kühlschrank fest werden lassen.

Die Paprikaschote unter dem Backofengrill rundherum rösten, bis die Schale schwarz wird (zum Wenden an besten eine Zange nehmen). Mit einem feuchten Küchentuch bedeckt die Paprikaschote 5 Minuten ruhen lassen. Die Schale abziehen, Samen und Häutchen entfernen und das Fruchtfleisch in kleine Würfel schneiden.

Das Garnelenfleisch hacken, mit dem restlichen Knoblauch mischen und ziehen lassen.

Das restliche Öl bei geringer Hitze in einer Pfanne erhitzen. Die Garnelen-Knoblauch-Mischung in das sehr heiße Öl geben, 30–60 Sekunden braten und danach in eine Schüssel füllen. Paprikaschote, Zuckerschoten und Brühe in die Pfanne geben, mit Salz und Pfeffer würzen, kurz umrühren und die Pfanne vom Herd nehmen.

Die Nudeln in reichlich Salzwasser al dente kochen. Abgießen (dabei etwas Kochwasser auffangen) und vorsichtig mit der Sauce mischen. Dabei gegebenenfalls noch etwas Nudelwasser hinzufügen. Die Herdplatte ausschalten, die Garnelenbutter einrühren und sofort servieren.

Fusilli mit Sepia und Erbsen

FUSILLI ALLE SEPPIE E PISELLI

Als Kind genoss ich die Sommer in Bocca di Magra, dem kleinen Fischerdorf, wo unsere Familie ein Restaurant besaß. Die Sommerferien dauerten fast vier Monate, und diese Zeit erschien mir beinahe wie ein anderes Leben.
    Am liebsten ging ich mit meiner Mutter am späten Vormittag zum Hafen, um auf die Fischer zu warten. Mit besonderer Spannung fieberten wir der Ankunft von Vené entgegen, denn er brachte Kalmare, Kraken und Sepien, die Spezialitäten meiner Mutter, die sie frittierte oder zu Salaten verarbeitete. Und wenn Vené kleine Sepien gefangen hatte, zweigte sie stets ein paar ab, um daraus für uns eine Spaghettisauce zu kochen.

400 g kleine Sepien
120 ml Olivenöl extra vergine
½ weiße Zwiebel, fein gehackt
2 Knoblauchzehen, geschält und leicht zerdrückt
2 EL gehackte glatte Petersilie
4 EL trockener Weißwein
5 große, reife Tomaten, enthäutet, die Samen entfernt (siehe Seite 51) und das Fruchtfleisch in Würfel geschnitten
Meersalz und frisch gemahlener schwarzer Pfeffer
320 g frische oder tiefgekühlte Erbsen
400 g Fusilli

FÜR 4 PERSONEN

Die Fangarme der Sepien aus dem Körpersack herausziehen. Körper mit einer Schere der Länge nach aufschneiden, die Eingeweide entfernen und die Haut abziehen. Die Tentakel unmittelbar unterhalb der Augen so abtrennen, dass sie noch zusammenhängen. Tuben und Tentakel gründlich unter fließendem kaltem Wasser waschen und mit Küchenpapier trocken tupfen. Die Tuben in 1 cm breite Streifen schneiden, die Tentakel ganz lassen.

Das Öl bei mittlerer Hitze in einer Pfanne mit schwerem Boden erhitzen. Die Zwiebel mit dem Knoblauch etwa 5 Minuten unter Rühren glasig schwitzen. Den Knoblauch herausnehmen, sobald er Farbe annimmt.

Tuben und Tentakel in die Pfanne geben. 1 Esslöffel Petersilie darüberstreuen und die Sepien etwa 5 Minuten unter Rühren anbraten, bis sie sich weißlich verfärben. Den Wein hinzufügen und bei geringer Hitze verdunsten lassen.

Die Tomaten dazugeben, mit Salz und Pfeffer würzen und umrühren. Die Sauce 15 Minuten bei geringer bis mittlerer Hitze kochen lassen und dabei regelmäßig umrühren. Die Erbsen hinzufügen und 10 Minuten (tiefgekühlte Erbsen nur 5 Minuten) garen. Wird die Sauce zu trocken, etwas Wasser hinzufügen.

Die Nudeln in reichlich Salzwasser al dente kochen. Abgießen und zur Sauce geben. Die restliche Petersilie darüberstreuen, die Zutaten gut mischen und sofort servieren.

GETROCKNETE PASTA

Pasta risottata mit Tomate

PASTA RISOTTATA AL POMODORO

Seit einigen Jahren ist es in den italienischen Restaurants Mode, Pasta wie einen Risotto zuzubereiten. Durch die in den Nudeln enthaltene Stärke, die hier nicht mit dem Kochwasser weggeschüttet wird, wird die Sauce besonders cremig. Die Pasta wird zwar etwas schwerer, weil sie das Wasser oder die Brühe aufsaugt, doch das Ergebnis ist außerordentlich schmackhaft. Weil die Zubereitung so einfach ist – und zudem weniger Abwasch anfällt (weil man keinen zusätzlichen Kochtopf und kein Sieb benötigt), wird diese sogenannte *Pasta risottata* auch in den privaten Haushalten zunehmend beliebter. Für die *Pasta risottata* eignen sich am besten kurze Nudeln. Außerdem benötigen Sie einen hohen Topf mit schwerem Boden.

60 ml Olivenöl extra vergine
½ Zwiebel, fein gehackt
1 Dose (400 g) geschälte Tomaten, durch die Gemüsemühle passiert oder mit den Händen zerdrückt
Meersalz und frisch gemahlener schwarzer Pfeffer
400 g kurze Makkaroni oder andere kurze Pasta
1 Handvoll Basilikumblätter, gehackt
60 g Parmesan, frisch gerieben

FÜR 4 PERSONEN

Das Öl bei mittlerer Hitze in einem Topf mit schwerem Boden erhitzen und die Zwiebel 6–7 Minuten unter Rühren glasig schwitzen. Die Tomaten einrühren und mit Salz und Pfeffer würzen. Die ungekochten Nudeln dazugeben und 1 Minute umrühren. Die Nudeln mit Wasser bedecken, nochmals gut umrühren und das Ganze unter gelegentlichem Rühren kochen lassen. Dabei darauf achten, dass nichts anhängt.

Nach 6 Minuten, wenn die Mischung etwas trocken aussieht, nochmals etwas Wasser hinzufügen (etwa die Hälfte der Menge, die am Anfang verwendet wurde). Die Nudeln dürfen jetzt nicht mehr mit Wasser bedeckt sein, sonst wird die Sauce nicht sämig und die Nudeln zerkochen. Die Pasta noch etwa 5 Minuten unter Rühren kochen lassen. Sollten die Nudeln anhängen, die Wärmezufuhr verringern.

Die *Pasta risottata* ist fertig, wenn die Nudeln al dente sind und eine schöne sämige, hellrote Sauce entstanden ist. Das Basilikum einrühren, mit dem Parmesan bestreuen und sofort servieren.

GETROCKNETE PASTA

Pasta risottata mit Zucchini und Garnelen

PASTA RISOTTATA CON ZUCCHINE E GAMBERI

Die Methode, Pasta wie einen Risotto zu kochen, ist allerdings gar nicht so neu. Sie stammt aus einer Zeit, als die Olivenpflücker und andere Erntehelfer ihre Pasta einfach in der Sauce garten, weil ihnen angesichts der begrenzten Kochmöglichkeiten in ihren Unterkünften gar nichts anderes übrig blieb.

120 ml Olivenöl extra vergine

2 Knoblauchzehen, geschält und leicht
    zerdrückt

400 g Garnelen, geschält und die Därme ent-
    fernt (die Schwänze ganz lassen und die
    Köpfe aufheben)

½ Zwiebel, fein gehackt

400 g kleine Zucchini (nach Möglichkeit gelbe
    und grüne), in Scheiben geschnitten

1 EL Thymianblätter

400 g Penne rigate

60 ml trockener Weißwein

Meersalz und frisch gemahlener schwarzer
    Pfeffer

1 EL gehackte Petersilienblätter

FÜR DIE BRÜHE

1 Möhre, geschabt und der Länge nach
    halbiert

½ Zwiebel, geschält und halbiert

1 Stange Sellerie, halbiert

1 Lorbeerblatt

die Garnelenköpfe

Meersalz

FÜR 4 PERSONEN

Für die Brühe das Gemüse mit dem Lorbeerblatt in einen Kochtopf geben und etwa 2 Liter kaltes Wasser hinzufügen. Die Garnelenköpfe in einer Schüssel leicht zerdrücken und zum Gemüse geben. Aufkochen lassen, sparsam mit Salz würzen und 20 Minuten köcheln lassen. Die Brühe anschließend durch ein Sieb in eine Schüssel seihen, wieder in den ausgespülten Topf gießen und warm halten.

Das Öl bei mittlerer Hitze in einer Pfanne mit schwerem Boden erhitzen, den Knoblauch unter Rühren goldgelb anschwitzen und danach herausnehmen. Die Garnelenschwänze in die Pfanne geben und etwa 3 Minuten rundherum anbraten. Aus der Pfanne nehmen und beiseitestellen. Die Zwiebel hineingeben und etwa 5 Minuten glasig schwitzen. Zucchini und Thymian dazugeben, gut umrühren und die Zucchini goldbraun braten.

Nudeln und Wein hinzufügen, mit Salz und Pfeffer würzen, umrühren und den Wein etwa 3 Minuten verdunsten lassen. Die Pasta mit Brühe bedecken und 5–7 Minuten kochen. Dabei regelmäßig umrühren. Sobald nicht mehr genug Flüssigkeit im Topf ist, nochmals etwas Brühe angießen und die Nudeln noch etwa 5 Minuten kochen lassen, bis sie al dente sind (sie benötigen unter Umständen 3–5 Minuten länger als auf der Packung angegeben) und eine glänzende, sämige Sauce entstanden ist.

Die Garnelen untermischen und bei geringer Hitze etwa 1 Minute erwärmen. Das Gericht mit Petersilie bestreuen und sofort servieren.

Frische Pasta

Frische Pasta *(pasta fresca)* wird vorwiegend im weniger sonnenverwöhnten Nord- und Mittelitalien gegessen, wo sich das Trocknen der Pasta nicht so einfach bewerkstelligen lässt, weshalb man sie sofort verzehrt.

Der Pastateig wird je nach Region unterschiedlich zubereitet. Viele Eier verleihen der Pasta in der Emilia-Romagna, und vor allem in Bologna, eine besonders intensive gelbe Farbe und machen sie gehaltvoll. In Ligurien verwendet man dagegen nur wenige Eier, manchmal nur eines auf ein halbes Kilogramm Mehl. Dadurch wird die Pasta lockerer und heller. Es gibt sogar eine fast weiße Pasta, die ganz ohne Eier hergestellt wird.

Auch wenn die ersten Versuche vielleicht noch nicht ganz glücken – beherrschen Sie die Kunst der Pastaherstellung erst einmal, werden Sie mit Sicherheit Freude daran finden. Und sollte es Ihre Zeit einmal nicht erlauben, ist natürlich auch nichts dagegen einzuwenden, wenn Sie auf eine gute fertige Pasta zurückgreifen.

Was die Sauce betrifft, so passen Fettuccini, Tagliatelle, Pappardelle, Lasagnette und Maltagliati besonders gut zu gehaltvollen Saucen, vor allem Ragùs, dicken Tomaten- und Sahnesaucen. Tagliolini und andere schmale Bandnudeln serviert man dagegen am besten mit einer leichteren Sauce, etwa einer Tomatensauce, einer leichten Sahnesauce oder einer Sauce auf Butter- oder Ölbasis.

Parmesan-Farfalle mit Pilzen

GASSE CON SALSA AL FUNGHETTO

In Scheiben geschnittenes und mit Knoblauch, Öl und Petersilie in der Pfanne gebratenes Gemüse bezeichnet man in Ligurien als *funghetto*, was so viel wie »auf Pilzart« bedeutet. Dazu serviere ich Farfalle (Schmetterlingsnudeln), in Ligurien *gasse* (Fliegen) genannt, denn wie ein Schmetterling legt sich bei diesem Gericht ein Hauch von Oregano und Knoblauch auf Ihren Gaumen. Auf das Bestreuen mit Parmesan würde ich hier verzichten, dafür aromatisiere ich die Pasta gerne mit einem milden Parmesan. Und als Öl würde ich Ihnen ein ligurisches Olivenöl empfehlen, das sich durch einen besonders feinen Geschmack auszeichnet.

400 g Mehl
30 g milder Parmesan, frisch gerieben
4 Eier
1 Prise Meersalz

FÜR DIE SAUCE

2 kleine Auberginen
Meersalz
100 ml Olivenöl extra vergine
2 Knoblauchzehen, geschält und leicht
  zerdrückt
2 EL fein gehackte glatte Petersilienblätter
300 g gemischte Pilze, in feine Scheiben
  geschnitten
3 Zucchini, in dünne Scheiben geschnitten
frisch gemahlener schwarzer Pfeffer
2 EL grob gehackte Oreganoblätter

FÜR 4 PERSONEN

Das Mehl mit dem Parmesan mischen und einen Pastateig wie auf Seite 11 beschrieben herstellen.

Während der Teig ruht, die Enden der Auberginen abschneiden, die Auberginen in dünne Scheiben schneiden, in ein Sieb legen, mit Meersalz bestreuen und 40 Minuten abtropfen lassen, um ihnen den bitteren Geschmack zu nehmen. Anschließend unter fließendem Wasser abspülen, mit Küchenpapier trocken tupfen und in Streifen schneiden.

Den Pastateig ausrollen, die Farfalle wie auf Seite 23 beschrieben herstellen und auf leicht bemehlten Geschirrtüchern ausbreiten.

Das Öl bei geringer Hitze in einer Pfanne mit schwerem Boden erhitzen, den Knoblauch mit der Petersilie etwa 3 Minuten unter Rühren goldgelb anschwitzen und danach herausnehmen.

Pilze, Zucchini und Auberginen in die Pfanne geben, mit Salz und Pfeffer würzen und mit dem Oregano bestreuen. Gut umrühren und das Gemüse etwa 15 Minuten bei mittlerer Hitze garen.

Inzwischen die Farfalle 3–4 Minuten in reichlich Salzwasser kochen, abgießen und etwa 30 Sekunden vorsichtig mit der Sauce mischen, bis sie vollständig damit überzogen sind.

Tagliatelle mit rohen Pilzen

TAGLIATELLE AI FUNGHI CRUDI

Eigentlich wird dieses Gericht mit frischen Trüffeln zubereitet. Die Pasta wird in Butter und Parmesan geschwenkt, und dann hobelt man frische Trüffeln darüber – ein Gedicht! Aber da Pilze der gleichen Familie angehören, erschienen sie mir als gute Alternative. Das Ergebnis war fantastisch – ein völlig anderes Geschmackserlebnis! Wichtig ist nur, dass man die Pilze sehr fein schneidet und sie gut, aber rasch mit der noch heißen Pasta mischt.

Ich habe hier Kräuterseitlinge verwendet, Shiitake-Pilze oder kleine Champignons schmecken jedoch ebenso gut. Achten Sie aber darauf, dass die Pilze absolut frisch, schön fest und makellos sind.

1 Rezept Einfacher Pastateig (siehe Seite 11)
120 g Butter
80 g Parmesan, frisch gerieben
Meersalz und frisch gemahlener schwarzer Pfeffer
200 g Kräuterseitlinge, in hauchdünne Scheiben geschnitten oder gehobelt

FÜR 4 PERSONEN

Den Pastateig ausrollen, die Tagliatelle wie auf Seite 20 beschrieben zurechtschneiden und 2–3 Minuten in reichlich Salzwasser kochen.

In der Zwischenzeit die Butter bei geringer Hitze in einer beschichteten Pfanne zerlassen. Sobald sie geschmolzen ist, einige Esslöffel Parmesan einrühren.

Die Nudeln abgießen und dabei etwas Kochwasser auffangen. In der Butter schwenken, sparsam salzen, kräftig mit Pfeffer würzen und noch etwas Parmesan untermischen.

Die Pfanne vom Herd nehmen, die Pilze und den restlichen Parmesan zu den Nudeln geben und alles gut durchmischen. Sieht das Gericht zu trocken aus, noch etwas Nudelwasser hinzufügen. Auf vorgewärmten Tellern anrichten und sofort servieren.

Safran-Tagliatelle mit Zucchiniblüten, Tomaten und Basilikum

TAGLIATELLE AI FIORI DI ZUCCHINI, POMODORO E BASILICO

Beim Safran handelt es sich um nichts anderes als die getrockneten Blütenstempel einer Krokusart, die den Speisen eine angenehme Schärfe und eine schöne goldgelbe Farbe verleihen. Der italienische Safran kommt zum größten Teil aus den süditalienischen Abruzzen. Die Bergbewohner, die nach Mailand gingen, um dort Arbeit zu suchen, brachten ihn nach Norditalien, wo man ihn vorwiegend zum Verfeinern und Färben von Reisgerichten, etwa dem berühmten Risotto alla milanese, verwendet. Aber was spricht dagegen, ihn auch einmal mit Nudeln zu kombinieren? Während der Zucchiniblüte ist dieses Gericht eines der Highlights des Lucio's.

1 Rezept Pastateig mit Safran (siehe Seite 15)
16 Zucchiniblüten
3 reife Tomaten, enthäutet, die Samen entfernt (siehe Seite 51) und das Fruchtfleisch in Würfel geschnitten
120 ml Olivenöl extra vergine
Meersalz und frisch gemahlener schwarzer Pfeffer
3 TL gehacktes Basilikum

FÜR 4 PERSONEN

Den Pastateig ausrollen, die Tagliatelle wie auf Seite 20 beschrieben zurechtschneiden und auf leicht bemehlten Geschirrtüchern ausbreiten.

Die Blütenstempel der Zucchiniblüten entfernen, ebenso eventuelle Insekten. Die Blüten mit Tomaten und Olivenöl in eine Pfanne geben, 3 Minuten köcheln lassen und danach mit Salz und Pfeffer würzen.

In der Zwischenzeit die Tagliatelle etwa 2 Minuten in reichlich Salzwasser kochen. Abgießen, gut abtropfen lassen und in die Pfanne geben. Das Basilikum darüberstreuen, die Zutaten vorsichtig durchmischen und servieren.

FRISCHE PASTA

Maltagliati mit Gemüse

MALTAGLIATI DEL CONTADINO

Paniermehl im Pastateig? Diese Kombination mag vielleicht absonderlich erscheinen, ist aber ein klassisches Beispiel für die Sparsamkeit der Bauern, die nichts umkommen ließen und aus der Not die leckersten Dinge kreierten. Das gilt übrigens auch für die Sauce, die nur aus Zutaten hergestellt wurde, die der Garten gerade hergab.

Das Paniermehl muss allerdings sehr fein sein, damit der Pastateig nicht zu grob wird. Sie können Ihr Paniermehl auch selbst machen. Einfach altbackenes Brot rösten und anschließend reiben oder kurz in der Küchenmaschine mahlen.

200 g Paniermehl
200 g Mehl
60 ml Weißwein
3 Eier
1 Prise Meersalz

FÜR DIE SAUCE

1 kleine Aubergine
200 g kleine Zucchini
100 g Zuckerschoten
60 ml Olivenöl extra vergine
3 Frühlingszwiebeln, in feine Ringe
    geschnitten
100 g frische oder tiefgekühlte Erbsen
400 g reife Tomaten, enthäutet, die Samen
    entfernt (siehe Seite 51) und das Frucht-
    fleisch in Würfel geschnitten
8 Basilikumblätter
Meersalz und frisch gemahlener schwarzer
    Pfeffer
1 EL gehackte glatte Petersilie
60 g Parmesan, frisch gerieben

FÜR 4 PERSONEN

Das Paniermehl mit dem Mehl mischen und einen Pastateig wie auf Seite 11 beschrieben herstellen. Dabei den Wein mit den Eiern verrühren. Den Teig ruhen lassen und anschließend ausrollen. Maltagliati (siehe Seite 23) daraus zurechtschneiden und auf leicht bemehlten Geschirrtüchern ausbreiten.

Die Enden der Aubergine abschneiden, die Aubergine schälen und in 1 cm große Würfel schneiden. Die Zucchini putzen und ebenfalls in 1 cm große Würfel schneiden. Dic Zuckerschoten schräg in jeweils 3 Stücke schneiden.

Das Öl bei mittlerer Hitze in einer großen beschichteten Pfanne erhitzen und die Frühlingszwiebeln 3 Minuten unter Rühren anschwitzen. Das Gemüse dazugeben, umrühren und ebenfalls 3 Minuten anschwitzen.

Tomaten und Basilikum hinzufügen, gut umrühren und das Ganze zugedeckt 30 Minuten bei geringer Hitze köcheln lassen, bis das Gemüse weich ist. Dabei häufig umrühren und das Gemüse zum Schluss noch einmal abschmecken.

Die Maltagliati etwa 3 Minuten in reichlich Salzwasser mit ein paar Tropfen Olivenöl kochen. Mit einem Schaumlöffel aus dem Topf heben und zur Sauce geben. Mit Petersilie und Parmesan bestreuen, vorsichtig durchmischen und servieren.

FRISCHE PASTA

»Seidentaschentücher« mit Pilzen

MANDILLI DE SAEA AI FUNGHI E BASTA

Mandilli di saea – Seidentaschentücher – heißt diese Pasta von der italienischen Riviera, und genau so sollte sie auch aussehen. Man kann sie übrigens nicht fertig kaufen. Den seidigen Glanz erzielt man, indem man den Teig mehrfach mit der Nudelmaschine oder dem Nudelholz auszieht. Der Grieß sorgt dafür, dass der Teig elastischer wird und sich leichter ausziehen lässt.

Dort wo ich herkomme, isst man die Seidentaschentücher gewöhnlich mit Pesto, aber mit dieser einfachen Pilzsauce wird daraus ein wunderbares Herbstgericht.

400 g Mehl
2 EL Grieß
4 Eier
1 Prise Meersalz

FÜR DIE SAUCE

450 g gemischte Pilze
80 ml Olivenöl extra vergine
2 Schalotten, in feine Ringe geschnitten
60 ml Weißwein
Meersalz und frisch gemahlener schwarzer
    Pfeffer
2 EL fein gehackte Petersilienblätter
80 g Parmesan, frisch gerieben

FÜR 4 PERSONEN

Das Mehl mit dem Grieß mischen und einen Pastateig wie auf Seite 11 beschrieben herstellen.

Den Teig ruhen lassen und danach mehrfach ausrollen, bis er sehr dünn ist (siehe Seite 17–18). Den Teig in 10 cm große Quadrate schneiden und auf leicht bemehlten Geschirrtüchern ausbreiten.

Die Pilze mit einem feuchten Tuch säubern. Kleine Pilze ganz lassen, größere in Scheiben schneiden. Das Öl bei geringer Hitze in einer Pfanne mit schwerem Boden erhitzen und die Schalotten etwa 4 Minuten unter Rühren anschwitzen. Die Pilze hinzufügen und ebenfalls etwa 4 Minuten bei mittlerer bis starker Hitze anbraten, bis sie weich werden. Dabei häufig umrühren.

Den Wein angießen und etwa 3 Minuten verdunsten lassen. Sparsam salzen, mit Pfeffer würzen und die Pilze 20 Minuten unter gelegentlichem Rühren kochen lassen. Geben Sie beim Kochen zu viel Flüssigkeit ab, die Pfanne leicht neigen und die überschüssige Flüssigkeit abschöpfen. Die Petersilie darüberstreuen, gut umrühren und die Herdplatte ausschalten.

Die Pasta etwa 3 Minuten in reichlich Salzwasser mit ein paar Tropfen Olivenöl kochen.

Mit einem Schaumlöffel aus dem Topf heben und eine Schicht Mandilli auf dem Boden einer vorgewärmten Auflaufform verteilen. Eine Schicht Pilze daraufgeben und mit Parmesan bestreuen. Den Vorgang so lange wiederholen, bis die Zutaten aufgebraucht sind. Den Abschluss sollten Pilze und Parmesan bilden. Die Form ein paarmal aufstoßen, damit sich die Sauce gleichmäßig verteilt, und sofort servieren.

FRISCHE PASTA

»Pastafetzen« mit Tomaten, Kräutern und Ziegenkäse

STRACCI AL CAPRINO E POMODORO

Als *fuori dall'uscio* (draußen vor der Tür) bezeichnet man in meiner italienischen Heimat ein schnell improvisiertes Gericht. Der Ausdruck stammt noch aus einer Zeit, als die Bäuerinnen jederzeit auf Zutaten aus eigener Produktion – Tomaten, Kräuter, den Käse aus der Milch der eigenen Ziegen – zurückgreifen konnten. Und weil es schnell gehen musste, wurde der Pastateig einfach in *stracci* (Fetzen) gerissen. So stand das Essen in wenigen Minuten auf dem Tisch. Sie können den Pastateig selbstverständlich auch schneiden und müssen die Tomaten nicht mit der Hand auspressen, aber herauskommen wird dabei ein ebenso großartiges, herzhaftes Gericht, wie es die Menschen auf dem Land lieben.

1 Rezept Einfacher Pastateig (siehe Seite 11)
4 Strauchtomaten, enthäutet, die Samen entfernt (siehe Seite 51) und das Fruchtfleisch in Würfel geschnitten
150 ml Olivenöl extra vergine
2 TL gehackter Estragon
2 TL gehackter Kerbel
2 TL gehacktes Basilikum
2 TL gehackte glatte Petersilie
Meersalz und frisch gemahlener schwarzer Pfeffer
250 g Ziegenkäse, zerkrümelt
Kerbelblätter zum Garnieren

FÜR 4 PERSONEN

Den Pastateig sehr dünn ausrollen (siehe Seite 17–18) und mit einem scharfen Messer in etwa gleich große unregelmäßig geformte Stücke schneiden.

Die Pasta etwa 2 Minuten in reichlich Salzwasser kochen.

In der Zwischenzeit die Tomaten mit Öl und Kräutern in eine große Schüssel füllen und mit Salz und Pfeffer würzen. Die Pasta abgießen und mit den Tomaten mischen.

Die Pasta schichtweise auf vorgewärmten Tellern anrichten und jede Schicht mit Ziegenkäse bestreuen. Mit Kerbelblättchen garnieren und sofort servieren.

Lasagnette mit Pilz-Ragù

LASAGNETTE AL TOCCO DI FUNGHI

Tocco ist das ligurische Wort für Sauce, in diesem Fall eine Pilzsauce, die wir zu Hause besonders gern aßen. Meine Mutter kochte sie meist im Herbst aus den frischen Steinpilzen, die mein Bruder im Wald gesammelt hatte. Er kannte die besten Plätze und brachte oft so viele Pilze nach Hause, dass wir ganze Menüs damit bestreiten konnten. Mein Bruder war so stolz auf seine Pilze, dass sie jeder, der ihm begegnete, bewundern musste und er auf dem Heimweg erst einmal einen Zwischenstopp in der Bar unseres Ortes einlegte, um sie dort herumzuzeigen.

Rosmarin wird selten für Pastasaucen verwendet, aber hier harmoniert er perfekt mit dem erdigen Geschmack der Pilze. Außerhalb der Pilzsaison oder wenn Ihnen frische Steinpilze zu teuer sind, können Sie stattdessen auch feste Shiitake-Pilze oder Champignons nehmen und dazu ein paar getrocknete Steinpilze.

1 Rezept Einfacher Pastateig (siehe Seite 11)
15 g getrocknete Steinpilze
1 Dose (400 g) geschälte Tomaten
80 g Butter
60 ml Olivenöl extra vergine
2 Knoblauchzehen, fein gehackt
1 EL gehackte glatte Petersilie
1 EL gehackter Rosmarin
300 g frische, festfleischige Pilze, in dünne
    Scheiben geschnitten
Meersalz und frisch gemahlener schwarzer
    Pfeffer
80 g Parmesan, frisch gerieben

FÜR 4 PERSONEN

Den Pastateig dünn ausrollen (siehe Seite 17–18), in 15 × 10 cm große Rechtecke schneiden und auf leicht bemehlten Geschirrtüchern ausbreiten.

Die Steinpilze 15 Minuten in warmem Wasser einweichen, abgießen, mit Küchenpapier trocken tupfen und grob hacken. Die Tomaten in eine Schüssel füllen und mit den Händen oder dem Kartoffelstampfer zerdrücken.

60 g Butter mit dem Olivenöl bei geringer Hitze in einer Pfanne mit schwerem Boden zerlassen und den Knoblauch mit Petersilie, Rosmarin und Steinpilzen unter gelegentlichem Rühren etwa 3 Minuten goldgelb anschwitzen. Die frischen Pilze und die Tomaten hinzufügen, sparsam mit Salz und Pfeffer würzen und 20 Minuten köcheln lassen. Dabei regelmäßig umrühren und gegebenenfalls etwas Wasser hinzufügen.

Inzwischen die Lasagnette etwa 4 Minuten in reichlich Salzwasser kochen.

Die Hälfte der Sauce in eine Servierschüssel füllen. Die Pasta abgießen und in die Schüssel geben. Die restliche Sauce darübergießen und die restliche Butter in Flöckchen darauf verteilen. Vorsichtig durchmischen, mit dem Parmesan bestreuen und sofort servieren.

FRISCHE PASTA

Trofie mit Basilikum-Walnuss-Pesto

TROFIE AL PESTO DI CASTELNUOVO

Die ersten Jahre bin ich in Castelnuovo Magra zur Schule gegangen, einem alten Bergdorf an der Grenze zur Toskana. Ein Schriftsteller aus dem Ort hat seine Bewohner einmal als *strampalati* – exzentrisch – bezeichnet. Kein Wunder also, dass sich dies auch in ihrem Pesto niederschlug. Vielleicht wollte man auf diese Weise aber auch nur die vielen Walnüsse und Kräuter verwerten, die rings um das Dorf gedeihen.

Trofie, eine typisch ligurische Pasta, werden ohne Eier hergestellt. Und weil in manchen Gegenden kaum Weizen angebaut wird, verwendet man häufig eine Mischung aus Kastanien- und Weizenmehl. Kastanienmehl bekommen Sie in italienischen Lebensmittelgeschäften oder in Feinkostgeschäften.

200 g Kastanienmehl
200 g Weizenmehl + Mehl zum Bestäuben
1 Prise Meersalz
1 EL Olivenöl extra vergine
frisch geriebener Parmesan zum Servieren
1 Handvoll grob gehackte Walnusskerne zum
  Servieren

FÜR DAS PESTO

25 g Walnusskerne, grob gehackt
1 Knoblauchzehe, geschält
1 Prise Meersalz
1 Handvoll Basilikumblätter
1 Handvoll glatte Petersilienblätter, fein
  gehackt
1 EL Majoranblätter
75 g Pecorino, frisch gerieben
90 ml Olivenöl extra vergine

FÜR 4 PERSONEN

Für die Pasta das Mehl mit 1 Prise Salz in eine Schüssel sieben, auf die Arbeitsfläche kippen, zu einem Haufen formen und eine Mulde hineindrücken. 100 ml warmes Wasser in die Mulde gießen und etwa 8 Minuten mit dem Mehl mischen und verkneten, bis ein fester, glatter Teigklumpen entstanden ist.

Den Teig 1 Stunde ruhen lassen. Kleine, etwa olivengroße Stücke vom Teig abreißen. Die Stücke rasch zwischen den Handflächen hin- und herrollen, bis kleine »Würstchen« entstanden sind, und diese auf die bemehlte Arbeitsfläche legen.

Für das Pesto die Walnusskerne etwa 1 Minute im Mörser zerstoßen. Knoblauch, Salz und die Kräuter dazugeben, die Zutaten sorgfältig zu einer glatten Paste zermahlen und dabei nach und nach den Pecorino hinzufügen. Zum Schluss das Öl einrühren. Oder die Pestozutaten auf niedrigster Stufe im Mixer zu einer cremigen Sauce verrühren.

Wasser in einem großen Topf zum Kochen bringen, salzen, das Öl hinzufügen und die Trofie 3–4 Minuten kochen. Sie sind fertig, wenn sie an die Oberfläche steigen. Abgießen und dabei etwas Kochwasser auffangen.

Das Pesto in eine große Schüssel füllen und mit ein paar Löffeln Nudelwasser verdünnen. Die Pasta dazugeben, mit dem Parmesan und den gehackten Walnüssen bestreuen, vorsichtig durchmischen und sofort servieren.

Gewellte Fettuccine mit Zucchini

PICCAGGE CON ZUCCHINE

Als ich 1981 mein erstes Restaurant eröffnete, habe ich immer nur an den Donnerstagen, wenn mein Koch frei hatte, gekocht. Da ich kein Profikoch bin, brauchte ich eine Auswahl einfacher Gerichte, die sich schnell zubereiten ließen. Eines Tages, als wir gerade herrliche Zucchini auf dem Markt gekauft hatten, kam mir die Idee zu diesem Gericht, das sich in wenigen Wochen zu einem Renner entwickelte.

Natürlich kam es wie es kommen musste, und ein Gast bestellte die Fettuccine mit Zucchini an einem anderen Wochentag, was meinen Koch in einige Verlegenheit brachte.

1 Rezept Einfacher Pastateig (siehe Seite 11)
60 ml Olivenöl extra vergine
2 Knoblauchzehen, geschält und leicht zerdrückt
400 g kleine Zucchini, in Scheiben geschnitten
Meersalz und frisch gemahlener schwarzer Pfeffer
1 kleine Handvoll glatte Petersilienblätter, gehackt
1 EL Pinienkerne, grob gehackt
1 Handvoll Basilikumblätter, in Stücke gerissen
60 g Parmesan, frisch gerieben

FÜR 4 PERSONEN

Den Pastateig ausrollen, mit einem gewellten Teigrädchen Fettuccine daraus zurechtschneiden (siehe Seite 20) und auf leicht bemehlten Geschirrtüchern ausbreiten.

Das Öl bei mittlerer Hitze in einer großen beschichteten Pfanne erhitzen, den Knoblauch etwa 2 Minuten unter Rühren goldgelb anschwitzen und danach herausnehmen.

Die Zucchini in die Pfanne geben, mit Salz und Pfeffer würzen und mit der Petersilie bestreuen. Gründlich mischen und 5 Minuten unter häufigem Rühren anbraten. Die Pinienkerne hinzufügen und das Ganze weitere 5 Minuten braten.

Inzwischen die Fettuccine 3–4 Minuten in reichlich Salzwasser kochen. Anschließend abgießen und dabei etwas Kochwasser auffangen. Die Nudeln vorsichtig mit der Sauce mischen. Ist die Pasta zu trocken, 1 Esslöffel Kochwasser hinzufügen. Mit Basilikum und Parmesan bestreuen und sofort servieren.

Fettuccine mit Sahnesauce

FETTUCCINE ALL'ALFREDO

Um die Entstehung der meisten Pastagerichte ranken sich Sagen und Legenden. Eine ganz besondere Geschichte ist mit diesem Gericht verbunden, das 1914 von Alfredo di Lelio in einem Restaurant namens Alfredo alla Scrofa in Rom erfunden wurde. Seine schwangere Frau hatte keinen Appetit. Deshalb ersetzte Alfredo die Butter in diesem römischen Klassiker zur Hälfte durch Sahne – und seine Frau war begeistert. Und nicht nur sie, sondern auch die Gäste, denen er das Gericht ebenfalls servierte. Seltsamerweise ist es im angloamerikanischen Raum, wo man es noch mit Schinken und Pilzen anreichert, bekannter als in Italien. Das dürfte allerdings nicht ganz im Sinne des Erfinders sein, weshalb wir uns hier an die Originalversion gehalten haben.

1 Rezept Einfacher Pastateig (siehe Seite 11)
125 g Butter
300 g Sahne
80 g Parmesan, frisch gerieben
Meersalz und frisch gemahlener schwarzer
   Pfeffer

FÜR 4 PERSONEN

Den Pastateig ausrollen, Fettuccine daraus zurechtschneiden (siehe Seite 20) und auf leicht bemehlten Geschirrtüchern ausbreiten.

Die Butter bei geringer Hitze in einer Pfanne mit schwerem Boden zerlassen. Die Sahne hinzufügen und das Ganze unter häufigem Rühren 5 Minuten bei mittlerer Hitze köcheln lassen. 2 Esslöffel Parmesan einrühren, mit Salz und Pfeffer würzen und nochmals gut umrühren. Die Sauce vom Herd nehmen und warm halten.

Die Fettuccine etwa 3 Minuten in reichlich Salzwasser kochen. Abgießen, vorsichtig mit der Sauce und dem restlichen Parmesan mischen und heiß servieren.

FRISCHE PASTA

Buchweizen-Fazzoletti mit Wirsing

FAZZOLETTI DI GRANO SARACENO AI CAVOLI

Dies ist eine Kreation meines Küchenchefs Logan Campbell und basiert auf den klassischen lombardischen Pizzoccheri, die traditionell mit Buchweizen-Tagliatelle serviert werden. Aber lassen wir Logan selbst zu Wort kommen: »Ich habe viele Originalbestandteile des Gerichts übernommen, bis auf die Form der Pasta. Buchweizenmehl lässt sich bekanntlich nur schwer zu einem Teig verarbeiten, da es kein Gluten enthält. Deshalb habe ich einen Teil des Buchweizenmehls durch Weizenmehl ersetzt. Und anstelle der langen, unhandlichen Tagliatelle habe ich mich für Fazzoletti (Taschentücher) entschieden.«

200 g Weizenmehl
200 g Buchweizenmehl
4 Eier

FÜR DIE SAUCE

¼ Wirsing
200 g Butter, in Würfel geschnitten
8 Salbeiblätter, grob gehackt
2 EL Balsamico-Essig
Meersalz und frisch gemahlener schwarzer
   Pfeffer
250 g Stracchino, in kleine Stücke gebrochen
100 g Parmesan, frisch gerieben

FÜR 4 PERSONEN

Aus den hier angegebenen Zutaten einen Pastateig wie auf Seite 11 beschrieben herstellen und ruhen lassen. Den Teig anschließend ausrollen (siehe Seite 17–18), in 8 cm große Quadrate schneiden und auf leicht bemehlten Geschirrtüchern ausbreiten.

Den Backofen auf 180 °C vorheizen.

Den Wirsing in 5–6 cm breite Spalten schneiden, 2 Minuten in kochendem Salzwasser blanchieren und in Eiswasser abschrecken. Abgießen und abtropfen lassen.

Die Butter in einer mittelgroßen Pfanne erhitzen, bis sie zu schäumen beginnt. Den Schaum mit einem Metalllöffel zur Seite schieben, um zu prüfen, ob die Butter leicht gebräunt ist. Sofort die Salbeiblätter in die Pfanne geben, den Essig hinzufügen und die Herdplatte ausschalten. Den Kohl dazugeben, mit Salz und Pfeffer würzen und vorsichtig umrühren.

Die Fazzoletti etwa 3 Minuten in reichlich Salzwasser kochen. Anschließend abgießen und dabei etwa 50 ml Kochwasser auffangen. Die Pasta mit dem aufgefangenen Kochwasser zum Wirsing geben.

Je 1 »Taschentuch« auf vier ofenfeste Teller verteilen und etwas Kohl, Stracchino, Parmesan und Salbeibutter daraufgeben. Den Vorgang so lange wiederholen, bis die Zutaten aufgebraucht sind, und mit Parmesan abschließen. Die Teller etwa 4 Minuten in den Backofen stellen, bis der Käse geschmolzen ist, und sofort servieren.

Strangolapreti mit Salbeibutter

STRANGOLAPRETI

Um den Namen Strangolapreti oder Strozzapreti – was wörtlich übersetzt so viel wie »Priesterwürger« bedeutet – ranken sich zahlreiche Legenden. Eine Interpretation lautet, dass einem Priester, der eine derartige Kost nicht gewöhnt war, diese gehaltvolle Pasta schon einmal im Hals stecken bleiben konnte. Andere behaupten, der Name sei dem Wunschdenken der armen Bauern entsprungen, die sich vorstellten, wie sich der Priester – der Repräsentant der katholischen Kirche und somit ihres Lehnsherrn – mit dem vorzüglichen Essen ihrer Frauen den Bauch vollschlug.

Strangolapreti sind ein Klassiker aus Südtirol, den man in anderen Gegenden auch unter dem Namen *ravioli nudi* – nackte Ravioli – kennt. Im Unterschied dazu handelt es sich bei den süditalienischen Strozzapreti um eine Art Pasta, die ohne Eier hergestellt wird. Der Teig wird etwas dicker ausgerollt als gewöhnlich und in lange Rechtecke geschnitten, die man zum Trocknen um einen Stock wickelt.

650 g italienisches Brot, entrindet
250 ml Milch
1 kg Mangold
2 Eier
Meersalz und frisch gemahlener schwarzer
    Pfeffer
1–2 EL Paniermehl
Mehl zum Bestäuben
100 g Butter
1 Handvoll Salbeiblätter
60 g Parmesan, frisch gerieben

FÜR 4 PERSONEN

Das Brot in kleine Stücke reißen und in einer großen Schüssel in der Milch einweichen.

Die weißen Mangoldstiele heraustrennen und wegwerfen. Die Blätter waschen, gut abtropfen lassen und 3 Minuten in kochendem Salzwasser blanchieren. Abgießen und mit kaltem Wasser abschrecken. Die Flüssigkeit möglichst vollständig herauspressen, die Blätter grob hacken und mit dem Brot und der Milch verrühren. Die Eier hinzufügen, mit Salz und Pfeffer würzen und die Zutaten gründlich verrühren. Die Mischung durch die Gemüsemühle drehen oder im Mixer pürieren. Wieder in die Schüssel füllen und so viel Paniermehl hinzufügen, dass ein homogener, fester, aber geschmeidiger Teig entsteht.

Die Arbeitsfläche mit Mehl bestäuben. Die Mischung in drei oder vier Portionen teilen, 1,5 cm dicke Rollen daraus formen und diese in 4 cm lange Stücke schneiden.

Die Strangolapreti etwa 5 Minuten in reichlich Salzwasser kochen (sie sind fertig, wenn sie an die Oberfläche steigen), mit einem Schaumlöffel aus dem Topf heben und in eine große Servierschüssel füllen.

Die Butter bei geringer Hitze in einer kleinen Pfanne zerlassen und den Salbei einige Minuten darin frittieren. Die Butter mit dem Salbei über die Strangolapreti gießen. Den Parmesan darüberstreuen, das Ganze vorsichtig mit zwei Löffeln durchmischen und sofort servieren.

Fettuccine mit geschmorten Artischocken

PICCAGGE AI CARCIOFI

Die ligurischen *Piccagge* (dünne Bänder) passen hervorragend zu Artischocken, die ich gerne im Ganzen schmore. Pancetta und Chilischoten verleihen der Sauce einen pikanten Geschmack. Wenn Sie es erst einmal ausprobiert haben, werden Sie die nächste Artischockensaison gar nicht mehr erwarten können.

1 Rezept Einfacher Pastateig (siehe Seite 11)

FÜR DIE ARTISCHOCKEN

8 kleine Artischocken
½ Zitrone
2 Knoblauchzehen, fein gehackt
2 EL gehackte glatte Petersilie
2 EL gehacktes Basilikum
90 ml Olivenöl extra vergine
Meersalz und frisch gemahlener schwarzer
    Pfeffer

FÜR DIE SAUCE

4 kleine Artischocken
½ Zitrone
120 ml Olivenöl extra vergine
½ weiße Zwiebel, fein gehackt
50 g Pancetta, klein geschnitten
1 Knoblauchzehe, geschält und leicht
    zerdrückt
1 EL gehackte glatte Petersilie
2 kleine rote Chilischoten, gehackt
Meersalz und frisch gemahlener schwarzer
    Pfeffer
90 ml Weißwein
80 g Parmesan, frisch gerieben

FÜR 4 PERSONEN

Den Pastateig ausrollen (siehe Seite 17–18), in 1–2 cm breite Streifen schneiden und auf leicht bemehlten Geschirrtüchern ausbreiten.

Für die geschmorten Artischocken die harten Hüllblätter der Artischocken entfernen. Die Spitzen um zwei Drittel kürzen. Den Stiel bis auf ein kleines Stück abschneiden und schälen. Die Schnittflächen mit der halben Zitrone abreiben, damit sich das Fruchtfleisch nicht verfärbt. Das Heu mit einem Teelöffel herauskratzen.

Den Knoblauch mit den Kräutern mischen und bis auf einen kleinen Rest in die Artischocken streuen. Etwas Olivenöl hineingießen und mit Salz und Pfeffer würzen. Die Artischocken mit den Stielen nach oben in einen beschichteten Topf schichten, mit dem restlichen Öl beträufeln und die restliche Knoblauchmischung darüberstreuen. 100 ml Wasser angießen und die Artischocken etwa 45 Minuten zugedeckt bei geringer Hitze köcheln lassen. Dabei gegebenenfalls noch etwas Wasser hinzufügen.

Inzwischen die Sauce zubereiten. Die Artischocken wie oben beschrieben vorbereiten, die Stiele diesmal aber herausbrechen und wegwerfen. Die Artischocken in sehr dünne Scheiben schneiden und in Zitronenwasser legen.

Das Öl bei mittlerer Hitze in einer Pfanne mit schwerem Boden erhitzen und die Zwiebel mit Pancetta, Knoblauch und Petersilie etwa 5 Minuten unter Rühren anschwitzen. Den Knoblauch anschließend herausnehmen. Die Artischockenböden mit den Chilischoten in die Pfanne geben, mit etwas Salz bestreuen und 8 Minuten unter häufigem Rühren kochen lassen. Den Wein angießen, gut umrühren und das Ganze 20 Minuten bei geringer bis mittlerer Hitze kochen lassen. Dabei gelegentlich umrühren.

Inzwischen die Fettuccine 3–4 Minuten in reichlich Salzwasser kochen, abgießen, 1 Minute mit der Sauce mischen und mit dem Parmesan bestreuen.

Die geschmorten Artischocken in der Mitte einer großen Servierplatte anrichten, mit etwas Schmorflüssigkeit begießen und die Pasta rundherum verteilen. Die restliche Schmorflüssigkeit getrennt dazu reichen. Am besten isst man die Pasta zuerst, solange sie heiß ist, und danach die Artischocken, die lauwarm noch besser schmecken.

FRISCHE PASTA

Tagliatelle mit Spargel

TAGLIATELLE AGLI ASPARAGI SOTTILI

Im Frühling ging meine Mutter stets mit den anderen Frauen aus unserem Dorf zum Wildspargelpflücken und kehrte dann stolz mit einem Korb voll zarter Spargelstangen zurück (genauso zufrieden sah sie übrigens aus, wenn sie mit riesigen frischen Grasbündeln für unsere Kaninchen nach Hause kam). Von all ihren Spargelgerichten mochte ich dieses am liebsten.

1 Rezept Einfacher Pastateig (siehe Seite 11)

300 g Wildspargel oder grüner Spargel

80 ml Olivenöl extra vergine

2 kleine Schalotten, fein gehackt

80 g Pancetta oder durchwachsener Räucherspeck, fein gewürfelt

2 Stängel glatte Petersilie

3 Stängel Basilikum

4 große reife Tomaten, enthäutet, die Samen entfernt (siehe Seite 51) und das Fruchtfleisch in Würfel geschnitten

Meersalz und frisch gemahlener schwarzer Pfeffer

80 g Parmesan, frisch gerieben

FÜR 4 PERSONEN

Den Pastateig ausrollen, Tagliatelle daraus zurechtschneiden (siehe Seite 20) und auf leicht bemehlten Geschirrtüchern ausbreiten.

Den Spargel unter fließendem kaltem Wasser waschen und 2 Minuten in kochendem Salzwasser blanchieren. Abgießen, in Eiswasser abschrecken und abtropfen lassen. Das untere Drittel der Stangen abschneiden und wegwerfen. Die Spitzen abschneiden (ein paar ganze Stangen zum Garnieren aufheben) und zur Seite legen. Den Rest der Stangen in 1 cm große Stücke schneiden.

Das Öl bei mittlerer Hitze in einer Pfanne mit schwerem Boden erhitzen und die Schalotten mit dem Pancetta etwa 5 Minuten unter häufigem Rühren anbraten, bis der Pancetta knusprig ist. Petersilie und Basilikum hinzufügen und kurz umrühren, damit das Öl das Aroma annimmt. Spargelspitzen und -stücke vorsichtig untermischen. Die Tomaten dazugeben, mit Salz und Pfeffer würzen und das Ganze 5 Minuten unter häufigem Rühren kochen lassen. Die Kräuter anschließend herausnehmen.

Die Tagliatelle 2–3 Minuten in reichlich Salzwasser kochen und danach abgießen. Die Sauce vom Herd nehmen, vorsichtig mit den Nudeln mischen, mit den Spargelstangen garnieren, mit Parmesan bestreuen und sofort servieren.

Lasagnette mit Tomaten-Ragù

LASAGNETTE AL RAGÙ DI POMODORO

Auch wenn sie kein Fleisch enthält, bezeichne ich diese Tomatensauce als Ragù, denn sie wird wie ein Ragù gekocht und dadurch wird sie besonders gehaltvoll. Man kann sie eigentlich mit jeder Pasta servieren, aber ich finde, die gewellten Lasagnette geben ihr so etwas wie eine Seele. Ich liebe das Geräusch, das entsteht, wenn man mit der Gabel in die Lasagnette sticht. Es klingt fast so, als sprächen sie mit einem. Vielleicht sagt man deshalb in Italien: »Die Pasta war so gut, sie hat gesprochen.« Es gibt zwar auch gute getrocknete Lasagnette zu kaufen, aber selbst gemacht sind sie einfach am besten. Wofür Sie sich auch entscheiden, ich hoffe, sie sprechen mit Ihnen ...

15 g getrocknete Steinpilze
60 g Butter
60 ml Olivenöl extra vergine
30 g Pinienkerne
1 weiße Zwiebel, fein gehackt
2 Knoblauchzehen, fein gehackt
1 EL fein gehackte Rosmarinnadeln
6 Sardellenfilets in Öl, abgetropft
6 große Tomaten, enthäutet, die Samen entfernt (siehe Seite 51) und das Fruchtfleisch in Würfel geschnitten
Meersalz und frisch gemahlener schwarzer Pfeffer
400 g Einfacher Pastateig (siehe Seite 11)
80 g Parmesan, frisch gerieben

FÜR 4 PERSONEN

Die Steinpilze 15 Minuten in warmem Wasser einweichen, abgießen und trocken tupfen.

Die Butter mit dem Öl bei mittlerer Hitze in einer Pfanne mit schwerem Boden zerlassen und die Pinienkerne einige Minuten darin rösten. Mit einem Schaumlöffel herausnehmen und beiseitestellen. Die Zwiebel mit Knoblauch und Rosmarin in die Pfanne geben und etwa 5 Minuten unter Rühren anschwitzen. Die Sardellen hinzufügen und mit dem Pfannenwender im Fett zerdrücken. Die Pilze dazugeben und 1 Minute unter Rühren anbraten. Zum Schluss die Tomaten hinzufügen und mit Salz und Pfeffer würzen.

Die Pinienkerne im Mörser zu einer Paste zermahlen und diese unter die Sauce rühren. Die Sauce 20 Minuten unter regelmäßigem Rühren köcheln lassen und dabei gegebenenfalls noch etwas Wasser hinzufügen.

Inzwischen den Pastateig sehr dünn ausrollen (siehe Seite 17–18) und mit einem gewellten Teigrädchen 8 × 2,5 cm große Rechtecke ausschneiden. Die Lasagnette 3–5 Minuten in reichlich Salzwasser kochen, anschließend abgießen und in eine große Keramikschüssel füllen. Die Sauce darübergießen und mit den Nudeln mischen. Mit Parmesan bestreuen und sofort servieren.

Grüne und weiße Tagliolini mit Sahne und Pilzen

PAGLIA E FIENO ALLA BOSCAIOLA

Die Achtzigerjahre lassen grüßen ... Damals waren *Paglia e fieno* (Heu und Stroh), wie man diese Mischung aus weißen und grünen Nudeln nennt, so berühmt wie Armani, und es gab kaum ein italienisches Restaurant, das sie nicht auf der Speisekarte hatte.

Hinter dem Begriff *alla boscaoila* (auf Holzfällerart) verbirgt sich immer etwas, das mit Pilzen und Tomaten oder Sahne zubereitet wurde. Anstelle der üblichen Tagliatelle bevorzuge ich für dieses feine Gericht die dünneren Tagliolini.

200 g Einfacher Pastateig (siehe Seite 11)

200 g Grüner Pastateig (siehe Seite 14)

20 g Butter

2 Schalotten, fein gehackt

80 g Pancetta, fein gewürfelt

300 g gemischte Pilze (z. B. Shiitake-Pilze, Champignons und Pfifferlinge), in dicke Scheiben geschnitten

200 g Sahne oder Crème fraîche

Meersalz und frisch gemahlener schwarzer Pfeffer

80 g Parmesan, frisch gerieben

FÜR 4 PERSONEN

Beide Pastateige ausrollen und Tagliolini daraus zurechtschneiden (siehe Seite 20). Die weißen und die grünen Nudeln vorsichtig mischen und auf leicht bemehlten Geschirrtüchern ausbreiten.

Die Butter bei mittlerer Hitze in einer beschichteten Pfanne mit schwerem Boden zerlassen und die Schalotten mit dem Pancetta etwa 5 Minuten unter Rühren anschwitzen, bis sie weich sind. Die Pilze dazugeben, etwa 15 Minuten weich garen und anschließend bei starker Hitze unter Rühren braten, bis die Flüssigkeit vollständig verdunstet ist. Die Wärmezufuhr verringern, die Sahne dazugeben, die Sauce noch einmal aufkochen lassen und mit Salz und Pfeffer würzen.

Die Tagliolini 2–3 Minuten in reichlich Salzwasser kochen, abgießen und sofort mit der Sauce mischen. Mit Parmesan bestreuen und sofort servieren.

FRISCHE PASTA

Fettuccine mit Ei und Schinken

FETTUCCINE ALLA PAPALINA

Alla Papalina (auf Papstart) heißt dieses Gericht, weil es in den 1930er-Jahren für Kardinal Pacelli, den späteren Papst Pius XII., kreiert wurde. Als der Kardinal den Inhaber des Restaurants, das den Vatikan mit Speisen belieferte, um eine leichtere Version der Spaghetti carbonara bat, ersetzte dieser den Pancetta durch Schinken und den pikanten Pecorino durch einen milden Parmesan. Viele Jahre später ging man dazu über, das Gericht noch mit Erbsen anzureichern. Die Erbsen immer getrennt kochen und erst unmittelbar vor der Pasta zur Sauce geben.

1 Rezept Einfacher Pastateig (siehe Seite 11)
3 Eier
Meersalz
80 g Parmesan, frisch gerieben
20 g Butter
½ weiße Zwiebel, in feine Ringe geschnitten
150 g roher Schinken, klein geschnitten
200 g frische oder tiefgekühlte Erbsen (nach Belieben)
frisch gemahlener schwarzer Pfeffer

FÜR 4 PERSONEN

Den Pastateig ausrollen, Fettuccine daraus zurechtschneiden (siehe Seite 20) und auf leicht bemehlten Geschirrtüchern ausbreiten.

Die Eier in einer Schüssel kräftig mit etwas Salz und 2 Esslöffeln Parmesan verrühren.

Die Butter bei mittlerer Hitze in einer Pfanne mit schwerem Boden zerlassen und die Zwiebel 3 Minuten unter Rühren glasig schwitzen. Den Schinken dazugeben und 5 Minuten knusprig braten.

Die Erbsen 5–6 Minuten (tiefgekühlte Erbsen nur 3 Minuten) in leicht gesalzenem Wasser kochen, abgießen und in die Pfanne geben.

Die Fettuccine etwa 3 Minuten in reichlich Salzwasser kochen, abgießen und in die Pfanne geben. Die Eier darübergießen und das Ganze 1 Minute bei geringer Hitze durchmischen. Mit Pfeffer übermahlen, mit dem restlichen Parmesan bestreuen und heiß servieren.

Strangozzi mit Wurstsauce

STRANGOZZI ALLA NORCINA

Die Bezeichnung *alla Norcina* ist eine Reminiszenz an die umbrische Stadt Norcia, die berühmt für ihre Salami und ihre Würste ist. Die Strangozzi sind ebenfalls eine typisch umbrische Pastaform und sehen aus wie Fettuccine, sind allerdings mit vielen kleinen Löchern übersät. Wenn Sie sie zu Hause nachmachen wollen, die Fettuccine einfach mit einer Gabel einstechen. Im Herbst hobelt man noch schwarze Trüffeln darüber.

20 g getrocknete Steinpilze

1 Rezept Einfacher Pastateig (siehe Seite 11)

60 ml Olivenöl extra vergine

1 Knoblauchzehe, fein gehackt

20 g Butter

200 g Schweinswürste, grob gehackt

Meersalz und frisch gemahlener schwarzer Pfeffer

100 g Sahne

40 g Parmesan, frisch gerieben

FÜR 4 PERSONEN

Die Steinpilze 15 Minuten in warmem Wasser einweichen. Anschließend abspülen, sehr gut ausdrücken und grob hacken.

Den Pastateig ausrollen, Fettuccine daraus zurechtschneiden (siehe Seite 20), die Nudeln mit einer Gabel einstechen und auf leicht bemehlten Geschirrtüchern ausbreiten.

Das Öl bei geringer Hitze in einer Pfanne mit schwerem Boden erhitzen und den Knoblauch 1 Minute unter Rühren anschwitzen, bis er Farbe annimmt. Pilze und Butter hinzufügen. Sobald die Butter geschmolzen ist, die Wurst dazugeben, mit Salz und Pfeffer würzen und die Wurst bei mittlerer Hitze etwa 5 Minuten rundherum braun braten. Die Sahne und 1 Esslöffel Parmesan dazugeben und die Sauce unter häufigem Rühren 10 Minuten kochen lassen.

Inzwischen die Strangozzi etwa 4 Minuten in reichlich Salzwasser kochen. Anschließend abgießen und dabei etwas Kochwasser auffangen. Die Pasta vorsichtig mit der Sauce mischen (dabei gegebenenfalls etwas Nudelwasser hinzufügen), mit dem restlichen Parmesan bestreuen und heiß servieren.

FRISCHE PASTA

Parmesan-Farfalle mit Schinken und Erbsen

GASSE AI PISELLI

Gassa ist das ligurische Wort für *farfalla* (Schmetterling). Das Wort bezeichnet aber auch eine Fliege (zum Umbinden) und eine Schleife, zu der man etwa ein Geschenkband bindet. Der Pastateig wird hier mit etwas Parmesan »aufgepeppt«, und um das Geschenk vollkommen zu machen, wird das Gericht zum Schluss natürlich auch noch mit Parmesan bestreut.

400 g Mehl
30 g Parmesan, frisch gerieben
2 Eier
1 Prise Salz

FÜR DIE SAUCE

30 ml Olivenöl extra vergine
60 g Butter
1 Zwiebel, gehackt
100 g roher Schinken, fein gehackt
400 g frische oder tiefgekühlte Erbsen
Meersalz und frisch gemahlener schwarzer
    Pfeffer
500 ml Hühnerbrühe (siehe Seite 30)
45 g Parmesan, frisch gerieben

FÜR 4 PERSONEN

Das Mehl mit dem Parmesan mischen und einen Pastateig wie auf Seite 11 beschrieben herstellen.

Den Teig ruhen lassen, dünn ausrollen, Farfalle daraus zurechtschneiden und formen (siehe Seite 23) und auf leicht bemehlten Geschirrtüchern ausbreiten.

Öl und Butter bei geringer Hitze in einer Pfanne mit schwerem Boden erhitzen und die Zwiebel etwa 5 Minuten anschwitzen, bis sie weich ist. Den Schinken hinzufügen und 5 Minuten braten. Die Erbsen dazugeben und mit Salz und Pfeffer würzen (dabei daran denken, dass der Schinken bereits relativ salzig ist). Die Hälfte der Brühe angießen und die Erbsen 4–6 Minuten weich garen. Dabei gegebenenfalls noch etwas Brühe hinzufügen. Die Sauce anschließend warm stellen.

Die Farfalle 3–4 Minuten in reichlich Salzwasser kochen, abgießen und in eine große Schüssel füllen.

Die Sauce darübergießen, zwei Drittel des Parmesans darüberstreuen und noch einmal mit Pfeffer würzen. Das Ganze vorsichtig durchmischen, mit dem restlichen Parmesan bestreuen und sofort servieren.

Pici mit Fasanen-Steinpilz-Ragù

PICI AL RAGÙ DI FAGIANO E PORCINI

Dies ist ebenfalls eine Kreation von Logan Campbell, dem Küchenchef des Lucio's. Anstelle von Fasan können Sie auch Wachteln nehmen. Pici sind unregelmäßig geformte Nudeln, die aus Mehl und Wasser hergestellt werden. Pici werden traditionell eher mit einfachen Saucen serviert, vermutlich weil die Herstellung der Pasta recht zeitaufwendig ist. Das Fasanen-Ragù kann allerdings bereits im Voraus zubereitet werden, sodass für beides genug Zeit bleibt.

200 ml Olivenöl extra vergine

2 Fasane, zerlegt (bitten Sie am besten Ihren Metzger, das für Sie zu tun)

100 g Mehl

10 cl Sherry oder Brandy

3 l Hühnerbrühe (siehe Seite 30)

20 g getrocknete Steinpilze

150 g Pancetta, fein gehackt

2 Knoblauchzehen, gehackt

6 Schalotten, fein gehackt

1 Möhre, fein gehackt

2 Eiertomaten, grob gehackt

100 ml Tomatensauce II (siehe Seite 52)

100 g Knoblauchgrün oder Schnittlauch, gehackt

1 EL gehackte glatte Petersilie

Meersalz und frisch gemahlener schwarzer Pfeffer

FÜR DEN PASTATEIG

350 g Hartweizenmehl + Mehl zum Bestäuben

1 EL Olivenöl extra vergine

FÜR 4 PERSONEN

Für den Pastateig das Hartweizenmehl in eine Schüssel sieben, eine Mulde in die Mitte drücken und 1 EL Öl mit 190 ml kaltem Wasser hineingießen. Die Zutaten kurz verkneten (den Teig nicht zu lange kneten, sonst werden die Pici zäh), mit Frischhaltefolie abdecken und 30 Minuten ruhen lassen. Den Teig zu einer Kugel formen, mit Mehl bestäuben und in 10–12 Stücke schneiden. Die Stücke zwischen den Handflächen zu Nudeln rollen und nebeneinander auf ein leicht bemehltes Tablett legen. Mit Frischhaltefolie abdecken und in den Kühlschrank stellen.

Die Hälfte des Öls in einem Topf erhitzen. Die Fasanenstücke in Mehl wenden, portionsweise rundherum anbraten und aus dem Topf nehmen. Sherry und Brühe hineingießen, die Fasanenstücke wieder hineinlegen und zugedeckt 40 Minuten bei geringer Hitze weich garen. Das Fleisch anschließend herausnehmen und abkühlen lassen. Die Brühe weitere 40 Minuten bei geringer Hitze auf 1,5 Liter reduzieren. Das Fasanenfleisch von den Knochen lösen und zur Seite stellen.

Die Steinpilze 15 Minuten in warmem Wasser einweichen, abspülen, sehr gut ausdrücken und grob hacken.

Das restliche Öl in einer Pfanne mit schwerem Boden erhitzen und den Pancetta darin anbräunen. Knoblauch, Schalotten, Möhre und Pilze dazugeben und 3 Minuten anschwitzen. Tomaten, Tomatensauce und die reduzierte Brühe hinzufügen und das Ganze etwa 25 Minuten bei geringer Hitze um die Hälfte einkochen lassen. Das Fleisch einlegen und das Ragù kochen lassen, bis es eindickt. Knoblauchgrün und Petersilie einrühren und mit Salz und Pfeffer abschmecken.

Die Pici etwa 7 Minuten in reichlich Salzwasser kochen, abgießen, mit dem Ragù mischen und sofort servieren.

Maccheroni alla chitarra mit Lamm-Ragù

MACCHERONI ALLA CHITARRA AL RAGÙ D'AGNELLO

Maccheroni alla chitarra sind eine Art dicke Spaghetti, die mit einem speziellen Gerät, der sogenannten *Chitarra* (Gitarre) geschnitten werden. Die *Chitarra* besteht aus einem rechteckigen Holzrahmen, in den in dichten Abständen Drähte eingezogen sind, die an die Saiten einer Gitarre erinnern. Die Teigscheiben werden nicht so dünn ausgerollt wie gewöhnlich, dann legt man sie auf die Chitarra und fährt mit dem Nudelholz darüber. Besitzen Sie keinen solchen Nudelschneider, einfach bei der Nudelmaschine die schmalste Einstellung wählen.

   Maccheroni alla chitarra sind eine Spezialität aus den Abruzzen, wo man sie auch als *Tonnarelli* oder *Tondarelli* bezeichnet. Sie werden gerne mit gehaltvolleren Saucen serviert, weshalb man sie mit Grieß zubereitet, um ihnen die nötige Festigkeit zu geben. Die Maccheroni mit Lamm-Ragù sind ein ideales Essen für kalte Wintertage. In den wärmeren Jahreszeiten schmecken sie hervorragend mit einer einfachen, mit Thymian aromatisierten Gemüsesauce, einer kalten Pilzsauce oder einfach nur mit einem kräftigen Olivenöl, ein paar Kapern und Oliven.

Für das Ragù das Öl bei mittlerer Hitze in einer großen Pfanne mit schwerem Boden erhitzen, den Knoblauch unter Rühren goldgelb anschwitzen und danach herausnehmen. Möhre, Sellerie, Zwiebel, Lorbeer und Pancetta in die Pfanne geben, gut umrühren und etwa 5 Minuten anbraten, bis das Gemüse weich ist.

Das Fleisch in kleinen Portionen bei starker Hitze rundherum in der Pfanne anbraten. Rosmarin und Salbei hinzufügen. Den Wein angießen und 5–6 Minuten verdunsten lassen. Paprikaschoten, Chilischoten, Tomaten und Tomatenmark dazugeben und mit Salz und Pfeffer würzen. Gut umrühren, aufkochen lassen und zugedeckt 2 Stunden bei geringer Hitze kochen lassen, bis das Fleisch sehr weich ist. Dabei regelmäßig umrühren und gegebenenfalls etwas Wasser hinzufügen.

Inzwischen den Pastateig wie auf Seite 11 beschrieben herstellen. Den Teig in vier Portionen teilen und jeweils etwa 3 mm dick ausrollen. Die Stücke auf die Größe der Chitarra zurechtschneiden, auf die Drähte legen und mit dem Nudelholz darüberfahren. Oder den Teig mit der Nudelmaschine schneiden und dabei die schmalste Einstellung wählen. Die Nudeln mit Mehl bestäuben und etwa 1 Stunde auf leicht bemehlten Geschirrtüchern trocknen lassen.

Die Nudeln 3–4 Minuten in reichlich Salzwasser kochen, abgießen und in eine Schüssel füllen. Die Sauce darübergießen und vorsichtig mit den Nudeln mischen. Mit dem Pecorino bestreuen und sofort servieren.

---

300 g Mehl
100 g Grieß
4 Eier
1 Prise Meersalz

FÜR DIE SAUCE

120 ml Olivenöl extra vergine
2 Knoblauchzehen, geschält und leicht zerdrückt
½ kleine Möhre, fein gehackt
½ junger Stangensellerie, fein gehackt
½ kleine weiße Zwiebel, fein gehackt
3 Lorbeerblätter
50 g Pancetta, gewürfelt
400 g Lammschulter ohne Knochen, in 2 cm große Würfel geschnitten
1 EL fein gehackte Rosmarinnadeln
1 EL fein gehackte Salbeiblätter
150 ml trockener Weißwein
2 gelbe Paprikaschoten, Samen und Häutchen entfernt und Schoten in Streifen geschnitten
2 rote Chilischoten, gehackt
1 Dose (400 g) geschälte Tomaten
1 EL Tomatenmark
Meersalz und frisch gemahlener schwarzer Pfeffer
100 g Pecorino, frisch gerieben

FÜR 4 PERSONEN

Offene Lasagne

LASAGNE TORDELLATE

Die ligurische Küche ist im Allgemeinen eine einfache Hausmannsküche, doch gelegentlich findet sich auch das ein oder andere raffinierte Gericht, wie z.B. diese Lasagne. Die Sauce, mit der sie serviert wird, dient normalerweise zum Füllen von Ravioli oder Tordelli (daher auch die Bezeichnung *tordellate* – nach Tordelli-Art). Da das Fleisch langsam gegart wird, eignen sich dafür auch preiswertere Fleischstücke. Achten Sie aber darauf, das Fett vor der Zubereitung vollständig zu entfernen.

500 g Mehl

2 Eier

1 Prise Salz

FÜR DIE SAUCE

30 ml Olivenöl extra vergine

30 g Butter

1 weiße Zwiebel, fein gehackt

1 Möhre, fein gewürfelt

1 Stange Sellerie, fein gewürfelt

1 Handvoll glatte Petersilienblätter, fein
   gehackt

300 g mageres Rindfleisch ohne Knochen,
   grob gehackt

300 g mageres Schweinefleisch ohne
   Knochen, grob gehackt

Meersalz und frisch gemahlener schwarzer
   Pfeffer

frisch geriebene Muskatnuss

3 Lorbeerblätter

30 ml trockener Weißwein

500 g Tomaten, enthäutet, die Samen entfernt
   (siehe Seite 51) und das Fruchtfleisch in
   Würfel geschnitten

1 Staude Mangold

1 Brötchen vom Vortag, entrindet und die
   Krume in kleine Stücke gebrochen

etwa 200 ml Milch

2 Eier

60 g Parmesan, frisch gerieben

FÜR 4 PERSONEN

Aus den hier angegebenen Zutaten einen Pastateig wie auf Seite 11 beschrieben herstellen und ruhen lassen.

Öl und Butter bei geringer Hitze in einer Pfanne mit schwerem Boden erhitzen und die Zwiebel mit Möhre, Sellerie und Petersilie einige Minuten unter Rühren glasig schwitzen. Das Fleisch in die Pfanne geben und mit Salz, Pfeffer und etwas Muskat würzen. Die Lorbeerblätter hinzufügen, gut umrühren und das Fleisch 8–10 Minuten bei mittlerer bis starker Hitze anbraten. Den Wein angießen und verdunsten lassen. Die Tomaten dazugeben und das Ganze 30 Minuten bei geringer Hitze kochen lassen. Dabei regelmäßig umrühren und gegebenenfalls etwas Wasser hinzufügen. Die Sauce sollte am Ende der Kochzeit relativ dick sein.

Die Mangoldstiele herausschneiden und wegwerfen. Die Blätter waschen, abtropfen lassen und ohne Zugabe von Flüssigkeit bei geringer Hitze in einer Pfanne zusammenfallen lassen. Etwas abkühlen lassen, gut ausdrücken, fein hacken und in eine Schüssel füllen. Das Brötchen in einem kleinen Topf knapp mit Milch bedecken, bei geringer Hitze 3–4 Minuten unter Rühren kochen lassen und anschließend zum Mangold geben.

Die Sauce vom Herd nehmen und das Fleisch mit dem Wiegemesser oder einem scharfen Messer fein hacken. Mit den Eiern und der Hälfte des Parmesans zum Mangold geben, mit Salz und Pfeffer würzen und die Zutaten sorgfältig vermengen.

Die Sauce wieder auf die Herdplatte stellen, die Mangoldmischung einrühren und 30 Minuten bei geringer Hitze kochen lassen.

Den Pastateig sehr dünn ausrollen (siehe Seite 17–18) und in 8 cm große Quadrate schneiden. Die Pasta portionsweise etwa 5 Minuten in reichlich Salzwasser mit etwas Olivenöl kochen. Mit einem Schaumlöffel herausheben und auf eine vorgewärmte Platte geben. Dabei darauf achten, dass die Quadrate nicht zusammenkleben. Auf jedem Teller etwas Sauce verteilen und ein Pastaquadrat darauflegen. Mit Sauce bedecken, mit etwas Parmesan bestreuen und ein zweites Quadrat darauflegen. Auf diese Weise pro Teller 4–5 Quadrate aufeinanderstapeln und mit Sauce und Parmesan abschließen.

Paprika-Pappardelle mit Ochsenschwanz

PAPPARDELLE DI PEPERONI AL RAGÙ DI CODA

Bei dieser Sauce hat die berühmte römische *Coda alla vaccinara* (Ochsenschwanz auf Schlachterart) Pate gestanden. Im 19. Jahrhundert war es Brauch, dass die Bauern den Metzger, der ihr Vieh schlachtete, in Naturalien bezahlten. So nahm der Schlachter den Ochsenschwanz mit nach Hause und kochte ihn so lange, bis das Fleisch buchstäblich vom Knochen fiel. Ochsenschwanz wurde damals stets mit Sultaninen zubereitet, was einen arabischen Einfluss vermuten lässt.

Die Sauce kann auch mit breiten getrockneten Rigatoni serviert werden. Dann würde ich sie allerdings noch mit ein paar gerösteten und in feine Streifen geschnittenen roten Paprikaschoten anreichern.

1 Rezept Pastateig mit Paprikaschote (siehe Seite 15)
80 ml Olivenöl extra vergine
80 g Pancetta, fein gewürfelt
1 kleine weiße Zwiebel, fein gehackt
1 Möhre, fein gehackt
3 Lorbeerblätter
1 EL gehackte Petersilienblätter
1 Ochsenschwanz, abgespült und in Stücke geschnitten
Meersalz und frisch gemahlener schwarzer Pfeffer
60 ml trockener Weißwein
1 Dose (400 g) geschälte Tomaten, durch die Gemüsemühle passiert oder mit den Händen zerdrückt
5 Stängel Majoran
2 Stangen Sellerie
2 EL Pinienkerne
1 EL Sultaninen, grob gehackt
50 g Parmesan, frisch gerieben
50 g Pecorino, frisch gerieben

FÜR 4 PERSONEN

Den Pastateig ausrollen, Pappardelle daraus zurechtschneiden (siehe Seite 20) und auf leicht bemehlten Geschirrtüchern ausbreiten.

Das Öl bei mittlerer Hitze in einer hohen Pfanne mit schwerem Boden erhitzen und den Pancetta mit Zwiebel, Möhre, Lorbeer und Petersilie unter häufigem Rühren 6–8 Minuten braten. Den Ochsenschwanz hinzufügen und rundherum anbräunen. Mit Salz und Pfeffer würzen, den Wein angießen und verdunsten lassen. Tomaten und Majoran hinzufügen, gut umrühren und das Ganze etwa 2 Stunden bei geringer Hitze kochen lassen, bis sich das Fleisch vom Knochen löst. Dabei regelmäßig umrühren und gegebenenfalls etwas Wasser hinzufügen.

Den Sellerie 8–10 Minuten in Wasser kochen, bis er sehr weich ist. Abgießen und in 1–2 cm lange Stücke schneiden.

Die Sauce vom Herd ziehen, den Majoran herausnehmen und den Ochsenschwanz in einer Schüssel etwas abkühlen lassen. Die Knochen entfernen und das Fleisch wieder in die Sauce legen. Die Pfanne auf die Herdplatte zurückstellen, Sellerie, Pinienkerne und Sultaninen hineingeben. Gut umrühren und dabei eventuelle größere Fleischbrocken zerkleinern. Die Sauce nochmals 15 Minuten bei geringer bis mittlerer Hitze köcheln lassen.

Die Pappardelle etwa 3 Minuten in reichlich Salzwasser kochen. Abgießen und dabei etwas Kochwasser auffangen. In eine große Schüssel füllen, die Sauce darübergießen, 1–2 Esslöffel Nudelwasser hinzufügen und alles gut durchmischen. Mit Parmesan und Pecorino bestreuen und sofort servieren.

Lasagnette mit Kaninchensauce

LASAGNETTE AL SUGO DI CONIGLIO

Dieses sättigende Gericht erfreut sich nicht nur in Ligurien, sondern auch in der Toskana großer Beliebtheit. Kaninchensauce wird stets mit frischen seidigen Bandnudeln wie Tagliatelle, Lasagnette, Pappardelle oder Maltagliati serviert. Sehr gut schmeckt die Sauce auch, wenn man sie noch mit Tomaten anreichert. Ich verzichte allerdings darauf, und bereite sie so zu wie meine Mutter.

Wer einen intensiveren Geschmack bevorzugt, kann das Kaninchen auch durch Wildhasen ersetzen. Die Zubereitung ist die gleiche, allerdings sollte man den Hasen voher mit Weißwein abwaschen, um den Wildgeschmack etwas zu mildern.

1 Rezept Einfacher Pastateig (siehe Seite 11)
100 ml Olivenöl extra vergine
50 g Butter
1 Zwiebel, geschält und gehackt
1 Stange Sellerie, gehackt
1 Knoblauchzehe, geschält und gehackt
1 Kaninchen (1,5 kg), in etwa 10 Stücke zerteilt
1 EL gehackte glatte Petersilie
Meersalz und frisch gemahlener schwarzer Pfeffer
125 ml trockener Weißwein
40 g Parmesan, frisch gerieben

FÜR 4 PERSONEN

Den Pastateig herstellen und ruhen lassen.

Öl und Butter in einer Pfanne mit schwerem Boden und Zwiebel mit Sellerie und Knoblauch etwa 3 Minuten bei mittlerer Hitze anbraten. Kaninchen und Petersilie dazugeben, mit Salz und Pfeffer würzen und zugedeckt etwa 15 Minuten bei geringer Hitze schmoren lassen. Dabei regelmäßig umrühren.

Den Wein angießen, gut umrühren und das Kaninchen weitere 90 Minuten schmoren lassen, bis das Fleisch sehr weich ist und sich von den Knochen löst. Dabei gegebenenfalls etwas Wasser hinzufügen und von Zeit zu Zeit umrühren, damit nichts anhängt.

Das Fleisch aus der Sauce nehmen, die Knochen entfernen und das Fleisch klein schneiden. Wieder in die Sauce geben und nochmals gut umrühren.

Den Pastateig sehr dünn ausrollen (siehe Seite 17–18) und mit einem gewellten Teigrädchen 8 × 2,5 cm große Rechtecke ausschneiden. Die Lasagnette 3–5 Minuten in reichlich Salzwasser kochen und vorsichtig abgießen.

Den Boden einer Servierschüssel mit Sauce bedecken, eine Lage Lasagnette darauf verteilen, mit Sauce bedecken und mit Parmesan bestreuen. Den Vorgang so lange wiederholen, bis die Zutaten aufgebraucht sind, und mit Parmesan abschließen. Die Schüssel schwenken, damit sich die Sauce gleichmäßig über die Pasta verteilt, und sofort servieren.

Tagliatelle mit Schinken und Feigen

TAGLIATELLE AL PROSCIUTTO E FICHI

Schinken und Feigen sind einfach ein ideales Paar. Während der Saison lege ich die Feigen kurz in einer Marinade aus Olivenöl, Balsamico-Essig und Knoblauch ein, grille sie und serviere sie mit rohem Schinken. Eines Tages kam mir die Idee, dass sich daraus auch eine wunderbare Pastasauce machen lassen müsste. Und ich habe mich nicht geirrt – das Ergebnis war einfach *squisito*!

1 Rezept Einfacher Pastateig (siehe Seite 11)

800 g Feigen

100 ml Olivenöl extra vergine

80 ml Balsamico-Essig

Meersalz und frisch gemahlener schwarzer
   Pfeffer

5 Stängel Majoran, die Blätter abgezupft

3 Knoblauchzehen, leicht zerdrückt

3 dicke Scheiben roher Schinken

2 kleine Stangen Lauch

30 ml trockener Weißwein

2 EL frisch geriebener Parmesan

FÜR 4 PERSONEN

Den Pastateig ausrollen, Tagliatelle daraus zurechtschneiden (siehe Seite 20) und auf leicht bemehlten Geschirrtüchern ausbreiten.

Die Feigen mit einem nassen Tuch abreiben, die Stiele entfernen und die Früchte vierteln. In einer Schüssel mit der Hälfte des Öls und dem Balsamico-Essig übergießen und mit Salz und Pfeffer würzen. Die Majoranblätter darüberstreuen, den Knoblauch hinzufügen und die Zutaten vorsichtig durchmischen, bis die Feigen mit der Marinade überzogen sind. Anschließend beiseitestellen und 30 Minuten marinieren lassen.

Inzwischen den Schinken fein würfeln. Den Lauch putzen, die dunklen äußeren Blätter entfernen und die weißen Schäfte fein hacken.

Das restliche Öl bei mittlerer Hitze in einer Pfanne mit schwerem Boden erhitzen und den Schinken mit dem Lauch etwa 8 Minuten braten, bis der Lauch sehr weich und der Schinken knusprig ist. Dabei regelmäßig umrühren.

Die Feigen aus der Marinade nehmen. Mit dem Wein und 1 Esslöffel Marinade in die Pfanne geben, sparsam mit Salz und Pfeffer würzen und unter häufigem Rühren etwa 5 Minuten kochen lassen.

Die Tagliatelle etwa 3 Minuten in reichlich Salzwasser kochen, abgießen, vorsichtig mit der Sauce mischen, mit Parmesan bestreuen und sofort servieren.

Corzetti mit sizilianischer Schweinswurst

CORZETTI DI VALPOLCEVERA

Corzetti sind eine typisch ligurische Pasta. Man unterscheidet *Corzetti stampati* – »geprägte« Corzetti – (siehe Seite 193) und *Corzetti di Valpolcevera*. Erstere stammen von der Riviera di Levante und sehen aus wie große Medaillons. Letztere kommen aus dem gleichnamigen Tal an der Riviera di Ponente (westlich von Genua) und sehen aus wie kleine Orecchiette.

Beide schmecken vorzüglich, wenn man sie einfach nur in Butter und Parmesan schwenkt und mit Pinienkernen und Majoran bestreut, passen aber auch sehr gut zu einem Fleisch- oder Tomaten-Ragù, einem relativ flüssigen Pesto oder einer Walnusssauce mit Pilzen.

Kleine, kichererbsengroße Stücke vom Pastateig abbrechen und zu Bällchen rollen. Auf die linke Handfläche legen und mit dem rechten Zeigefinger flach drücken. Anschließend mit Zeige- und Mittelfinger zwei Vertiefungen hineindrücken. Die Corzetti mit Mehl bestäuben und etwa 1 Stunde auf leicht bemehlten Geschirrtüchern trocknen lassen.

Die Steinpilze 10–15 Minuten in warmem Wasser einweichen, abgießen und mit Küchenpapier trocken tupfen. Mit Knoblauch und Petersilie sehr fein hacken (am besten mit einem Wiegemesser oder einem scharfen Messer).

Das Öl bei mittlerer Hitze in einer Pfanne mit schwerem Boden erhitzen und die Schalotten etwa 5 Minuten unter Rühren anschwitzen. Das Wurstbrät dazugeben, etwa 4 Minuten rundherum anbraten und dabei zerkrümeln. Die Pilzmischung in die Pfanne geben, mit Salz und Pfeffer würzen und die Zutaten einige Minuten verrühren. Die Tomaten einrühren und die Sauce zugedeckt etwa 30 Minuten bei geringer Hitze kochen lassen. Dabei regelmäßig umrühren und gegebenenfalls etwas Wasser hinzufügen.

Inzwischen die Corzetti 6–8 Minuten in reichlich Salzwasser kochen. Abgießen, vorsichtig mit der Sauce mischen, mit Parmesan bestreuen und sofort servieren.

---

1 Rezept Einfacher Pastateig (siehe Seite 11)
20 g getrocknete Steinpilze
1 Knoblauchzehe, geschält
1 Handvoll glatte Petersilienblätter
90 ml Olivenöl extra vergine
2 Schalotten, fein gehackt
3 Salsicce siciliane (Schweinswürste mit Fenchel), gepellt
Meersalz und frisch gemahlener schwarzer Pfeffer
4 große reife Tomaten, enthäutet, die Samen entfernt (siehe Seite 51) und das Fruchtfleisch in Würfel geschnitten
60 g Parmesan, frisch gerieben

FÜR 4 PERSONEN

Schokoladen-Tagliatelle mit Wildschwein-Ragù

TAGLIATELLE DI CIOCCOLATO CON RAGÙ DI CINGHIALE

Schokolade und Wildschwein, das ist zwar eine recht ungewöhnliche Kombination, doch der intensive Wildgeschmack des Ragùs harmoniert perfekt mit der bitteren Schokoladennote. Das erste Mal gegessen habe ich dieses Gericht in einem italienischen Restaurant in Melbourne. Typisch ist diese Kombination für die toskanische Küche, wo die wohlhabenden Schichten Schokolade bereits im 16. Jahrhundert zum Aromatisieren pikanter Speisen verwendeten.

1 Rezept Pastateig mit Schokolade (siehe Seite 15)

90 ml Olivenöl extra vergine

60 g Butter

1 kleine Zwiebel, fein gehackt

1 kleine Möhre, fein gehackt

1 Stange Sellerie, fein gehackt

4 Stängel Salbei

4 Zweige Rosmarin

200 g Wildschweinfleisch ohne Knochen, in kleine Würfel geschnitten

120 ml Weißwein

200 ml Hühnerbrühe (siehe Seite 30)

Meersalz und frisch gemahlener schwarzer Pfeffer

120 g Champignons, in dünne Scheiben geschnitten

2 EL geröstete Pinienkerne

frisch geriebener Parmesan zum Servieren

FÜR 4 PERSONEN

Den Pastateig ausrollen, Tagliatelle daraus zurechtschneiden (siehe Seite 20) und auf leicht bemehlten Geschirrtüchern ausbreiten.

Das Öl und die Hälfte der Butter bei geringer Hitze in einer Pfanne mit schwerem Boden erhitzen und die Zwiebel mit Möhre und Sellerie 6–8 Minuten unter Rühren anschwitzen, bis das Gemüse weich ist. Die Kräuter und das Fleisch dazugeben und das Fleisch etwa 8 Minuten rundherum anbräunen. Den Wein angießen und verdunsten lassen. Die Hälfte der Brühe hinzufügen, mit Salz und Pfeffer würzen und das Fleisch etwa 1 Stunde bei geringer Hitze weich garen. Dabei regelmäßig umrühren und nach und nach die restliche Brühe hinzufügen. Am Ende der Kochzeit die Kräuter entfernen.

In der Zwischenzeit die restliche Butter in einer beschichteten Pfanne erhitzen und die Champignons etwa 8 Minuten anbraten. Mit den Pinienkernen zur Sauce geben und gut umrühren. Die Sauce noch einmal abschmecken, noch 2 Minuten kochen lassen und danach vom Herd nehmen.

Die Tagliatelle 2–3 Minuten in reichlich Salzwasser kochen, abgießen und vorsichtig mit der Sauce mischen. Mit Parmesan bestreuen und servieren.

FRISCHE PASTA

Tagliolini mit Meerbarben-Ragù und Zucchiniblüten

TAGLIOLINI AL RAGÙ DI TRIGLIE E FIORI DI ZUCCHINI

Die Meerbarbe mit ihrem süßlichen rosafarbenen Fleisch gehört zu meinen Lieblingsfischen. Hier habe ich sie mit Tagliolini, in meiner Heimat *Tajarin* genannt, kombiniert. Besitzen Sie keine Nudelmaschine, machen Sie es einfach wie meine Großmutter: Rollen Sie den Teig dünn aus, wickeln Sie ihn wie eine Zeitung auf und schneiden Sie die Rolle in dünne Scheiben. Wenn Sie die Scheiben entrollen, haben Sie perfekte Tagliolini.

1 Rezept Einfacher Pastateig (siehe Seite 11)

8 Zucchiniblüten

2 EL Olivenöl extra vergine

1 Schalotte, fein gehackt

1 Knoblauchzehe, fein gehackt

2 kleine rote Chilischoten, die Samen entfernt und Schoten fein gehackt

500 g Meerbarbenfilets

125 ml trockener Weißwein

150 g Kirschtomaten, geviertelt

1 EL gehackte Majoranblätter

Meersalz und frisch gemahlener schwarzer Pfeffer

6 Basilikumblätter, grob gehackt

1 EL Pinienkerne

FÜR 4 PERSONEN

Den Pastateig ausrollen, Tagliolini daraus zurechtschneiden (siehe Seite 20) und auf leicht bemehlten Geschirrtüchern ausbreiten.

Die Blütenstempel der Zucchiniblüten entfernen (ebenso eventuelle Insekten) und die Blüten der Länge nach in feine Streifen schneiden.

Das Öl bei mittlerer Hitze in einer Pfanne mit schwerem Boden erhitzen und die Schalotte mit Knoblauch und Chilischoten 3–4 Minuten unter Rühren anschwitzen. Den Fisch in die Pfanne geben und mit einer Gabel zerkleinern. Den Weißwein angießen und den Alkohol 5 Minuten verdunsten lassen. Tomaten und Majoran einrühren, mit Salz und Pfeffer würzen und das Ganze etwa 6 Minuten unter häufigem Rühren kochen lassen. Zucchiniblüten, Basilikum und Pinienkerne dazugeben und die Sauce noch 3 Minuten kochen lassen.

In der Zwischenzeit die Tagliolini 2–3 Minuten in reichlich Salzwasser kochen. Abgießen, vorsichtig mit der Sauce mischen und sofort servieren.

FRISCHE PASTA

FOTO SEITE 195 »

Corzetti mit Pinienkernen, Sardellen und Mandeln

CORZETTI STAMPATI ALLA FRANTOIANA

Corzetti stampati sind eine Spezialität der östlich von Genua gelegenen Riviera di Levante und sehen aus wie auf beiden Seiten geprägte Medaillons (die »Prägung« sorgt dafür, dass die Sauce besser an der Pasta haftet). Da die Herstellung sehr aufwendig ist, wurden sie ursprünglich nur in Adelshäusern serviert (wo sich Dienstboten um die Zubereitung kümmerten) und galten als Symbol des Wohlstands und der Macht. Im Genueser Dialekt heißen sie *Croxetti* (von *croxe* – Kreuz), und man nimmt an, dass sie zur Zeit der Kreuzzüge statt mit einer Prägung nur mit einem Kreuz versehen waren. Da die Stempel nur schwer zu bekommen sind, können Sie einfach mit den Fingern ein Kreuz hineindrücken oder ganz auf eine Verzierung verzichten.

1 Rezept Einfacher Pastateig (siehe Seite 11)
Mehl zum Bestäuben
100 g Pinienkerne, grob gehackt
50 g blanchierte Mandeln, grob gehackt
2 EL grob gehackte Majoranblätter
45 ml Olivenöl extra vergine
30 g Butter
2 Sardellenfilets
2 Knoblauchzehen, geschält und leicht zerdrückt
3 Stängel Basilikum
60 g Parmesan, frisch gerieben

FÜR 4 PERSONEN

Den Pastateig 2–3 mm dick ausrollen. Die Arbeitsfläche mit Mehl bestäuben, eine Teigscheibe darauflegen und 5 cm große Kreise daraus ausstechen. Falls vorhanden, mit einem Corzetti-Stempel die Kreise auf beiden Seiten mit einer Prägung versehen. Ansonsten auf ein Muster verzichten oder mit den Fingern eine Vertiefung hineindrücken. Die Corzetti anschließend mit Mehl bestäuben und etwa 1 Stunde auf leicht bemehlten Geschirrtüchern trocknen lassen.

In einer kleinen Schüssel die Pinienkerne mit Mandeln und Majoran mischen.

Die Corzetti 6–8 Minuten in reichlich Salzwasser kochen.

Inzwischen das Öl mit der Butter bei geringer Hitze in einer Pfanne mit schwerem Boden erhitzen. Die Sardellen mit einer Gabel im heißen Fett zerdrücken und gut umrühren. Den Knoblauch mit dem Basilikum anschwitzen, bis er Farbe annimmt, und danach beides aus der Pfanne nehmen. Die Nussmischung in die Pfanne geben, 1 Minute unter Rühren anrösten und die Pfanne vom Herd nehmen.

1 Esslöffel Parmesan in eine große Schüssel streuen, die Corzetti abgießen und die Hälfte der Pasta in die Schüssel füllen. Mit 1 Esslöffel Parmesan bestreuen und die Sauce darübergießen. Die restlichen Corzetti darauf verteilen und alles vorsichtig durchmischen. Mit dem restlichen Parmesan bestreuen und servieren.

FRISCHE PASTA

Grüne Pappardelle mit Bärenkrebsen

PAPPARDELLE VERDI AI BATTIBA

Die Kleinen Bärenkrebse, die Logan Campbell, der Küchenchef des Lucio's, für diese Kreation verwendet, heißen in Italien *Cicale di mare* und im ligurischen Dialekt *Battiba*. Logan ist ein großer Fan von Pappardelle und er sagt zu diesem Gericht: »Diese breiten Bandnudeln zu essen ist einfach herrlich. Die Zucchiniblüten machen dieses schnelle Gericht aus süßlichem Krebsfleisch und Kirschtomaten zu einer kleinen Delikatesse.«

1 Rezept Grüner Pastateig (siehe Seite 14)

80 ml Olivenöl extra vergine

600–750 g Kleine Bärenkrebse, das Fleisch ausgelöst (Sie benötigen 200 g Fleisch) und gehackt

3 Knoblauchzehen, gehackt

12 Kirschtomaten, enthäutet (siehe Seite 51)

Meersalz und frisch gemahlener schwarzer Pfeffer

1 EL Thymianblätter

6 Zucchiniblüten, die Stiele in Scheiben geschnitten und die Blüten grob gehackt

FÜR 4 PERSONEN

Den Pastateig ausrollen, Pappardelle daraus zurechtschneiden (siehe Seite 20) und auf leicht bemehlten Geschirrtüchern ausbreiten.

Das Öl bei mittlerer bis starker Hitze in einer großen Pfanne mit schwerem Boden erhitzen, das Krebsfleisch mit dem Knoblauch 1 Minute darin anbraten und danach herausnehmen. Die Tomaten in die Pfanne geben, etwas zerdrücken, mit Salz und Pfeffer würzen, den Thymian hinzufügen und die Tomaten bei geringer Hitze warm halten.

Die Pappardelle 3–4 Minuten in reichlich Salzwasser kochen. Abgießen und dabei etwas Kochwasser auffangen. Die Pasta mit den Tomaten mischen und dabei gegebenenfalls etwas Nudelwasser hinzufügen. Krebsfleisch und Zucchinistiele untermischen, die Zucchiniblüten darüberstreuen und heiß servieren.

FRISCHE PASTA

Grüne Tagliolini mit Schwimmkrabben

TAGLIOLINI ALLA GRANSEOLA

Als ich dieses Gericht vor fast dreißig Jahren zum ersten Mal auf die Speisekarte setzte, war es schon bald der Renner. Kurze Zeit später besuchte mich mein Cousin Mario, und er fand es so gut, dass er beschloss, es auch im Restaurant unserer Familie in Ligurien anzubieten. Das machte mich sehr stolz, denn Mario war es, der mich in die Gastronomie eingeführt hatte. Wenn Sie keine Pazifischen Schwimmkrabben bekommen, nehmen Sie einfach ein anderes frisches Krebsfleisch.

1 Rezept Grüner Pastateig (siehe Seite 14)
3 große Pazifische Schwimmkrabben
80 ml Olivenöl extra vergine
1 Knoblauchzehe, in dünne Scheiben
  geschnitten
1 Rezept Tomatensauce II (siehe Seite 52)
1 TL Butter

FÜR 4 PERSONEN

Den Pastateig ausrollen, Tagliolini daraus zurechtschneiden (siehe Seite 20) und auf leicht bemehlten Geschirrtüchern ausbreiten.

Die Scheren der Krebse vom Körper abdrehen, aufbrechen und das Fleisch herauslösen. Die Köpfe abtrennen und die grauen federartigen Lungen entfernen. Die Brustpanzer der Länge nach aufbrechen und das Fleisch herausdrücken. Das Fleisch anschließend 10 Minuten in einem Sieb abtropfen lassen.

Das Öl bei geringer bis mittlerer Hitze in einer großen Pfanne mit schwerem Boden erhitzen und das Krebsfleisch 2–3 Minuten garen, ohne dass es Farbe annimmt. Den Knoblauch hinzufügen und 2 Minuten anschwitzen, ohne dass er Farbe annimmt. Die Tomatensauce dazugeben, zum Kochen bringen und 2 Minuten köcheln lassen.

In der Zwischenzeit die Tagliolini etwa 2 Minuten in reichlich Salzwasser kochen. Abgießen, gut abtropfen lassen und mit der Butter in die Pfanne geben. Die Zutaten gut durchmischen und sofort servieren.

Muschel-Testaroli mit Sardellensauce

TESTAROLI ALLE COZZE

Ihren Namen verdanken die Testaroli dem sogenannten *testo*, einem ähnlich wie eine Tajine geformten Tontopf, in dem sie ursprünglich gekocht wurden. Außerhalb der Lunigiana, einer an der Grenze zu Ligurien in der Nordtoskana gelegenen Hügellandschaft, sind sie kaum bekannt. Es handelt sich dabei eigentlich um dicke, aus Mehl und Wasser hergestellte Crêpes, die in Rauten geschnitten und wie Nudeln gekocht werden. Testaroli werden gerne einfach nur mit Pesto oder mit Olivenöl und Parmesan serviert.

300 g Miesmuscheln
2 EL gehackter Majoran
1 EL Schnittlauchröllchen
800 g Mehl
Olivenöl extra vergine
60 g Pecorino, frisch gerieben

FÜR DIE SAUCE

100 ml Olivenöl extra vergine
6 Sardellenfilets
3 Knoblauchzehen, geschält und leicht
 zerdrückt
8 Kirschtomaten, geviertelt
Meersalz und frisch gemahlener schwarzer
 Pfeffer
10 Basilikumblätter, in grobe Stücke gerissen

FÜR 4 PERSONEN

Die Muscheln gründlich waschen, entbarten und das Fleisch herauslösen. Das Muschelwasser dabei auffangen. Das Muschelfleisch sehr fein hacken und mit 100 ml Muschelwasser, 130 ml Wasser und den Kräutern in eine Schüssel geben und gut umrühren. Nach und nach das Mehl einrühren, bis ein glatter, dünnflüssiger Teig entstanden ist.

Eine beschichtete Pfanne (20 cm Durchmesser) bei mittlerer Hitze heiß werden lassen. Mit Olivenöl einstreichen und 3–4 mm hoch mit Teig füllen. Den Teig backen, bis er unten leicht gebräunt ist, wenden und auf der anderen Seite 1–2 Minuten backen. Mit dem restlichen Teig ebenso verfahren und die fertigen Testaroli in Rauten schneiden.

Das Öl mit den Sardellen in einer Pfanne mit schwerem Boden erhitzen und die Sardellen mit einer Gabel zerdrücken. Den Knoblauch unter Rühren darin anschwitzen, bis er Farbe annimmt, und danach herausnehmen. Die Tomaten einrühren, sparsam mit Salz und Pfeffer würzen und das Ganze 5 Minuten kochen lassen. Das Basilikum hinzufügen und die Pfanne vom Herd nehmen.

Inzwischen die Testaroli etwa 3 Minuten in reichlich ungesalzenem Wasser kochen. Abgießen und dabei etwas Kochwasser auffangen. Testaroli in eine Schüssel füllen, großzügig mit Olivenöl beträufeln, mit dem Pecorino bestreuen und mit einem Holzkochlöffel durchmischen. Die Sauce und 1–2 Esslöffel Kochwasser darübergießen, nochmals gut durchmischen und sofort servieren.

Tagliolini mit Bianchetti

TAGLIOLINI CON BIANCHETTI

Dieses Gericht hat mein Cousin Mario zum ersten Mal mitten in der Nacht gekocht, als er gemeinsam mit Freunden im Restaurant unserer Familie auf die Geburt seiner wunderbaren Tochter Roberta wartete. Die kleinen jungen Sardinen hatten gerade Saison, die in Italien Bianchetti – kleine Weiße – heißen, weil sie sich beim Kochen weiß färben, und die Fischer kehrten von ihrem nächtlichen Fangzug zurück. Ein Fischer, der bemerkt hatte, dass im Restaurant noch Licht brannte, kam mit einer Kiste voller Bianchetti und kleiner Meerbarben herein, und Mario sagte: »Damit mache ich eine Pasta.« Und alle, auch der Fischer, folgten ihm in die Küche ... So wurde an diesem Tag nicht nur Roberta geboren, sondern auch dieses Rezept.

1 Rezept Einfacher Pastateig (siehe Seite 11)

90 ml Olivenöl extra vergine

1 Knoblauchzehe, geschält und leicht zerdrückt

½ weiße Zwiebel, fein gehackt

2 Meerbarben, filetiert

300 g sehr kleine junge Sardinen, gewaschen

3 Zweige Oregano, die Blätter grob gehackt

120 ml trockener Weißwein

1 große reife Tomate, enthäutet, die Samen entfernt (siehe Seite 51) und das Fruchtfleisch in Würfel geschnitten

Meersalz und frisch gemahlener schwarzer Pfeffer

2 EL gehackte glatte Petersilie

FÜR 4 PERSONEN

Den Pastateig ausrollen, Tagliolini daraus zurechtschneiden (siehe Seite 20) und auf leicht bemehlten Geschirrtüchern ausbreiten.

Das Öl bei geringer Hitze in einer Pfanne mit schwerem Boden erhitzen. Den Knoblauch mit der Zwiebel unter Rühren darin anschwitzen, bis er Farbe annimmt, und danach herausnehmen. Die Zwiebel noch einige Minuten weich garen. Die Meerbarbenfilets in die Pfanne geben und 1 Minute braten. Sardinen und Oregano hinzufügen und 1 Minute unter vorsichtigem Rühren braten. Dabei darauf achten, dass der Fisch nicht zu sehr zerfällt. Den Wein angießen und bei mittlerer Hitze vollständig verdunsten lassen. Die Tomate dazugeben, mit Salz und Pfeffer würzen, vorsichtig umrühren und das Ganze weitere 5 Minuten kochen lassen. Die Petersilie darüberstreuen, noch einmal umrühren und die Pfanne vom Herd nehmen.

Inzwischen die Tagliolini 2–3 Minuten in reichlich Salzwasser kochen. Abgießen und dabei etwas Kochwasser auffangen.

Die Hälfte der Sauce in eine große Schüssel füllen, die Pasta darauf verteilen und die restliche Sauce darübergießen. Gut durchmischen (dabei gegebenenfalls 1–2 Esslöffel Nudelwasser hinzufügen) und heiß servieren.

Schwarze Tagliatelle mit gegrillten Scampi und Lauch

TAGLIATELLE NERE AI PORRI CON SCAMPI ALLA GRIGLIA

1 Rezept Pastateig mit Sepia (siehe Seite 14)
150 ml Olivenöl extra vergine
1 Knoblauchzehe, fein gehackt
2 Stangen Lauch, gewaschen und in Ringe geschnitten
Meersalz und frisch gemahlener schwarzer Pfeffer
8 Scampi
Olivenöl zum Grillen

FÜR 4 PERSONEN

Nach einem Mittagessen in meinem Restaurant fragte mich mein Freund, der berühmte australische Künstler John Olsen, eines Tages: »Weshalb hast du keine schwarze Sauce auf deiner Speisekarte?« Er spielte damit auf die schwarze Tintenfischsauce des spanischen Arroz negro, einer Art schwarzer Paella, an. Nun, sein Wunsch war mir Befehl, und so antwortete ich: »Meister, ab morgen steht sie auf meiner Speisekarte.«

Da Tintenfischtinte einen sehr intensiven Geschmack hat und den Mund so schwarz färbt, dass Sie Ihre Liebste oder Ihren Liebsten danach nicht mehr anlächeln können, beschloss ich, die Tinte nicht für die Sauce zu verwenden, sondern die Pasta damit zu färben. Seither steht auf meiner Speisekarte stets ein Gericht mit schwarzer Pasta.

Den Pastateig ausrollen, Tagliatelle daraus zurechtschneiden (siehe Seite 20) und auf leicht bemehlten Geschirrtüchern ausbreiten.

Das Öl bei mittlerer Hitze in einer Pfanne erhitzen. Knoblauch und Lauch 4 Minuten darin anschwitzen, bis beides weich ist, und danach mit Salz und Pfeffer würzen.

Die Scampi der Länge nach einschneiden, unter fließendem Wasser abspülen und auf dem heißen Grill auf jeder Seite 2 Minuten grillen (oder in etwas Olivenöl in der Pfanne braten).

Inzwischen die Tagliatelle etwa 3 Minuten in reichlich Salzwasser kochen. Abgießen, gut abtropfen lassen und mit dem Lauch mischen. In eine Schüssel füllen, die Scampi darauf anrichten und servieren.

Tagliolini mit Muschelsauce

TAGLIOLINI AL SUGO DI COZZE

Als ich 1983 mein Restaurant in Paddington eröffnete, setzte ich als Reminiszenz an das Restaurant unserer Familie in Italien diese Tagliolini auf die Speisekarte. Denn wir servierten sie schon seit der Eröffnung des Restaurants im Jahr 1950. Meine Mutter und meine Tante Anna waren für die Pasta zuständig, und mein Onkel Ciccio bereitete die Sauce zu. Das Gericht war eines ihrer Aushängeschilder, und die Gäste kamen von weither, um es zu genießen. Und ich erhoffte mir, in Sydney damit genauso viel Erfolg zu haben.

Falls Sie keine Zeit haben, Ihre Pasta selbst zu machen, können Sie auch jede andere lange Pasta verwenden.

1 Rezept Einfacher Pastateig (siehe Seite 11)
1,2 kg Miesmuscheln
90 ml trockener Weißwein
120 ml Olivenöl extra vergine
3 Knoblauchzehen, geschält
1 Dose (400 g) geschälte Tomaten
3 Stängel Basilikum
Meersalz
1 große Handvoll glatte Petersilienblätter, fein gehackt
12 Basilikumblätter, gehackt

FÜR 4 PERSONEN

Den Pastateig ausrollen, Tagliolini daraus zurechtschneiden (siehe Seite 20) und auf leicht bemehlten Geschirrtüchern ausbreiten.

Die Muscheln gründlich waschen und entbarten. Mit Wein und 1 Esslöffel Olivenöl bei mittlerer bis starker Hitze in einer großen Pfanne dünsten, bis sie sich geöffnet haben. Aus der Pfanne nehmen und etwas abkühlen lassen. Ungeöffnete Muscheln wegwerfen. Bei Bedarf die Kochflüssigkeit um die Hälfte einkochen lassen und durch ein feines Sieb in eine Schüssel seihen.

Das Muschelfleisch aus den Schalen lösen. Zwei Drittel der Muscheln grob hacken, den Rest ganz lassen. Das Muschelfleisch in eine Schüssel füllen und mit etwas reduzierter Kochflüssigkeit bedecken.

2 Knoblauchzehen fein hacken, die dritte ganz lassen. Die Tomaten durch die Gemüsemühle passieren oder im Mixer pürieren. In einem Topf 2 Esslöffel Öl bei mittlerer Hitze heiß werden lassen, die ganze Knoblauchzehe unter Rühren darin anschwitzen, bis sie Farbe annimmt, und danach herausnehmen. Das Tomatenpüree mit dem Basilikum in die Pfanne geben, sparsam mit Salz würzen und 10 Minuten unter häufigem Rühren kochen lassen.

Das restliche Öl bei geringer Hitze in einer Pfanne mit schwerem Boden erhitzen und den gehackten Knoblauch mit der Petersilie 2 Minuten unter Rühren anschwitzen. Die Muscheln mit der Flüssigkeit dazugeben und 2 Minuten unter Rühren erhitzen. Die Tomatensauce einrühren, die Sauce noch 3 Minuten kochen lassen und das Basilikum herausnehmen.

Die Tagliolini etwa 3 Minuten in reichlich Salzwasser kochen, abgießen, 1 Minute mit der Sauce mischen, mit dem gehackten Basilikum bestreuen und sofort servieren.

Schwarze Tagliolini mit jungen Sardinen

TAGLIOLINI NERI AI BIANCHETTI

Auch dies ist eine Kreation meines Küchenchefs Logan Campbell, der über die Whitebait genannten neuseeländischen jungen Sardinen erklärt: »Als Neuseeländer kann ich kaum an mich halten, wenn diese zarten, kleinen Juwelen auf den Markt kommen, die zu meinem Bedauern nur zwei Wochen im September zu haben und leider auch sehr teuer sind. Die australische Fischindustrie zeigt sich allerdings interessiert, und man wird möglicherweise schon in absehbarer Zeit auch hier mit dem Whitebait-Fang beginnen. Bleibt zu hoffen, dass man dabei auch den Kriterien der Nachhaltigkeit Rechnung trägt.«
Im mitteleuropäischen Raum greifen Sie einfach auf junge Sardinen zurück, die hier erhältlich sind.

1 Rezept Pastateig mit Sepia (siehe Seite 14)
150 ml Olivenöl extra vergine
2 Knoblauchzehen, fein gehackt
2 rote Chilischoten, fein gehackt
300 g kleine junge Sardinen
600 ml Fischbrühe (siehe Seite 30)
½ Bund Kerbel, die Blätter abgezupft
Meersalz und frisch gemahlener schwarzer
    Pfeffer
2 EL Lachsrogen

FÜR 4 PERSONEN

Den Pastateig ausrollen, Tagliolini daraus zurechtschneiden (siehe Seite 20) und auf leicht bemehlten Geschirrtüchern ausbreiten.

Das Öl in einer Pfanne erhitzen. Den Knoblauch mit den Chilischoten und den Fischen hineingeben und das Ganze kurz braten, bis die Fische gerade gar sind und der Knoblauch sein Aroma entfaltet. In eine Schüssel füllen und zur Seite stellen.

Die Fischbrühe in die Pfanne gießen und zum Köcheln bringen.

Die Tagliolini etwa 3 Minuten in reichlich Salzwasser kochen, abgießen und mit Knoblauch, Chilischoten, den Fischen und der Bratflüssigkeit in die Brühe geben. Den Kerbel hinzufügen, mit Salz und Pfeffer abschmecken und die Zutaten vorsichtig mischen, bis das Öl und die Brühe emulgiert sind und eine cremige Sauce entstanden ist. Mit dem Lachsrogen bestreuen und sofort servieren.

FRISCHE PASTA

Buchweizen-Tagliatelle mit Austern

PIZZOCCHERI AL SUGO DI OSTRICHE

Pizzoccheri, eine Spezialität aus der Lombardei, sind eine Art Buchweizen-Tagliatelle, die für gewöhnlich mit gehaltvollen Saucen aus Wirsing, Kartoffeln und Parmesan oder aber einfach nur mit Butter, Salbei und geschmolzenem Fontina serviert werden. Deshalb dachte ich mir, ein bisschen Seeluft könnte ihnen zur Abwechslung nicht schaden ...

Und hier noch ein wichtiger Hinweis: Austern sind keine klassische Zutat für Pastasaucen. Deshalb ist die Gefahr groß, dass sie zu lange gekocht werden. Sie benötigen jedoch nur wenige Minuten – gerade so lange, wie der Alkohol aus dem Wein zum Verdunsten braucht.

20 Austern
90 ml Olivenöl extra vergine
3 Schalotten, fein gehackt
Zesten von 1 kleinen Bio-Zitrone
2 EL trockener Weißwein
frisch gemahlener schwarzer Pfeffer
16 kleine Basilikumblätter, in etwas Olivenöl
    knusprig frittiert (nach Belieben)

FÜR DIE PASTA

200 g Weizenmehl
200 g Buchweizenmehl
4 Eier
2 EL fein gehackte Majoranblätter

FÜR 4 PERSONEN

Aus den hier angegebenen Zutaten einen Pastateig wie auf Seite 11 beschrieben herstellen. Ausrollen, Tagliatelle daraus zurechtschneiden (siehe Seite 20) und auf leicht bemehlten Geschirrtüchern ausbreiten.

Die Austern vorsichtig aus den Schalen lösen und das Wasser von 10 Austern aufheben. Das Öl bei mittlerer Hitze in einer großen Pfanne erhitzen und die Schalotten mit den Zitronenzesten 5 Minuten unter Rühren anschwitzen. 1 Esslöffel Wein darübergießen, die Austern mit dem Austernwasser hinzufügen, gut umrühren und das Ganze 1 Minute köcheln lassen. Den restlichen Wein dazugeben und 2–3 Minuten verdunsten lassen.

In der Zwischenzeit die Tagliatelle etwa 5 Minuten in reichlich Salzwasser kochen. Abgießen, zur Sauce geben und mit Salz und Pfeffer abschmecken. Die Zutaten vorsichtig durchmischen, das Gericht gegebenenfalls mit dem frittierten Basilikum bestreuen und sofort servieren.

FRISCHE PASTA

Gefüllte Pasta

Ursprünglich waren Ravioli ein schnelles Resteessen. Die frühesten Formen ähnelten kleinen Pies, die nicht gebacken, sondern gekocht wurden. Im Laufe der Jahrhunderte wurde der Teig immer dünner, und die Füllungen wurden mehr und mehr verfeinert. Und heute zählen die kleinen Teigtaschen zu den Glanzstücken der italienischen Küche.

In Italien gibt es zahllose regionale Varianten der Ravioli (ich verwende diese Bezeichnung als Oberbegriff für alle Arten von gefüllter Pasta), besonders groß ist die Vielfalt allerdings im Nordwesten, vor allem in Ligurien und im Piemont, wo es eigentlich für jede Gelegenheit eine spezielle gefüllte Pasta gibt. Ich kann mich noch gut erinnern, wie meine Mutter, immer wenn der Geburtstag eines Familienmitgliedes anstand, zu dem Geburtstagskind sagte: »*Ti faccio i ravioli*« (Ich mache dir Ravioli.). Und wie sie dann die Zutaten für die Füllung hackte, das Ragù für die Sauce aufsetzte, wie sie das Nudelbrett mit Mehl bestäubte und den Teig ausrollte. Und wir wussten genau, dass diese Ravioli jedes andere Geschenk übertreffen würden, weil sie sie eigenhändig für uns zubereitet hatte.

EIN PAAR EINFACHE FÜLLUNGEN

Die Füllung ist das A und O einer guten gefüllten Pasta, sie darf weder zu trocken noch zu feucht sein. Hier finden Sie Rezepte für einige einfache Füllungen. Welche Form Sie für Ihre Pastataschen wählen und welche Sauce Sie dazu servieren, bleibt Ihnen überlassen. Und sollten Ihnen einmal die Ideen ausgehen oder die Zeit knapp sein, denken Sie daran, was man in Ligurien zu sagen pflegt: »Ravioli sind etwas Köstliches, aber am besten schmecken sie nur mit etwas Olivenöl und Parmesan.«

KARTOFFEL

Diese Füllung stammt aus den Bergen in der Grenzregion zwischen Ligurien, der Emilia-Romagna und der Toskana. Ursprünglich bestand sie ausschließlich aus Kartoffeln, und die Ravioli wurden mangels anderer Zutaten nur mit Olivenöl und Pecorino serviert. So zubereitet sind sie nicht nur ausgesprochen sättigend, sie schmecken auch wunderbar. Einfach 100 Milliliter Olivenöl extra vergine einige Minuten bei geringer Hitze mit etwas gehacktem Thymian und Schnittlauch erhitzen, das Öl über die Ravioli gießen und das Ganze mit einem milden, frisch geriebenen Pecorino bestreuen.

20 g Butter
1 Knoblauchzehe, fein gehackt
1 Handvoll glatte Petersilienblätter, gehackt
1 Salsiccia siciliana (Schweinswurst mit Fenchel), gepellt
1 TL Tomatenmark
200 g Kartoffeln, gekocht und zerdrückt
50 g Ricotta
1 EL fein gehackte Rosmarinnadeln
1 Ei
40 g Parmesan, frisch gerieben
frisch geriebene Muskatnuss
Meersalz und frisch gemahlener schwarzer Pfeffer

Die Butter bei geringer Hitze in einer beschichteten Pfanne zerlassen. Knoblauch und Petersilie etwa 1 Minute unter Rühren darin anschwitzen. Die Wurst dazugeben, mit dem Pfannenwender zerkrümeln und rundherum anbräunen. Das Tomatenmark einrühren und die Mischung in eine Schüssel füllen. Die Kartoffeln mit den übrigen Zutaten hinzufügen, mit Salz und Pfeffer würzen und die Zutaten gut vermengen.

RICOTTA, SCHINKEN UND MOZZARELLA

Mit einer frischen Tomatensauce mit Basilikum (siehe Seite 51) zaubern Sie mit diesen Ravioli *alla moda di Napoli* die Sonne Neapels auf den Tisch.

200 g Ricotta
1 Ei
50 g Parmesan, frisch gerieben
1 Handvoll glatte Petersilienblätter, fein gehackt
100 g roher Schinken, fein gewürfelt
200 g Mozzarella (Fior di Latte), in Würfel geschnitten
Meersalz und frisch gemahlener schwarzer Pfeffer

Ricotta und Ei in einer Schüssel verrühren, die restlichen Zutaten hinzufügen, mit Salz und Pfeffer würzen und das Ganze gut vermengen.

ZUCCHINI

Eine einfache Tomatensauce mit Basilikum (siehe Seite 51) ist der ideale Begleiter zu diesen mit Zucchini gefüllten Ravioli.

20 g Butter
einige Tropfen Olivenöl extra vergine
200 g Zucchini, in dünne Scheiben geschnitten
Meersalz und frisch gemahlener schwarzer Pfeffer
150 g Ricotta
60 g Parmesan, frisch gerieben
frisch geriebene Muskatnuss
1 EL fein gehackte Majoranblätter

Butter und Olivenöl bei mittlerer Hitze in einer beschichteten Pfanne erhitzen. Die Zucchini braten, bis sie weich sind, und mit Salz und Pfeffer würzen. In einer Schüssel zerdrücken und sorgfältig mit den übrigen Zutaten vermengen.

PILZE

Für einen besonders »pilzigen« Geschmack die Ravioli aus einem Pastateig mit Steinpilzen (siehe Seite 14) herstellen.

100 ml Olivenöl extra vergine
2 Knoblauchzehen, geschält und leicht zerdrückt
600 g gemischte Pilze, gehackt
Meersalz und frisch gemahlener schwarzer Pfeffer
80 g Parmesan, frisch gerieben
100 ml Béchamelsauce (siehe Seite 62)
1 Ei

Das Öl bei mittlerer Hitze in einer Pfanne mit schwerem Boden erhitzen und den Knoblauch unter Rühren anschwitzen, bis er Farbe annimmt. Die Pilze dazugeben und 2 Minuten bei mittlerer bis starker Hitze anbraten. Den Knoblauch danach herausnehmen.

Die Pilze mit Salz und Pfeffer würzen und 10 Minuten unter häufigem Rühren bei geringer bis mittlerer Hitze kochen lassen. Etwas abkühlen lassen und in einer Schüssel sorgfältig mit den übrigen Zutaten vermengen.

SPARGEL

Diese zarte Füllung eignet sich besonders gut für kleine Ravioli, die man am besten in einer leichten, mit Safran verfeinerten Hühnerbrühe serviert. Die Spargelstangen aufheben und für eine Suppe oder einen Risotto verwenden.

200 g Spargelspitzen
100 g Ricotta
150 g Parmesan, frisch gerieben
1 Ei
1 EL fein gehackte Majoranblätter
Meersalz und frisch gemahlener schwarzer Pfeffer

Die Spargelspitzen in kochendem Wasser blanchieren, bis sie weich sind. In Eiswasser abschrecken, abgießen und abtropfen lassen. In einer Schüssel mit einer Gabel zerdrücken und sorgfältig mit den restlichen Zutaten vermengen.

ARTISCHOCKE

Ravioli mit Artischocken schmecken vorzüglich mit zerlassener Butter, fein geschnittenem, kurz angebratenem Lauch und Parmesan, passen aber auch gut zu Meeresfrüchten, Garnelen oder Tintenfisch. Oder Sie servieren sie auf ligurische Art mit einer Walnusssauce (siehe Seite 221).

4 Artischocken
½ Zitrone
20 ml Olivenöl extra vergine
Meersalz und frisch gemahlener schwarzer Pfeffer
1 EL gehackte Minzeblätter
100 g Ricotta
2 Eier
60 g Parmesan, frisch gerieben
2 EL Paniermehl

Die Stiele der Artischocken herausbrechen. Die harten Hüllblätter entfernen, die Spitzen um zwei Drittel kürzen und das Heu mit einem Teelöffel herauskratzen. Die Artischocken vierteln und in kaltes Zitronenwasser legen.

Wasser in einem Topf zum Kochen bringen, die Artischocken 10–15 Minuten weich garen, abgießen und gut abtropfen lassen. Das Öl bei mittlerer Hitze in einer beschichteten Pfanne erhitzen. Die Artischocken in die Pfanne geben, mit Salz und Pfeffer würzen und etwa 1 Minute unter Rühren anbraten. Aus der Pfanne nehmen, fein hacken und in einer Schüssel sorgfältig mit den übrigen Zutaten vermengen.

GEFÜLLTE PASTA HERSTELLEN

Welche Form Sie Ihren Pastataschen geben, bleibt ganz Ihnen überlassen. Sie können quadratisch, rund, rechteckig, halbmondförmig, dreieckig, rautenförmig oder auch wie Hüte, Ringe oder kleine Beutel geformt sein. Manche Formen sind so kompliziert und so filigran, dass man meinen könnte, böse Schwiegermütter hätten sie sich ausgedacht, um ihren Schwiegertöchtern das Leben schwer zu machen!

Der Teig für eine gefüllte Pasta muss besonders dünn und elastisch sein. Den Teig hauchdünn ausrollen (siehe Seite 17–18) und die Füllung in kleinen Häufchen in regelmäßigen Abständen darauf verteilen. In den Zwischenräumen den Teig mit Wasser oder verquirltem Ei bepinseln. Ein zweites Teigblatt darauflegen oder die andere Hälfte des Teigs darüberklappen und den Teig am Rand und rund um die Füllungen gut andrücken. Dabei auch eventuelle Luftblasen beseitigen, damit die Ravioli beim Kochen nicht »explodieren«. Die Ravioli anschließend mit einem Teigrädchen oder einem scharfen Messer ausschneiden oder mit einem Ravioliausstecher ausstechen, auf leicht bemehlte Geschirrtücher legen und mit Mehl bestäuben.

FAZZOLETTI PIEGATI

Fazzoletto heißt Taschentuch, und dies ist eine der einfachsten Ravioliformen. Den Pastateig sehr dünn ausrollen (siehe Seite 17–18) und auf die leicht bemehlte Arbeitsfläche legen. Den Teig zunächst in 7,5 cm große Quadrate schneiden und diese diagonal halbieren, sodass Dreiecke entstehen. Die Hälfte der Dreiecke mit gehackten Kräutern und Parmesan bestreuen, die restlichen Dreiecke darauflegen und an den Rändern gut mit einer Gabel andrücken.

FAGOTTINI

Den Pastateig sehr dünn ausrollen (siehe Seite 17–18), auf die leicht bemehlte Arbeitsfläche legen und in 4 cm große Quadrate schneiden. Jeweils etwa 1 Teelöffel Füllung in die Mitte der Quadrate setzen, den Teig rundherum mit Wasser bepinseln und über der Füllung zu kleinen Beuteln verschließen. Die Ränder gut zusammendrücken, damit die Füllung nicht herausquillt.

RAVIOLI

Besonders gleichmäßig werden Ihre Ravioli, wenn Sie ein Ravioliblech besitzen (es sieht ähnlich aus wie ein Eiswürfelbehälter), aber wenn man den Bogen erst einmal heraus hat, geht es von Hand schneller. Den Pastateig sehr dünn zu möglichst gleich großen Rechtecken ausrollen (siehe Seite 17–18). Ein Rechteck auf die leicht bemehlte Arbeitsfläche legen und die Füllung in gleichmäßigen Reihen in Abständen von 2–4 cm darauf verteilen. Dabei rundherum einen 2 cm breiten Rand frei lassen. Die Teigränder und den Teig um die Füllungen mit Wasser oder verquirltem Ei bepinseln, ein zweites Rechteck darauflegen und den Teig am Rand und rund um die Füllungen gut andrücken. Die Ravioli mit einem scharfen Messer ausschneiden oder mit einem Ravioliausstecher ausstechen (bei runden Ravioli tut es auch ein Glas) und die Ränder nochmals gut zusammendrücken.

TORTELLI

Den Pastateig sehr dünn ausrollen (siehe Seite 17–18) und auf die leicht bemehlte Arbeitsfläche legen. Mit einem runden Ravioliausstecher oder einem Glas etwa 7,5 cm große Scheiben ausstechen. 1 Teelöffel Füllung auf eine Seite der Scheiben setzen, die Ränder mit Wasser bepinseln und den Teig über die Füllung klappen, sodass Halbmonde entstehen. Zum Schluss die Ränder mit einer Gabel gut andrücken.

TORTELLINI

Den Pastateig sehr dünn ausrollen (siehe Seite 17–18) und auf die leicht bemehlte Arbeitsfläche legen. 6 cm große Quadrate ausschneiden, jeweils 1 Teelöffel Füllung in die Mitte setzen und den Teig rundherum mit Wasser bepinseln. Den Teig anschließend so über die Füllung klappen, dass Dreiecke entstehen. Die Ränder gut zusammendrücken. Die Spitzen der Dreiecke nach unten klappen und die beiden seitlichen Spitzen zu einem Ring zusammenführen und zusammenpressen.

Käse-Fagottini

FAGOTTINI AL FORMAGGIO

Ein *fagottino* ist ein Bündel, ein Tuch, wie man es früher benutzte, um darin seine Habseligkeiten zu verpacken, wenn man auf Reisen ging, und das man meist an einem Stock über der Schulter trug. Unser Tuch ist hier der Pastateig, in den Käse und Kräuter verpackt werden und der anschließend oben zusammengedrückt wird. Ricotta, Gorgonzola und Butter sind typische Zutaten der norditalienischen Küche und machen diese Pastataschen zu einem idealen Wintergericht.

1 Rezept Einfacher Pastateig (siehe Seite 11)
80 g Butter
1 Handvoll Basilikumblätter, gehackt
1 Knoblauchzehe, fein gehackt
80 g Parmesan, frisch gerieben
frisch gemahlener schwarzer Pfeffer

FÜR DIE FÜLLUNG

1 Ei
100 g Ricotta
100 g Parmesan, frisch gerieben
100 g Gorgonzola Dolcelatte, in Würfel
    geschnitten
je 1 TL fein gehackter Thymian, Basilikum
    und glatte Petersilie

FÜR 4 PERSONEN

Für die Füllung das Ei in einer Schüssel kräftig mit dem Schneebesen verquirlen. Mit dem Käse zu einer homogenen Masse verrühren und die Kräuter untermischen.

Den Pastateig sehr dünn ausrollen (siehe Seite 17–18) und auf die leicht bemehlte Arbeitsfläche legen. In 4 cm große Quadrate schneiden und jeweils etwa 1 Teelöffel Füllung in die Mitte setzen. Den Teig rundherum mit Wasser bepinseln, über der Füllung zu einem Beutel zusammenfassen und oben und an den Seiten fest zusammendrücken, damit die Füllung nicht herausquillt. Die Fagottini auf leicht bemehlten Geschirrtüchern auslegen, ohne dass sie sich berühren, und 30 Minuten ruhen lassen.

Kurz vor dem Servieren die Butter in einer beschichteten Pfanne zerlassen, Basilikum und Knoblauch dazugeben und die Butter auf mittlerer Stufe erhitzen, bis sie zu schäumen beginnt und der Knoblauch Farbe annimmt. Dabei darauf achten, dass der Knoblauch nicht verbrennt. Die Pfanne anschließend vom Herd nehmen.

Vier Teller mit Parmesan bestreuen. Die Fagottini 5 Minuten in reichlich Salzwasser kochen, mit einem Schaumlöffel aus dem Topf heben und auf die Teller verteilen. Mit der Butter beträufeln, mit etwas Pfeffer übermahlen, mit dem restlichen Parmesan bestreuen und heiß servieren.

Spinatravioli mit Salbeibutter

RAVIOLI DI MAGRO AL BURRO E SALVIA

Dass Kräuter (in diesem Fall Salbei) in der ligurischen Küche eine so große Rolle spielen, ist der Tatsache zuzuschreiben, dass sich die Seeleute nach ihren langen Reisen regelrecht nach dem Duft der heimischen Kräuter und nach frischem Gemüse (in unserem Fall Spinat) sehnten.

1 Rezept Einfacher Pastateig (siehe Seite 11)
60 g Butter
20 Salbeiblätter
3–4 EL frisch geriebener Parmesan

FÜR DIE FÜLLUNG

500 g Spinat
3 Eier
4 EL frisch geriebener Parmesan
100 g Ricotta
frisch geriebene Muskatnuss
Meersalz und frisch gemahlener schwarzer
　Pfeffer

FÜR 4 PERSONEN

Für die Füllung den gewaschenen Spinat tropfnass in eine große Pfanne geben und kurz bei mittlerer Hitze zusammenfallen lassen. Die Flüssigkeit möglichst vollständig herauspressen und den Spinat fein hacken. Die Eier in einer Schüssel verquirlen. Spinat, Parmesan und Ricotta hinzufügen, mit etwas Muskat, Salz und Pfeffer würzen und die Zutaten mit einem Holzkochlöffel vermengen.

Die Ravioli wie auf Seite 217 beschrieben herstellen und füllen, auf leicht bemehlten Geschirrtüchern auslegen, ohne dass sie sich berühren, und 30 Minuten ruhen lassen.

Kurz vor dem Servieren die Butter mit der Hälfte der Salbeiblätter bei geringer Hitze in einer großen beschichteten Pfanne zerlassen. In der Zwischenzeit die Ravioli portionsweise 3–4 Minuten in reichlich Salzwasser kochen. Mit einem Schaumlöffel aus dem Topf heben und in die Pfanne geben. Wenn alle Ravioli gekocht sind, die restlichen Salbeiblätter und den Parmesan dazugeben und das Ganze etwa 1 Minute durchschwenken. Dabei bei Bedarf noch etwas Butter hinzufügen. Die Ravioli auf einer Platte anrichten und sofort servieren.

GEFÜLLTE PASTA

Pansotti mit Walnusssauce

PANSOTTI ALLA SALSA DI NOCI

Der Name Pansotti ist von *pancia*, der Bauch, abgeleitet, denn diese Pasta-taschen sind dick und rund wie ein prall gefüllter Bauch. Man findet sie in den unterschiedlichsten Formen, mal rund, mal quadratisch oder rechteckig, mal halbmondförmig. Traditionell wurden sie mit Wildgemüse gefüllt, das wir hier durch Mangold ersetzt haben. Die Walnusssauce wird nach einem alten ligurischen Rezept mit Weißbrot angedickt.

1 Rezept Einfacher Pastateig (siehe Seite 11)
1 Ei, verquirlt
60 g Butter
frisch geriebener Parmesan zum Servieren
Majoranblätter zum Garnieren (nach Belieben)

FÜR DIE SAUCE

20 Walnusskerne (etwa 1 kg Walnüsse)
2 Scheiben italienisches Brot, entrindet
2 EL Milch
30 g Pinienkerne
1 Knoblauchzehe
75 g Ricotta
45 ml Olivenöl extra vergine
1 EL fein gehackte Majoranblätter
Meersalz und frisch gemahlener schwarzer
    Pfeffer

FÜR DIE FÜLLUNG

800 g Mangold
60 g Parmesan, frisch gerieben
100 g Ricotta
2 Eier
1 EL gehackter Majoran
frisch geriebene Muskatnuss
3 TL Olivenöl extra vergine
Meersalz

FÜR 4 PERSONEN

Für die Sauce die Walnusskerne einige Sekunden in kochendem Wasser blanchieren, abgießen und die Häutchen abziehen. Die Kerne danach im Mörser zu einer groben Paste zerreiben. Das Brot kurz in der Milch einweichen, ausdrücken und mit den Walnüssen vermengen. Pinienkerne und Knoblauch hinzufügen und die Zutaten zu einer glatten Paste zermahlen. Die Paste in einer Schüssel mit dem Ricotta verrühren. Öl und Majoran dazugeben, mit Salz und Pfeffer würzen und das Ganze gut vermengen.

Für die Füllung die Mangoldstiele entfernen. Die Blätter waschen, tropfnass in eine große Pfanne geben und etwa 3 Minuten zusammenfallen lassen. Etwas abkühlen lassen, sehr gut ausdrücken, fein hacken und in einer Schüssel mit Parmesan, Ricotta, Eiern, Öl, etwas Muskat und 1 kräftigen Prise Salz vermengen.

Für die Pansotti den Pastateig zu zwei sehr dünnen, gleich großen Rechtecken ausrollen (siehe Seite 17–18). Ein Rechteck auf die leicht bemehlte Arbeitsfläche legen und mit dem Ei bepinseln. Die Füllung in gleichmäßigen Reihen im Abstand von 3–4 cm darauf verteilen und dabei einen 2 cm breiten Rand frei lassen. Eine zweite Teigscheibe daraulegen und den Teig am Rand und rund um die Füllungen gut andrücken. Die Pansotti mit einem Glas ausstechen und die Ränder nochmals gut zusammendrücken. Auf leicht bemehlten Geschirrtüchern auslegen, ohne dass sie sich berühren, und 30 Minuten ruhen lassen.

Die Pansotti 3–4 Minuten in reichlich Salzwasser kochen. Inzwischen die Butter zerlassen und in eine große Schüssel füllen. Die Pansotti mit einem Schaumlöffel aus dem Topf heben, zur Butter geben, mit etwas Parmesan bestreuen und vorsichtig durchschwenken. Die Walnusssauce hinzufügen und die Pansotti in der Sauce schwenken.

Die Pansotti auf einer Platte anrichten, mit dem restlichen Parmesan bestreuen, mit Majoranblättern garnieren und servieren.

GEFÜLLTE PASTA

Rote-Bete-Ravioli

CASUNZIEI

Casunziei sind halbmondförmige Ravioli aus den italienischen Dolomiten, genauer gesagt aus der schönen Stadt Cortina d'Ampezzo. Wir haben uns hier für eine runde Form entschieden, denn wenn die rote Füllung durch den dünnen Teig scheint, sehen sie aus wie kleine Vollmonde. Casunziei werden stets nur mit zerlassener Butter, Mohn und Pecorino serviert. Man nennt diese Art der Zubereitung auch *a culo nudo* (mit blankem Boden), weil die Ravioli nicht in einer Sauce liegen.

80 g Butter
1 EL Mohnsamen, im Mörser leicht zerstoßen
60 g Pecorino, frisch gerieben

FÜR DEN PASTATEIG

400 g Mehl
2 Eier
125 ml Milch
1 Prise Salz

FÜR DIE FÜLLUNG

600 g Rote Bete
40 g Butter
1–2 EL Paniermehl
100 g geräucherter oder gebackener Ricotta
1 Ei
frisch geriebene Muskatnuss
Meersalz und frisch gemahlener schwarzer Pfeffer

FÜR 4 PERSONEN

Aus den hier angegebenen Zutaten wie auf Seite 11 beschrieben einen Pastateig herstellen und ruhen lassen.

Für die Füllung die Rote Bete schälen und 10–15 Minuten in Salzwasser sehr weich kochen. Abgießen und mit einer Gabel zerdrücken. Die Butter bei mittlerer Hitze in einer beschichteten Pfanne zerlassen. 1 Esslöffel Paniermehl darin anrösten, die Rote Bete dazugeben und etwa 5 Minuten unter Rühren kochen lassen, bis sie ihre Flüssigkeit vollständig abgegeben hat. Die Mischung anschließend in einer Schüssel mit Ricotta und Ei vermengen und kräftig mit Muskat, Salz und Pfeffer würzen. Ist die Füllung zu weich, noch etwas Paniermehl hinzufügen.

Den Pastateig sehr dünn ausrollen (siehe Seite 17–18) und auf die leicht bemehlte Arbeitsfläche legen. Mit einem Ravioli- oder Plätzchenausstecher 5 cm große Kreise ausstechen. Auf die Hälfte der Kreise jeweils 2 Teelöffel Füllung setzen und die Teigränder mit Wasser bepinseln. Die andere Hälfte der Kreise darauflegen und den Teig am Rand gut andrücken. Die Ravioli auf leicht bemehlten Geschirrtüchern auslegen, dabei darauf achten, dass sie sich nicht berühren. 30 Minuten ruhen lassen.

Die Ravioli 3–5 Minuten in reichlich Salzwasser kochen (sie sind fertig, wenn sie an die Oberfläche steigen). Inzwischen die Butter mit dem Mohn bei mittlerer Hitze in einer beschichteten Pfanne erhitzen, bis sie zu schäumen beginnt. Dabei darauf achten, dass sie nicht verbrennt. Die Casunziei mit einem Schaumlöffel aus dem Topf heben und auf vier vorgewärmte Teller verteilen. Mit dem Pecorino bestreuen, mit der Mohnbutter beträufeln und sofort servieren.

GEFÜLLTE PASTA

Kürbis-Tortelli

TORTELLI DI ZUCCA

Diese ungewöhnlichen, mit Kürbis, Amaretti und Senffrüchten gefüllten Tortelli kommen aus der Lombardei. In Senf und Zucker eingelegte Früchte sind eine italienische Spezialität, die Sie in italienischen Lebensmittelgeschäften bekommen. Das Ergebnis ist eine fantastische salzig-süße und würzige Geschmackssinfonie. Und damit der wunderbare Geschmack richtig zur Geltung kommt, werden die Tortelli lediglich mit zerlassener Butter und Parmesan serviert.

100 g Parmesan, frisch gerieben
80 g Butter

FÜR DEN PASTATEIG

400 g Mehl
4 Eier
1 EL Milch
1 Prise Salz

FÜR DIE FÜLLUNG

1 Kürbis (1 kg)
1 EL Olivenöl extra vergine
Meersalz
100 g Amaretti, grob zerstoßen
100 g italienische Senfäpfel oder Senffrüchte, gehackt
100 g Sultaninen, fein gehackt
100 g Parmesan, frisch gerieben
frisch geriebene Muskatnuss

FÜR 4 PERSONEN

Aus den hier angegebenen Zutaten wie auf Seite 11 beschrieben einen Pastateig herstellen und ruhen lassen.

Den Backofen auf 180 °C vorheizen. Den ungeschälten Kürbis in Spalten schneiden und die Kerne entfernen. Mit Öl bepinseln, mit Salz bestreuen, auf einem Backblech verteilen und 30–40 Minuten im Backofen weich garen. Etwas abkühlen lassen, das Fleisch aus der Schale lösen und in einer Schüssel zerdrücken. Mit den restlichen Zutaten vermengen und vollständig abkühlen lassen.

Die Tortelli wie auf Seite 217 beschrieben herstellen und füllen. Auf leicht bemehlten Geschirrtüchern auslegen, ohne dass sie sich berühren. 30 Minuten ruhen lassen.

Die Tortelli etwa 4 Minuten in reichlich Salzwasser kochen. Inzwischen eine Servierschüssel mit der Hälfte des Parmesans ausstreuen.

Die Butter bei mittlerer Hitze in einer beschichteten Pfanne erhitzen, bis sie zu schäumen beginnt. Dabei darauf achten, dass sie nicht verbrennt. Die Tortelli mit einem Schaumlöffel aus dem Topf heben, in die Schüssel füllen, mit dem restlichen Käse bestreuen, mit der Butter beträufeln und sofort servieren.

GEFÜLLTE PASTA

Sardische Ravioli

CULINGIONES

Culingiones sind ein altes sardisches Gericht, das man unter verschiedenen Namen und in unterschiedlichen Formen überall auf der Insel findet. Anders als in Norditalien sind Ravioli am Mittelmeer kein Wintergericht. Die Füllung wird aus Gemüse (Zucchini, Auberginen, Paprikaschote), einer pikanten Salami und Ricotta oder einem anderen weichen Käse hergestellt. Oft werden sie in einem würzigen, gehaltvollen Ragù serviert.

Wenn Sie keinen weichen Pecorino bekommen, nehmen Sie herkömmlichen Pecorino und reiben ihn.

1 Rezept Einfacher Pastateig (siehe Seite 11)
1 Rezept Tomatensauce I (siehe Seite 51)
60 g Pecorino, frisch gerieben

FÜR DIE FÜLLUNG

300 g Mangold
1 TL Butter
400 g sehr frischer, zimmerwarmer Pecorino,
    die Rinde entfernt
3 Eier
1 Messerspitze Safranfäden, im Mörser leicht
    zerdrückt
5 Minzeblätter, fein gehackt
frisch geriebene Muskatnuss
Meersalz und frisch gemahlener schwarzer
    Pfeffer
1 kleine Kartoffel, gekocht und mit der Gabel
    zerdrückt (nach Belieben)

FÜR 4 PERSONEN

Für die Füllung die Mangoldstiele heraustrennen, die Blätter waschen, fein hacken und einige Minuten bei geringer Hitze in einem Topf zusammenfallen lassen. Gut ausdrücken, mit der Butter in eine beschichtete Pfanne geben und bei mittlerer Hitze kochen lassen, bis die Flüssigkeit vollständig verdunstet ist.

Den Pecorino in einer Schüssel mit den Händen cremig kneten, mit Mangold, Eiern, Safran und Minze vermengen und mit etwas Muskat, Salz und Pfeffer würzen. Ist die Füllung zu weich, etwas gekochte Kartoffel untermischen.

Den Pastateig dünn ausrollen (siehe Seite 17–18) und in 8 × 4 cm große Rechtecke schneiden. Jeweils 1 gehäuften Teelöffel Füllung in die Mitte setzen, die Ränder mit Wasser bepinseln und die Rechtecke wie ein Buch zusammenklappen. Die Ränder gut mit einer Gabel andrücken, die Ravioli auf leicht bemehlten Geschirrtüchern auslegen, ohne dass sie sich berühren, und 30 Minuten ruhen lassen.

Die Tomatensauce bei geringer Hitze erwärmen. Die Ravioli 4 Minuten in reichlich Salzwasser kochen, mit einem Schaumlöffel aus dem Topf heben und in eine Schüssel füllen. Jede Schicht mit geriebenem Pecorino bestreuen und mit Tomatensauce überziehen.

GEFÜLLTE PASTA

Ravioli mit Enteneiern

RAVIOLI CON UOVA D'ANATRA

Diese fantastische Kreation stammt von Logan Campbell, dem Küchenchef des Lucio's. Er sagt dazu: »Bei diesem Gericht habe ich mit einigen klassischen Zutaten – Eier, Spargel und Trüffel – gespielt. Die Waldpilze sollen den erdigen Geschmack der Trüffel noch unterstreichen. Zuchtpilze eignen sich aber ebenso gut.«

Beim Anblick des flüssigen Dotters, der sich auf den Teller ergießt, wenn man in die Ravioli hineinschneidet, läuft einem das Wasser nur so im Munde zusammen. Sollten Sie keine Trüffel haben, nehmen Sie einfach getrocknete Steinpilze, die Sie vorher 20 Minuten in warmem Wasser eingeweicht und dann in Scheiben geschnitten haben.

100 ml Olivenöl extra vergine + Olivenöl
   zum Servieren
1 Zwiebel, fein gehackt
2 Knoblauchzehen, fein gehackt
1 Bund Thymian, die Blätter abgezupft
500 g Matsutake-Pilze, gehackt
500 g Butterpilze, gehackt
250 g Champignons, gehackt
Meersalz und frisch gemahlener schwarzer
   Pfeffer
4 Enteneier
1 Rezept Einfacher Pastateig (siehe Seite 11)
12 Spargelspitzen
100 g Parmesan
1 schwarze Trüffel (nach Belieben)

FÜR 4 PERSONEN

Das Öl in einer großen Pfanne erhitzen und die Zwiebel mit Knoblauch und Thymian 3 Minuten anbraten. Die Pilze dazugeben, mit Salz und Pfeffer würzen und 20–30 Minuten braten, bis die Flüssigkeit, die sie abgeben, vollständig verdunstet ist. Dabei regelmäßig umrühren. Die Pfanne anschließend vom Herd nehmen und die Pilze abkühlen lassen.

Die Enteneier vorsichtig trennen und die Eiweiße leicht verquirlen.

Den Pastateig zu zwei sehr dünnen, gleich großen Rechtecken ausrollen (siehe Seite 17–18). Ein Rechteck auf die leicht bemehlte Arbeitsfläche legen und mit dem Eiweiß bepinseln. Die Füllung in vier gleiche Portionen teilen und diese in gleichmäßigen Abständen auf dem Teig verteilen. Eine Vertiefung hineindrücken und die Eigelbe vorsichtig hineingleiten lassen. Das zweite Rechteck vorsichtig darauflegen und den Teig um die Füllungen gut andrücken. Mit einem Ravioli-ausstecher vier große runde Ravioli ausstechen (oder die Ravioli mit einem scharfen Messer ausschneiden), auf leicht bemehlten Geschirrtüchern auslegen und 30 Minuten ruhen lassen.

Die Ravioli 3 Minuten in reichlich Salzwasser kochen und nach 2 Minuten die Spargelspitzen mit ins Kochwasser geben. Ravioli und Spargel vorsichtig aus dem Topf heben und in einer Schüssel vorsichtig in etwas Olivenöl, Salz und Pfeffer schwenken. Parmesan und Trüffel darüberhobeln und servieren.

GEFÜLLTE PASTA

Ravioli mit Kartoffel-Pancetta-Füllung und Zimt-Mohn-Butter

RAVIOLI DI PATATE E PANCETTA

Zimt ist schon seit mehr als 2000 Jahren fester Bestandteil der italienischen Küche. Phönizische Gewürzhändler brachten ihn aus seiner Heimat Sri Lanka nach Rom, wo man ihn außerordentlich schätzte. Kaiser Nero soll sogar als Ausdruck seiner Liebe angeordnet haben, beim Begräbnis seiner Gemahlin Poppea den gesamten Jahresvorrat der Stadt Rom zu verbrennen. Bis zum 14. Jahrhundert besaß Venedig das Monopol für den Zimthandel in Europa, und die venezianischen Gewürzhändler kauften in Alexandria regelmäßig die gesamte Produktion der Länder des Nahen Ostens auf. Heute kann man das aromatische Gewürz natürlich jederzeit im Supermarkt kaufen.

1 Rezept Einfacher Pastateig (siehe Seite 11)
100 g Butter
½ TL gemahlener Zimt
1 TL Mohn
80 g Parmesan

FÜR DIE FÜLLUNG

400 g Kartoffeln, geschält und in Stücke
 geschnitten
40 ml Olivenöl extra vergine
1 Zwiebel, fein gehackt
100 g Pancetta oder durchwachsener Räucherspeck, fein gewürfelt
2 Eigelb
50 g Parmesan, frisch gerieben
1 große Handvoll glatte Petersilienblätter,
 gehackt

FÜR 4 PERSONEN

Für die Füllung die Kartoffeln in einem Topf mit Wasser bedecken und 10–15 Minuten kochen. Anschließend abgießen und zerdrücken. Den Topf ausreiben, das Öl bei mittlerer Hitze darin heiß werden lassen und die Zwiebel mit dem Pancetta etwa 10 Minuten anbraten. Zu den Kartoffeln geben und das Ganze sorgfältig vermengen. Abkühlen lassen und Eigelbe, Parmesan und Petersilie untermischen.

Die Ravioli wie auf Seite 217 beschrieben herstellen und füllen. Auf leicht bemehlten Geschirrtüchern auslegen, dabei darauf achten, dass sie sich nicht berühren. 30 Minuten ruhen lassen.

Die Ravioli 3–4 Minuten in reichlich Salzwasser kochen.

Inzwischen die Butter bei geringer Hitze in einer großen Pfanne zerlassen. Zimt und Mohn zur Butter geben, die Ravioli mit einem Schaumlöffel aus dem Topf heben und in der Butter schwenken. Den Parmesan darüberhobeln und sofort servieren.

GEFÜLLTE PASTA

Ravioli mit Wurstfüllung

CASONSEI

Casonsei sind eine norditalienische Spezialität, die man vorwiegend in den Gegenden nahe der österreichischen Grenze findet. Die Namen sind ebenso vielfältig wie die Füllungen. Diese Version stammt aus der lombardischen Stadt Brescia. Traditionell dürfen Casonsei bei keinem Festessen fehlen. Die einfache Füllung aus Wurst, Brot und Parmesan wird natürlich in jeder Familie auf eigene Art abgewandelt.

Für die Füllung das Brot einige Minuten in der Milch einweichen. Die Flüssigkeit mit den Händen vollständig herauspressen, das Brot zerkleinern, in einer Schüssel mit Wurst und Parmesan vermengen und die Füllung mit Salz abschmecken.

Den Pastateig zu sehr dünnen Rechtecken ausrollen (siehe Seite 17–18) und auf der leicht bemehlten Arbeitsfläche mit einem gewellten Teigrädchen 10 × 6 cm große Rechtecke ausschneiden. Jeweils 1 Teelöffel Füllung in die Mitte setzen und die Rechtecke der Länge nach zusammenklappen, sodass sie nun 10 × 3 cm groß sind. Die Ränder gut andrücken und zwar so, dass sich keine Luftblasen bilden. Die schmalen Rechtecke zu Hufeisen formen. Auf leicht bemehlten Geschirrtüchern auslegen, ohne dass sie sich berühren, und 30 Minuten ruhen lassen.

Die Casonsei 6 Minuten in reichlich Salzwasser kochen.

Inzwischen die Butter mit den Salbeiblättern in einer kleinen Pfanne erhitzen, bis sie zu schäumen beginnt. Dabei darauf achten, dass sie nicht verbrennt. Den Boden einer großen, flachen Form mit 2 Esslöffeln Parmesan bestreuen.

Die Ravioli mit einem Schaumlöffel aus dem Topf heben, in die Form füllen, mit der Butter begießen, mit dem restlichen Parmesan bestreuen und heiß servieren.

---

1 Rezept Einfacher Pastateig (siehe Seite 11)
80 g Butter
10–15 Salbeiblätter
50 g Parmesan, frisch gerieben

FÜR DIE FÜLLUNG

100 g altbackenes italienisches Brot, entrindet
80 ml Milch
200 g Salsiccia siciliana (Schweinswurst mit Fenchel), gepellt
100 g Parmesan, frisch gerieben
Meersalz

FÜR 4 PERSONEN

GEFÜLLTE PASTA

Tortelli mit Fleischfüllung

TORDEI

Tordei nennt man in Ligurien die runden Ravioli, die im übrigen Italien Tortelli heißen. Tortello ist die Verkleinerungsform von *Torta* (eine Art pikante Tarte), Tortellini wiederum ist die Verkleinerungsform von Tortello. Beide Begriffe bezeichnen heute eine gefüllte Pasta. Tortelli sind bereits seit dem Mittelalter bekannt und wurden damals in der Regel mit Gemüse gefüllt. Diese Tordei mit Fleischfüllung werden gewöhnlich an Festtagen serviert.

1 Rezept Einfacher Pastateig (siehe Seite 11)
80 g Parmesan, frisch gerieben

FÜR DIE SAUCE

1 kleine Zwiebel
1 Knoblauchzehe
5 Salbeiblätter
einige Rosmarinzweige, die Nadeln abgezupft
100 ml Olivenöl extra vergine
300 g Hackfleisch vom Rind
250 g Tomaten, enthäutet, die Samen entfernt
    (siehe Seite 51) und in Würfel geschnitten
250 ml Brühe

FÜR DIE FÜLLUNG

1 Staude Mangold
200 g Spinat
3 EL Olivenöl extra vergine
Meersalz und frisch gemahlener schwarzer
    Pfeffer
1 Handvoll Paniermehl
5 Eier, verquirlt
200 g Parmesan, frisch gerieben
frisch geriebene Muskatnuss
1 EL Thymianblätter
1 Knoblauchzehe
je 1 Handvoll Petersilie, Salbei und Rosmarin,
    gehackt
150 g Hackfleisch vom Rind
150 g Hackfleisch vom Schwein oder Kalb
100 g Tomaten, enthäutet, die Samen entfernt
    (siehe Seite 51) und in Würfel geschnitten
125 ml Brühe

FÜR 4 PERSONEN

Für die Sauce die Zwiebel mit Knoblauch, Salbei und Rosmarin fein hacken. Das Öl bei mittlerer Temperatur in einer hohen Pfanne erhitzen und die Zwiebelmischung darin anbraten, bis der Knoblauch Farbe annimmt. Das Hackfleisch dazugeben und 10 Minuten anbräunen. Die Tomaten hinzufügen, die Brühe angießen und das Ganze 90 Minuten bei geringer Hitze köcheln lassen. Dabei bei Bedarf etwas Wasser hinzufügen.

Für die Füllung die Mangoldstiele heraustrennen. Die Blätter mit dem Spinat waschen und 2 Minuten in kochendem Wasser blanchieren. Abgießen, die Flüssigkeit möglichst vollständig herauspressen und das Gemüse fein hacken. 1 Esslöffel Öl in einer großen Pfanne erhitzen, Mangold und Spinat hineingeben, mit Salz und Pfeffer würzen und 3 Minuten anbraten. Anschließend in einer Schüssel mit Paniermehl, Eiern, Parmesan, etwas Muskat, 1 Prise Salz und dem Thymian vermengen. Die Pfanne ausreiben. Knoblauch, Petersilie, Salbei und Rosmarin im restlichen Öl anschwitzen, bis der Knoblauch Farbe annimmt. Das Hackfleisch dazugeben und unter häufigem Rühren 10 Minuten bei mittlerer Hitze anbräunen. Die Tomaten hinzufügen, die Brühe angießen und das Ganze 15 Minuten köcheln lassen. Anschließend etwas abkühlen lassen und mit der Mangoldmischung vermengen.

Die Tortelli aus den hier angegebenen Zutaten wie auf Seite 217 beschrieben herstellen und füllen. Auf leicht bemehlten Geschirrtüchern auslegen, ohne dass sie sich berühren, und 30 Minuten ruhen lassen.

Die Tortelli 7–8 Minuten in reichlich Salzwasser kochen, mit einem Schaumlöffel aus dem Topf heben und in eine Schüssel füllen. Jede Schicht mit Sauce überziehen, großzügig mit Parmesan bestreuen und sofort servieren.

GEFÜLLTE PASTA

Ligurische Ravioli

RAVIOLI DI CARNE AL TOCCO DI CARNE

Diese Ravioli erfreuen sich vor allem in den ländlichen Gegenden und den Bergregionen Liguriens großer Beliebtheit. In meiner Kindheit machte meine Mutter diese Ravioli oft in der Erntezeit, wenn die ganze Familie auf dem Feld arbeitete. Sie wusste, dass sie in ihren Schwägern äußerst kritische Tischgäste hatte. Umso mehr freute es sie, wenn sie in ihren Gesichtern sah, wie angenehm überrascht sie von ihren Ravioli waren.

1 Rezept Ligurische Fleischsauce
(siehe Seite 55)

FÜR DEN PASTATEIG

300 g Mehl
2 zimmerwarme Eier
45 ml warmes Wasser

FÜR DIE FÜLLUNG

45 ml Olivenöl extra vergine
1 Knoblauchzehe, fein gehackt
1 EL fein gehackte glatte Petersilie
200 g Hackfleisch vom Rind
200 g Hackfleisch vom Schwein
Meersalz
200 g Mangold
2 dicke Scheiben italienisches Brot, entrindet
und in Stücke gebrochen
50 g Mortadella, fein gehackt
4 Eier
frisch geriebene Muskatnuss
frisch gemahlener schwarzer Pfeffer
120 g Parmesan, frisch gerieben

FÜR 4 PERSONEN

Aus den hier angegebenen Zutaten wie auf Seite 11 beschrieben einen Pastateig herstellen.

Für die Füllung das Öl bei geringer Hitze in einer Pfanne mit schwerem Boden erhitzen und den Knoblauch mit der Petersilie 3 Minuten unter Rühren anschwitzen. Das Fleisch dazugeben, mit Salz würzen und 10 Minuten unter häufigem Rühren braun braten.

Die Mangoldstiele herausschneiden. Die Blätter waschen, tropfnass in einen heißen Topf geben und einige Minuten bei geringer Hitze zusammenfallen lassen. In Küchenpapier einschlagen, die Flüssigkeit möglichst vollständig herauspressen und die Blätter fein hacken.

Das Brot in die Fleischsauce tauchen und in eine große Schüssel füllen. Mangold, Mortadella, Eier und etwas Muskat hinzufügen und alles gut vermengen. Mit Salz und Pfeffer würzen, das Fleisch und 45 g Parmesan dazugeben und das Ganze sorgfältig vermengen.

Die Ravioli wie auf Seite 217 beschrieben herstellen und füllen. Auf leicht bemehlten Geschirrtüchern auslegen, ohne dass sie sich berühren, und 30 Minuten ruhen lassen.

Die Fleischsauce langsam erhitzen. Den Boden einer Servierschüssel mit etwas Sauce bedecken. Die Ravioli 4–5 Minuten in reichlich Salzwasser kochen, mit einem Schaumlöffel aus dem Topf heben und in die Schüssel füllen. Mit der restlichen Sauce überziehen, mit dem verbliebenen Parmesan bestreuen und sofort servieren.

GEFÜLLTE PASTA

Tortellini mit Erbsen, Schinken und Sahne

TORTELLINI TRE P

200 g frische oder tiefgekühlte Erbsen
30 g Butter
100 g Schinken, in 1 cm große Würfel
    geschnitten
½ weiße Zwiebel, sehr fein gehackt
200 g Sahne oder Crème fraîche
Meersalz und frisch gemahlener schwarzer
    Pfeffer
400 g Tortellini
80 g Parmesan, frisch gerieben

FÜR 4 PERSONEN

Tortellini mit Sahnesauce und Käse sind ein italienischer Klassiker, den man auf der ganzen Welt kennt. Diese Variante mit Schinken und Erbsen haben wir *Tortellini tre P* getauft, weil alle drei Zutaten im Italienischen ein P als Anfangsbuchstaben haben: *Piselli* (Erbsen), *Prosciutto* (Schinken) und *Panna* (Sahne).

Für dieses Gericht eignen sich am besten fertig gekaufte Tortellini. Wenn Sie Ihre Tortellini aber lieber selber machen wollen, finden Sie das Rezept auf Seite 217.

Die Erbsen 2–5 Minuten in Salzwasser weich kochen, abgießen und abtropfen lassen.

Die Butter bei mittlerer Hitze in einer beschichteten Pfanne zerlassen und den Schinken 2–3 Minuten darin anbraten. Die Zwiebel hinzufügen und 5–6 Minuten unter Rühren glasig schwitzen. Erbsen und Sahne dazugeben, mit Salz und Pfeffer würzen, gut umrühren und die Sauce 5–7 Minuten köcheln lassen, bis sie etwas eingedickt ist.

Inzwischen die Tortellini 4 Minuten bzw. nach Packungsanweisung in reichlich Salzwasser kochen, abgießen und vorsichtig mit der Sauce mischen. Mit dem Parmesan bestreuen und heiß servieren.

Schwarze Ravioli mit Fisch-Garnelen-Füllung

RAVIOLI NERI DI GAMBERI E PESCE

1 Rezept Pastateig mit Sepia (siehe Seite 14)

FÜR DIE FÜLLUNG

200 g Red Snapper, filetiert
200 g Garnelen, geschält und die Därme
    entfernt
50 g Sahne
Meersalz und frisch gemahlener schwarzer
    Pfeffer

FÜR DIE SAUCE

100 ml Fischbrühe (siehe Seite 30)
50 g Butter
3 Tomaten, enthäutet, die Samen entfernt
    (siehe Seite 51) und das Fruchtfleisch in
    Würfel geschnitten

FÜR 4 PERSONEN

Diese mit Tintenfischtinte gefärbten Ravioli sind am besten mit einer Füllung aus frischem Red Snapper und Garnelen. Und damit sie so richtig nach Meer schmecken, werden der Fisch und die Garnelen vorher nicht gekocht.

Für die Füllung die Fischfilets mit den Garnelen fein hacken. Mit der Sahne verrühren und mit Salz und Pfeffer abschmecken.

Die Ravioli wie auf Seite 217 beschrieben herstellen und füllen. Auf leicht bemehlten Geschirrtüchern auslegen, ohne dass sie sich berühren, und 30 Minuten ruhen lassen.

Die Ravioli 3–4 Minuten in reichlich Salzwasser kochen.

Inzwischen die Brühe mit Butter und Tomaten in eine Pfanne geben und bei starker Hitze um die Hälfte reduzieren.

Die Ravioli mit einem Schaumlöffel aus dem Topf heben, mit der Sauce mischen und sofort servieren.

GEFÜLLTE PASTA

Pasta aus dem Ofen

Lasagne und Cannelloni sind zwar die bei Weitem bekanntesten überbackenen Pastagerichte, darüber hinaus gibt es in der italienischen Küche jedoch noch eine ganze Vielzahl anderer Verlockungen aus getrockneter oder frischer Pasta, die im Ofen überbacken werden, und jede Region hat ihre eigenen Spezialitäten.

Die *Pasta al forno* hat bereits eine lange Tradition. Pflegten doch bereits die Römer – zumindest die wohlhabenden Schichten – breite Pastastreifen mit Sauce und Käse in Formen zu schichten und im Ofen zu überbacken. Sie nannten diese Gerichte *lagana*, und so wenig wie der Name hat sich bis heute auch das Rezept verändert.

Pasta al forno wird zu besonderen Anlässen, vor allem bei Hochzeiten, gegessen. Bei der einfachen *Pasta gratinata* wird die Pasta mit oder ohne Béchamelsauce mit Parmesan bestreut und unter dem Backofengrill überbacken, während für den *Timballo* Pasta und Sauce abwechselnd in eine Form geschichtet und mit Parmesan oder Mozzarella überbacken werden. Und schließlich gibt es noch den *Timpano,* bei dem die Form zunächst mit Teig oder gegrillten Auberginenscheiben ausgekleidet wird. Die Füllung aus Pasta und gehaltvollen Saucen mit Fleischbällchen, Wurst, Salami und Käse wird geheimnisvoll unter einer Decke aus Teig oder Auberginenscheiben verborgen und dann goldgelb überbacken.

PASTA AUS DEM OFEN

Überbackene Tagliatelle mit Spargel

TAGLIATELLE AL FORNO CON ASPARAGI BIANCHI

Ein ebenso leckeres wie einfaches Gericht ist diese Kombination aus Tagliatelle, weißem Spargel und Ricotta, dem frischer Majoran und ein Hauch Muskat seine besondere Note verleihen.

1 Rezept Einfacher Pastateig (siehe Seite 11)

40 ml Olivenöl extra vergine

300 g weißer Spargel

200 g Ricotta

2 Eier

frisch geriebene Muskatnuss

Meersalz und frisch gemahlener schwarzer Pfeffer

50 g Butter

1 kleine weiße Zwiebel, fein gehackt

3 Stängel Majoran, die Blätter abgezupft

80 g Parmesan, frisch gerieben

FÜR 4 PERSONEN

Die Tagliatelle wie auf Seite 20 beschrieben aus dem Pastateig zurechtschneiden und auf leicht bemehlten Geschirrtüchern ausbreiten.

Den Backofen auf 180 °C vorheizen und eine Auflaufform mit Olivenöl einfetten.

Den Spargel unter fließendem kaltem Wasser waschen, dünn schälen und dabei die holzigen Enden abschneiden und wegwerfen. Die Stangen 4 Minuten in kochendem Wasser blanchieren, in Eiswasser abschrecken und abtropfen lassen. Die Spitzen abschneiden und die verbleibenden Stangen in feine Streifen schneiden.

In einer Schüssel den Ricotta mit Eiern, etwas Muskat, Salz und Pfeffer glatt rühren.

Die Butter mit dem restlichen Olivenöl bei mittlerer Hitze in einer beschichteten Pfanne mit schwerem Boden zerlassen und die Zwiebel 5 Minuten unter Rühren anschwitzen, bis sie weich ist. Spargelspitzen und -stangen hinzufügen, die Majoranblätter darüberstreuen und mit Salz und Pfeffer würzen. 4 Minuten unter Rühren kochen lassen und die Sauce danach vom Herd nehmen.

Die Tagliatelle in reichlich Salzwasser 2 Minuten al dente kochen. Die Sauce wieder auf die Herdplatte stellen, mit der Pasta mischen und mit der Hälfte des Parmesans bestreuen. Die Mischung in eine große Schüssel füllen und vorsichtig mit der Ricottamischung vermengen.

In die Auflaufform füllen, mit dem restlichen Parmesan bestreuen und 10 Minuten im Backofen überbacken, bis sich eine goldbraune Kruste gebildet hat. Heiß servieren.

Cannelloni mit Ricotta und Mozzarella

CANNELLONI DI RICOTTA E MOZZARELLA

Cannelloni sind ebenso vielseitig wie Lasagne und Ravioli und lassen sich mit den unterschiedlichsten Füllungen und Saucen kombinieren. Wichtig ist nur, dass Sie wirklich gute Zutaten verwenden und den Pastateig möglichst dünn ausrollen.

1 Rezept Einfacher Pastateig (siehe Seite 11)
20 g Butter
250 g Ricotta
150 g Mozzarella, in Würfel geschnitten
1 EL gehacktes Basilikum
120 g Parmesan, frisch gerieben
1 Rezept Tomatensauce II (siehe Seite 52)
Meersalz und frisch gemahlener schwarzer
    Pfeffer
Olivenöl extra vergine
1 Rezept Béchamelsauce (siehe Seite 62)

FÜR 4 PERSONEN

Den Pastateig dünn ausrollen (siehe Seite 17–18), in 12 cm große Quadrate schneiden und auf leicht bemehlten Geschirrtüchern ausbreiten.

Den Backofen auf 180 °C vorheizen und eine Auflaufform mit Butter einfetten.

In einer Schüssel den Ricotta mit Mozzarella, Basilikum, 2 Esslöffeln Parmesan und 4–5 Esslöffeln Tomatensauce vermengen und mit Salz und Pfeffer abschmecken.

Eine große Schüssel mit Eiswasser vorbereiten. Die Pasta portionsweise 2 Minuten in reichlich Salzwasser mit einem Schuss Olivenöl kochen. Mit einem Schaumlöffel aus dem Topf heben, 1 Minute im Eiswasser abschrecken und zum Trocknen auf Geschirrtücher legen.

Die Füllung auf die Pastaquadrate verteilen (dabei rundherum einen 5 mm breiten Rand frei lassen). Die Füllung zu einer 3 cm dicken Rolle formen. Den hinteren Teigrand mit Wasser bepinseln, den Teig von der vorderen Seite her aufrollen und an der Nahtstelle gut andrücken.

Etwas Tomatensauce auf dem Boden der Auflaufform verteilen. Die Cannelloni mit der Naht nach unten nebeneinander dicht an dicht hineinlegen, sodass keine Lücken dazwischen bleiben. Mit der restlichen Tomatensauce und danach mit der Béchamelsauce überziehen und mit dem restlichen Parmesan bestreuen. Die Cannelloni im Backofen etwa 20 Minuten goldbraun überbacken und heiß servieren.

PASTA AUS DEM OFEN

Lasagne mit Wildgemüse, Blutorange und Majoran

LASAGNE DI VERDURE E RICOTTA CON ARANCIA E MAGGIORANA

Dies ist eine weitere Kreation von Logan Campbell, dem Küchenchef des Lucio's. Hören wir also, was er dazu zu sagen hat: »Mancher Italiener mag es mir vielleicht übel nehmen, was ich hier aus seiner geliebten Lasagne gemacht habe, aber ich habe mir bei dieser vegetarischen Version durchaus etwas gedacht. Denn ich wollte dem Wildgemüse, dem immer noch viel zu wenig Beachtung geschenkt wird, zu neuen Ehren verhelfen, und der Lasagne mit einer leichten Orangensauce etwas von ihrer Schwere und Üppigkeit nehmen.«

Für das Foto haben wir die Lasagne aus runden Pastascheiben hergestellt und in Portionsformen überbacken. Sie kann aber auch wie gewöhnlich in einer großen Auflaufform zubereitet und serviert werden.

1 Rezept Einfacher Pastateig (siehe Seite 11)
1 kg Zichorie oder anderes Wildgemüse
1 kg Brennnesseln
500 g Spinat
800 g Ricotta
abgeriebene Schale von 1 Bio-Zitrone
1 Ei
1 Eigelb
300 g Parmesan, frisch gerieben
1 TL frisch geriebene Muskatnuss
Olivenöl zum Einfetten
1 Blutorange, geschält und filetiert, zum Garnieren
1 EL Majoranblätter zum Garnieren

FÜR DIE SAUCE

Saft von etwa 4 Blutorangen (300 ml)
1 TL Rotweinessig
200 g Butter, in Würfel geschnitten
Meersalz und frisch gemahlener schwarzer Pfeffer

FÜR 4 PERSONEN

Den Pastateig herstellen und ruhen lassen. Backofen auf 180 °C vorheizen.

Wasser in einem großen Topf zum Kochen bringen. Die Blätter der Wildgemüse abzupfen (bei den Brennnesseln am besten Handschuhe anziehen), mit dem Spinat 3–4 Minuten blanchieren und in Eiswasser abschrecken. Abtropfen lassen, die Flüssigkeit vollständig herauspressen und fein hacken.

In einer großen Schüssel den Ricotta mit Zitronenschale, Ei, Eigelb, 200 g Parmesan und dem Muskat vermengen. Zum Schluss das Gemüse untermischen.

Eine Auflaufform (30 × 20 cm) mit Olivenöl einfetten.

Den Pastateig sehr dünn ausrollen (siehe Seite 17–18) und in 30 × 20 cm große Rechtecke schneiden.

Eine Teigscheibe in die Form legen und ein Viertel der Gemüse-Ricotta-Mischung gleichmäßig darauf verteilen. Den Vorgang so lange wiederholen, bis die Zutaten aufgebraucht sind und mit einer Teigscheibe abschließen. Die Lasagne mit dem restlichen Parmesan bestreuen und 15 Minuten backen.

Inzwischen die Sauce zubereiten. Blutorangensaft und Essig in einem kleinen Topf auf 2 Esslöffel reduzieren. Bei geringer Hitze nach und nach die Butter einrühren, bis sie geschmolzen und eine glänzende Sauce entstanden ist. Dabei darauf achten, dass die Sauce nicht zum Kochen kommt. Vom Herd nehmen und mit Salz und Pfeffer abschmecken.

Die Lasagne auf vier Tellern anrichten, mit der Sauce beträufeln und mit Blutorangenspalten und Majoranblättern garnieren.

Muschelnudeln mit Auberginenfüllung

CONCHIGLIONI ALLE MELANZANE

Die Aubergine symbolisiert den Sommer und die Wärme der Sonne. Kombiniert mit großen Muschelnudeln kommt mit diesem schmackhaften Gericht garantiert Urlaubsstimmung bei Ihren Gästen auf!

2 Auberginen

Meersalz

200 ml Olivenöl extra vergine

1 Knoblauchzehe, fein gehackt

500 g reife Tomaten, enthäutet, die Samen
    entfernt (siehe Seite 51) und das Frucht-
    fleisch in Würfel geschnitten

frisch gemahlener schwarzer Pfeffer

1 Handvoll Basilikumblätter, gehackt

400 g große Muschelnudeln

80 g Parmesan, frisch gerieben

Butter für die Form

150 g Mozzarella, in Würfel geschnitten

FÜR 4 PERSONEN

Die Enden der Auberginen abschneiden. Die Auberginen in dünne Scheiben schneiden, in ein Sieb legen, mit Salz bestreuen und 40 Minuten abtropfen lassen.

Inzwischen für die Sauce 80 ml Öl bei geringer Hitze in einem Topf mit schwerem Boden erhitzen und den Knoblauch etwa 1 Minute unter Rühren anschwitzen, bis er Farbe annimmt. Die Tomaten hinzufügen, mit Salz und Pfeffer würzen und das Ganze 8 Minuten bei mittlerer Hitze kochen lassen. Das Basilikum einrühren, die Sauce noch 2 Minuten kochen lassen und danach vom Herd nehmen.

Den Backofen auf 200 °C vorheizen.

Die Nudeln in reichlich Salzwasser kochen (sie sollten noch sehr al dente sein, weil sie im Backofen weitergaren). Mit einem Schaumlöffel aus dem Topf heben und auf ein Stück Alufolie legen.

Inzwischen die Auberginenscheiben abspülen und mit Küchenpapier trocken tupfen. Das restliche Öl bei mittlerer Temperatur in einer beschichteten Pfanne erhitzen, die Auberginen portionsweise auf jeder Seite etwa 2 Minuten goldbraun braten und auf Küchenpapier abtropfen lassen.

Die Auberginen in einer Schüssel mit der Hälfte des Parmesans, 3 Esslöffeln Tomatensauce und etwas Salz mischen.

Eine Auflaufform mit Butter einfetten und den Boden mit Tomatensauce bedecken. Die Nudeln mit der Auberginenmischung füllen und in die Form schichten. Mit der restlichen Sauce begießen, mit dem Mozzarella und dem restlichen Parmesan bestreuen und 15 Minuten überbacken.

Muschelnudeln mit Fleischfüllung

CONCHIGLIONI RIPIENI AL FORNO

Die großen Muschelnudeln (Conchiglioni) werden eigens zum Füllen und Überbacken hergestellt. Dieses sättigende Gericht ist ein ideales Essen für kalte Winter- oder Regentage. Da Conchiglioni wesentlich schneller und einfacher zuzubereiten sind als Cannelloni und Lasagne, können auch die Kleinen beim Füllen mithelfen. Sie werden begeistert sein.

120 ml Olivenöl extra vergine
1 Zwiebel, fein gehackt
300 g Rinderhackfleisch
Meersalz und frisch gemahlener schwarzer Pfeffer
frisch geriebene Muskatnuss
1 Dose (400 g) geschälte Tomaten, durch die Gemüsemühle passiert oder mit den Händen zerdrückt
2 TL Tomatenmark
250 ml kochendes Wasser
1 kleine Handvoll Basilikumblätter, gehackt
150 g Paniermehl
2 Eier
100 g Parmesan, frisch gerieben
500 g große Muschelnudeln
1 Rezept Béchamelsauce (siehe Seite 62)

FÜR 4 PERSONEN

80 ml Öl bei mittlerer bis starker Hitze in einer Pfanne mit schwerem Boden heiß werden lassen und die Zwiebel 3–4 Minuten glasig schwitzen. Die Wärmezufuhr erhöhen, das Fleisch dazugeben und rundherum anbräunen. Mit Salz, Pfeffer und Muskat abschmecken, ein Viertel der Tomaten und das Tomatenmark hinzufügen und das kochende Wasser angießen. Gut umrühren und das Ganze 40 Minuten unter gelegentlichem Rühren köcheln lassen. In den letzten Minuten die Hälfte des Basilikums einrühren und die Pfanne danach vom Herd nehmen.

Den Backofen auf 180 °C vorheizen.

Während die Füllung abkühlt, das restliche Öl mit den restlichen Tomaten und dem restlichen Basilikum in eine beschichtete Pfanne geben, mit Salz und Pfeffer würzen und 20 Minuten bei mittlerer Hitze unter gelegentlichem Rühren kochen lassen. Die Sauce anschließend abkühlen lassen. Die abgekühlte Füllung in einer Schüssel mit Paniermehl, Eiern und der Hälfte des Parmesans vermengen.

Die Nudeln in reichlich Salzwasser kochen und etwa 2 Minuten vor dem Ende der auf der Packung angegebenen Kochzeit abgießen. Einige Minuten auf einem sauberen Geschirrtuch abkühlen lassen und füllen.

Den Boden einer großen Keramikform mit Tomatensauce bedecken. Die Nudeln mit der Öffnung nach oben nebeneinander hineinschichten, jede Muschel mit etwas Sauce begießen und das Ganze mit der Béchamelsauce überziehen. Den restlichen Parmesan darüberstreuen und die Nudeln 20 Minuten goldbraun überbacken.

Cannelloni mit Kaninchenfleisch

CANNELLONI DI CONIGLIO

Logan Campbell, der Küchenchef des Lucio's, von dem dieses Rezept stammt, hat dazu ein paar wertvolle Tipps: »Das Problem beim Kaninchen ist, dass das Fleisch trocken wird, wenn man sich nicht genauestens an die Kochzeiten hält. Kochen Sie das Fleisch also nicht zu lange, und lassen Sie es in der Brühe abkühlen.«

1 Rezept Einfacher Pastateig (siehe Seite 11)
Olivenöl extra vergine zum Beträufeln
40 g Parmesan, frisch gerieben
1 EL Thymianblätter zum Garnieren

FÜR DIE FÜLLUNG

100 ml Olivenöl extra vergine
1 großes Kaninchen (1,6–1,8 kg),
    vom Metzger zerteilt
Mehl zum Bestäuben
2 weiße Zwiebeln, grob gehackt
1 Möhre, grob gehackt
3 große reife Tomaten, grob gehackt
1 Bund Thymian
250 ml Weißwein
2 l Hühnerbrühe
Meersalz und frisch gemahlener schwarzer
    Pfeffer
100 g Ricotta
50 g Parmesan, frisch gerieben
2 Eigelb
1 große Handvoll glatte Petersilienblätter,
    gehackt

FÜR DIE SAUCE

400 g Topinambur
½ Zitrone
2 EL Olivenöl extra vergine
1 weiße Zwiebel, gehackt
2 Knoblauchzehen, gehackt
1 Lorbeerblatt
1 l Hühnerbrühe
80 g Sahne
Meersalz und frisch gemahlener schwarzer
    Pfeffer

FÜR 4 PERSONEN

Den Pastateig herstellen und ruhen lassen.

Für die Füllung das Öl bei mittlerer Temperatur in einem Topf mit schwerem Boden erhitzen. Die Kaninchenteile mit Mehl bestäuben und rundherum anbraten. Aus dem Topf nehmen und beiseitestellen. Zwiebeln, Möhre, Tomaten und Thymian in den Topf geben und 3 Minuten anschwitzen. Den Wein angießen und 3 Minuten kochen lassen. Das Kaninchen wieder in den Topf geben, die Brühe angießen, mit Salz und Pfeffer würzen und das Ganze zugedeckt etwa 35 Minuten köcheln lassen, bis das Fleisch weich ist. Den Topf vom Herd nehmen und das Fleisch in der Brühe abkühlen lassen.

Das Fleisch von den Knochen lösen, klein schneiden und in eine Schüssel füllen. Die Brühe in einen zweiten Topf abseihen und bei geringer Hitze um die Hälfte einkochen lassen, bis sie sehr dick ist.

Das Fleisch mit Ricotta, Parmesan, Eigelben und Petersilie vermengen und mit Salz und Pfeffer abschmecken. Ist die Mischung zu trocken, etwas reduzierte Brühe hinzufügen. Die Füllung anschließend in den Kühlschrank stellen.

Für die Sauce den Topinambur schälen und in Zitronenwasser legen. Das Öl in einem Topf erhitzen und die Zwiebel mit dem Knoblauch 3 Minuten glasig schwitzen. Lorbeerblatt, Brühe und den abgetropften Topinambur dazugeben und das Ganze etwa 20 Minuten köcheln lassen, bis der Topinambur weich ist. Den Topf vom Herd nehmen, das Lorbeerblatt entfernen und die Sauce abkühlen lassen. Mit dem Stabmixer pürieren, die Sahne einrühren und mit Salz und Pfeffer abschmecken.

Den Backofen auf 170 °C vorheizen und eine Keramikform einfetten oder mit Backpapier auskleiden.

Den Pastateig sehr dünn ausrollen (siehe Seite 17–18) und 10 × 7 cm große Rechtecke ausschneiden. 3–4 Esslöffel Füllung an einer Längsseite verteilen. Dabei einen 5 mm breiten Rand frei lassen. Die Füllung zu einer 3 cm breiten Rolle formen. Die gegenüberliegende Längsseite mit Wasser bepinseln, die Cannelloni aufrollen und die Nahtstellen gut andrücken.

Die Cannelloni mit der Naht nach unten nebeneinander in die Form legen und so viel reduzierte Brühe angießen, dass die Cannelloni zu einem Drittel in der Flüssigkeit liegen. Mit Olivenöl beträufeln, mit etwas Parmesan bestreuen und 20 Minuten backen. Inzwischen die Sauce erhitzen.

Die Cannelloni auf einer Platte anrichten, mit der Sauce überziehen und mit Thymianblättern garnieren.

Schwarze Cannelloni mit Sepia in Kartoffel-Lauch-Creme

CANNELLONI AL NERO DI SEPIA

Dieses fantastische Gericht stammt aus dem Restaurant meiner Familie in Bocca di Magra. Eine delikate Kartoffel-Lauch-Creme bildet hier den farblichen und geschmacklichen Kontrast zu den zarten schwarzen Cannelloni mit der maritimen Füllung.

1 Rezept Pastateig mit Sepia (siehe Seite 14)
Olivenöl extra vergine zum Beträufeln

FÜR DIE FÜLLUNG

200 g Mangold
3 EL Olivenöl extra vergine
½ weiße Zwiebel, fein gehackt
1 Knoblauchzehe, geschält und zerdrückt
1 rote Chilischote, der Länge nach halbiert
    und die Samen entfernt
300 g Sepien, in Streifen geschnitten
3 EL trockener Weißwein
Meersalz und frisch gemahlener schwarzer
    Pfeffer

FÜR DIE KARTOFFEL-LAUCH-CREME

300 g Kartoffeln, geschält und in kleine Würfel
    geschnitten
15 g Butter
100 g Lauch (nur die weißen Schäfte), in feine
    Ringe geschnitten
50 ml Milch
Meersalz und frisch gemahlener schwarzer
    Pfeffer

FÜR 4 PERSONEN

Den Pastateig herstellen und ruhen lassen.

Die Mangoldstiele herausschneiden. Die Blätter waschen und fein hacken. Das Öl bei mittlerer Temperatur in einer Pfanne mit schwerem Boden erhitzen. Zwiebel, Knoblauch und Chilischote 1 Minute anschwitzen, Knoblauch und Chilischote danach entfernen und die Zwiebel weitere 4 Minuten unter häufigem Rühren glasig schwitzen. Die Sepienstreifen dazugeben und 3–4 Minuten anbraten, bis sie nicht mehr durchsichtig sind. Den Wein hinzufügen und verdunsten lassen. Den Mangold dazugeben, mit Salz und Pfeffer würzen und gut untermischen. Das Ganze 5 Minuten bei geringer bis mittlerer Hitze unter gelegentlichem Rühren kochen lassen. Auf einem Küchenbrett mit dem Wiegemesser oder einem scharfen Messer fein hacken und abkühlen lassen.

Die Kartoffeln 10–15 Minuten in Salzwasser weich garen und abgießen. Die Butter bei mittlerer Hitze in einer beschichteten Pfanne zerlassen und den Lauch 3–4 Minuten anschwitzen. Milch und Kartoffeln dazugeben, mit Salz und Pfeffer abschmecken, gut umrühren und das Ganze etwa 5 Minuten kochen lassen. Die Mischung anschließend im Mixer pürieren.

Den Backofen auf 180 °C vorheizen und eine Keramikform mit Öl einfetten.

Den Pastateig ausrollen (siehe Seite 17–18) und in 10 × 7 cm große Rechtecke schneiden. Eine Schüssel mit Eiswasser vorbereiten. Die Rechtecke portionsweise 1–2 Minuten in reichlich Salzwasser mit ein paar Tropfen Olivenöl kochen, mit einem Schaumlöffel aus dem Topf heben, im Eiswasser abschrecken und auf einem Geschirrtuch abtropfen lassen.

Die Nudelstücke auslegen und 1 gehäuften Esslöffel Füllung an einer Längsseite verteilen. Dabei einen 5 mm breiten Rand frei lassen. Die Füllung zu einer 3 cm breiten Rolle formen. Die gegenüberliegende Längsseite mit Wasser bepinseln, die Cannelloni aufrollen und die Nahtstellen gut andrücken.

Die Cannelloni mit der Naht nach unten nebeneinander in die Form schichten, mit Olivenöl beträufeln und 20–25 Minuten backen.

Inzwischen die Kartoffel-Lauch-Creme bei geringer Hitze erwärmen und auf vier Teller verteilen. Die Cannelloni darauf anrichten und servieren.

PASTA AUS DEM OFEN

Lasagne timballo

LASAGNE SEMPLICI

In Norditalien serviert man bei besonderen Anlässen Ravioli, in Süditalien sind es Timballi – Gerichte aus mehreren mit einer Sauce gefüllten Pastaschichten, die im Ofen gebacken werden. Bei dieser einfachen Lasagne habe ich mich von diesen Timballi inspirieren lassen und habe deshalb die traditionelle Béchamelsauce durch Mozzarella und Eier ersetzt. Ein ausgesprochen gelungenes Experiment, wie ich finde!

60 ml Olivenöl extra vergine

½ weiße Zwiebel, in feine Ringe geschnitten

300 g mageres Hackfleisch vom Rind

200 g Hackfleisch vom Schwein

500 ml Weißwein

1 Dose (400 g) geschälte Tomaten, durch die Gemüsemühle passiert oder mit den Händen zerdrückt

Meersalz und frisch gemahlener schwarzer Pfeffer

1 große Handvoll Basilikumblätter, in Stücke gerissen

30 g Butter, in kleine Würfel geschnitten

200 g Mozzarella, in dünne Scheiben geschnitten

3 Eier, hart gekocht und in dicke Scheiben geschnitten

100 g Parmesan, frisch gerieben

FÜR DEN PASTATEIG

400 g Mehl

4 Eier

FÜR 4 PERSONEN

Aus den hier angegebenen Zutaten wie auf Seite 11 beschrieben einen Pastateig herstellen und ruhen lassen.

Den Teig sehr dünn ausrollen (siehe Seite 17–18) und in Streifen schneiden (die Streifen sollten in etwa die Größe der Auflaufform haben).

Das Öl bei mittlerer Temperatur in einer Pfanne mit schwerem Boden erhitzen und die Zwiebel 5 Minuten unter Rühren anschwitzen, bis sie weich ist. Das Hackfleisch dazugeben, etwa 8 Minuten rundherum anbräunen und dabei mit dem Pfannenwender zerkrümeln. Den Wein angießen und etwa 5 Minuten verdunsten lassen. Die Tomaten einrühren, sparsam mit Salz und Pfeffer würzen und das Basilikum hinzufügen. Die Sauce 1 Stunde bei geringer Hitze kochen lassen. Dabei regelmäßig umrühren und bei Bedarf etwas Wasser angießen.

Den Backofen auf 200 °C vorheizen.

Inzwischen eine Schüssel mit kaltem Wasser bereitstellen. Die Pastastreifen portionsweise (3–4 Stück auf einmal) 10 Sekunden in kochendem Wasser vorgaren. Mit einem Schaumlöffel aus dem Topf heben, im kalten Wasser abschrecken und zum Trocknen auf einem Geschirrtuch ausbreiten.

Eine Keramikform mit Butter einfetten und etwas Fleischsauce auf dem Boden verteilen. Eine Schicht Pasta daraufgeben, mit Fleischsauce überziehen, mit ein paar Mozzarella- und Eierscheiben belegen und mit ein paar Esslöffeln Parmesan bestreuen. Den Vorgang so lange wiederholen, bis die Zutaten aufgebraucht sind. Die Lasagne zum Schluss mit der restlichen Butter besetzen.

Die Lasagne 30 Minuten goldbraun und knusprig backen, aus dem Ofen nehmen und vor dem Servieren 8–10 Minuten ruhen lassen.

Lasagne auf Bologneser Art

LASAGNE ALLA BOLOGNESE

Diese Lasagne aus der Emilia-Romagna wird auch als *Lasagne al forno* (gebackene Lasagne) bezeichnet und ist nicht zu verwechseln mit den Nudeln gleichen Namens.

Die Lasagne zählt zu den absoluten Klassikern der italienischen Küche und ist ein beliebtes Festtagsgericht. Für eine wirklich gute Lasagne muss der Teig möglichst dünn ausgerollt werden, und sie darf weder zu kurz noch zu lange gegart werden. Aber mit etwas Übung wird Ihnen dies bald mühelos gelingen!

Butter für die Form
1 Rezept Einfacher Pastateig (siehe Seite 11)
Meersalz
Olivenöl
½ Rezept Klassische Sauce bolognese (siehe Seite 56)
1 Rezept Béchamelsauce (siehe Seite 62)
120 g Parmesan, frisch gerieben

FÜR 4 PERSONEN

Den Backofen auf 200 °C vorheizen und eine Auflaufform mit Butter einfetten.

Den Pastateig dünn ausrollen (siehe Seite 17–18) und Rechtecke in der Größe der Auflaufform ausschneiden. Eine große Schüssel mit Eiswasser vorbereiten. Wasser in einem großen Topf zum Kochen bringen, salzen und ein paar Tropfen Olivenöl hinzufügen (so verkleben die Pastastücke nicht). Die Rechtecke portionsweise (2–3 Stück auf einmal) 2 Minuten kochen, mit einer Zange aus dem Topf heben, im Eiswasser abschrecken und zum Trocknen auf Geschirrtüchern auslegen.

Die Sauce bolognese langsam erhitzen und den Boden der Form damit bedecken. Eine Schicht Pastascheiben darauf verteilen, mit Sauce bolognese und danach mit Béchamelsauce überziehen und mit Parmesan bestreuen. Den Vorgang so lange wiederholen, bis die Zutaten aufgebraucht sind. Die Lasagne zum Schluss mit dem restlichen Parmesan bestreuen und mit der restlichen Butter besetzen.

Die Lasagne 30 Minuten goldbraun backen, aus dem Ofen nehmen und vor dem Servieren etwa 10 Minuten ruhen lassen.

PASTA AUS DEM OFEN

Pasta oder Klößchen – das ist hier die Frage.

Ich würde sagen, Gnocchi sind beides, und aus diesem Grund möchte ich Ihnen hier auch einige meiner Lieblingsrezepte mit Gnocchi vorstellen. Denn auch sie zählen zu den Highlights der *cucina italiana*. Gnocchi sollten weich und so zart sein, dass man sie mit der Zunge am Gaumen zerdrücken kann.

In Italien sind die kleinen Klößchen regelrechte Seelentröster. Nicht umsonst heißt es bei uns, wenn jemand traurig ist oder etwas schiefgegangen ist: »*Vai a casa che la mamma ha ta fa i gnocchi*« – Geh nach Hause und lass dir von deiner Mamma Gnocchi machen.

Gnocchi gibt es in verschiedenen Größen und Formen und sie werden mit den unterschiedlichsten Saucen kombiniert. Einige davon stelle ich Ihnen in diesem Kapitel vor. Gnocchi werden übrigens keineswegs immer aus Kartoffeln hergestellt. Diese »kartoffellosen« Varianten sind häufig aus der Not geboren. Ich selbst habe in meiner Kindheit meiner Mutter und meiner Tante Anna bei der Zubereitung solcher Gnocchi zugesehen; andere kenne ich nur vom Hörensagen. Sie können so groß sein wie herkömmliche Gnocchi, manchmal sind sie aber auch sehr viel größer. Man kann sie ganz frisch machen oder am Vortag zubereiten und einfrieren, was das Kochen erleichtert. In der Regel werden sie in Wasser gekocht und mit einer Sauce serviert. Gelegentlich kocht man sie auch direkt in der Sauce. Aber ob nun mit oder ohne Kartoffeln – eines haben alle Gnocchi gemein: Sie sind einfach *deliziosi*.

Kartoffel-Gnocchi

1 kg mehligkochende Kartoffeln
1 Ei
200–250 g Mehl + Mehl zum Bestäuben
Meersalz

FÜR 4 PERSONEN

Bei Kartoffel-Gnocchi ist die Wahl der richtigen Kartoffelsorte entscheidend. Mehligkochende Sorten sind am besten geeignet, da sie weniger Wasser enthalten als neue oder festkochende Kartoffeln. Dadurch benötigt man weniger Mehl, und die Gnocchi werden lockerer. Ich empfehle Ihnen die Sorte Désirée.

Die Kartoffeln mit Schale je nach Größe in Salzwasser 25–30 Minuten weich kochen. Mit einem Spieß hineinstechen, um die Garprobe zu machen.

Abgießen, etwas abkühlen lassen (nicht zu sehr abkühlen lassen, denn heiß lassen sie sich besser zerdrücken), pellen und durch die Kartoffelpresse drücken oder mit dem Kartoffelstampfer zerkleinern. Das Püree vollständig abkühlen lassen. Das Ei mit einer Gabel locker unterrühren. 200 g Mehl dazugeben, mit Salz würzen und das Ganze rasch mit den Händen zu einem weichen, homogenen Teig verarbeiten. Ist der Teig zu klebrig, noch etwas Mehl hinzufügen. Das Mehl aber vorsichtig dosieren, denn verwendet man zu viel davon, werden die Gnocchi hart und schwer.

Den Teig auf der leicht bemehlten Arbeitsfläche in sechs Portionen teilen und zu fingerdicken Rollen formen. Die Rollen mit einem scharfen Messer in 2–4 cm lange Stücke schneiden.

Die Stücke auf einem bemehlten Geschirrtuch ausbreiten und dabei darauf achten, dass sie sich nicht berühren. Anschließend mit leichtem Druck über die Zinken einer Gabel rollen, um ihnen die typische Form zu verleihen, in der sich die Sauce sammeln kann. Oder mit der Fingerspitze in die Mitte jedes Gnocchi eine kleine Vertiefung drücken.

Die fertigen Gnocchi auf eine Platte legen. Wasser in einem großen Topf zum Kochen bringen, salzen und die Gnocchi – gegebenenfalls portionsweise – ins kochende Wasser gleiten lassen. Sobald sie an die Oberfläche steigen, mit einem Schaumlöffel herausheben, gut abtropfen lassen und mit der Sauce mischen.

Am besten schmecken Gnocchi mit einer frischen Tomatensauce (siehe Seite 51) und mit viel Basilikum und Parmesan bestreut oder mit der Käsesauce von Seite 98. Und wenn es einmal schnell gehen muss, die Gnocchi einfach mit zerlassener Butter begießen und mit Parmesan bestreuen.

Die Gnocchi lassen sich übrigens leichter kochen, wenn man sie bereits am Vortag herstellt und auf einer Platte einfriert (darauf achten, dass sich die Gnocchi nicht berühren). Nach dem Anfrosten das überschüssige Mehl abklopfen und die Gnocchi in Gefrierbeutel füllen.

Kartoffel-Gnocchi mit Spinat, Tomatensauce und Mascarpone

GNOCCHI VERDI AL POMODORO E MASCARPONE

Grüne Gnocchi sind eine der zahlreichen beliebten Varianten. Durch den Spinat, der unter den Kartoffelteig gemischt wird, bekommen die Gnocchi nicht nur eine appetitliche grüne Farbe, sie werden auch besonders locker und schmackhaft, sodass man sie eigentlich nur mit Olivenöl oder Butter servieren kann. Noch größer wird der Genuss allerdings mit dieser sahnigen Tomatensauce.

250 g Spinat, die Stiele entfernt
600 g mehligkochende Kartoffeln
1 Ei
250 g Mehl
Meersalz
60 g Parmesan, frisch gerieben

FÜR DIE SAUCE

80 ml Olivenöl extra vergine
1 Schalotte, fein gehackt
300 g reife Tomaten, enthäutet, die Samen entfernt (siehe Seite 51) und das Fruchtfleisch in Würfel geschnitten
150 g Mascarpone
Meersalz und frisch gemahlener schwarzer Pfeffer
1 EL gehackte Basilikumblätter

FÜR 4 PERSONEN

Den Spinat waschen, tropfnass in einen Topf geben und einige Minuten bei mittlerer Hitze zusammenfallen lassen. Abgießen, die Flüssigkeit vollständig herauspressen und den Spinat fein hacken.

Einen Gnocchiteig wie auf Seite 256 beschrieben herstellen und dabei den Spinat mit dem Ei unterrühren.

Für die Sauce das Öl bei mittlerer Hitze in einer Pfanne mit schwerem Boden erhitzen und die Schalotte einige Minuten unter Rühren glasig schwitzen. Die Tomaten hinzufügen und unter gelegentlichem Rühren 10 Minuten kochen lassen. Die Sauce durch ein feines Sieb passieren, wieder in den Topf füllen und bei mittlerer Hitze den Mascarpone darin schmelzen lassen. Mit Salz und Pfeffer abschmecken und das Basilikum einrühren.

Die Gnocchi – gegebenenfalls portionsweise – in reichlich Salzwasser kochen. Mit einem Schaumlöffel aus dem Topf heben, sobald sie an die Oberfläche steigen, vorsichtig mit der Sauce mischen und mit der Hälfte des Parmesans bestreuen. Heiß servieren und den restlichen Parmesan getrennt dazu reichen.

Kartoffel-Gnocchi mit Gorgonzolasauce und Pistazien

GNOCCHI AL GORGONZOLA E PISTACCHI

Gnocchi und Gorgonzola sind ein unschlagbares Team. Der sahnige Käse passt hervorragend zu den weichen Kartoffelklößchen. Auch in meinem Restaurant ist dieses Gericht ein Renner. Ich bevorzuge den milden Gorgonzola Dolcelatte anstelle der pikanten Version. Die Pistazien geben dem Ganzen etwas Biss und ein besonderes Aroma. Sie können stattdessen aber auch Walnuss- oder Pinienkerne nehmen.

50 g Butter

150 g Sahne

100 g zimmerwarmer Gorgonzola Dolcelatte, in Würfel geschnitten

Meersalz und frisch gemahlener schwarzer Pfeffer

1 Rezept Kartoffel-Gnocchi (siehe Seite 256)

80 g ungeröstete Pistazienkerne, grob gehackt

100 g Parmesan, frisch gerieben

1 EL gehackte Majoranblätter

FÜR 4 PERSONEN

Die Butter bei mittlerer Hitze in einer großen beschichteten Pfanne zerlassen, Sahne und Gorgonzola hinzufügen und mit Salz und Pfeffer würzen. Den Käse unter Rühren schmelzen lassen und die Pfanne vom Herd nehmen.

Die Gnocchi – gegebenenfalls portionsweise – in reichlich Salzwasser kochen. Mit einem Schaumlöffel aus dem Topf heben, sobald sie an die Oberfläche steigen. In die Sauce geben, die Pfanne wieder auf die Herdplatte stellen und die Gnocchi bei geringer Hitze kurz mit der Sauce mischen. Pistazien, Parmesan und Majoran darüberstreuen, nochmals vorsichtig durchmischen, mit etwas Pfeffer übermahlen und sofort servieren.

Überbackene Kartoffel-Gnocchi mit Mozzarella

GNOCCHI GRATINATI CON MOZZARELLA

**Bei diesem großartigen neapolitanischen Gnocchi-Gericht werden die Klöß-
chen zunächst gekocht und danach überbacken. In Neapel nennt man
Gnocchi, die zumeist mit einem Neapolitanischen Ragù (siehe Seite 58) serviert werden, _Strozzapreti_ (Priesterwürger), eine Bezeichnung, die man in
anderen Regionen auch für andere Pastaformen findet (siehe Seite 168).**

Die Gnocchi bereits am Vortag herstellen und auf einer Platte einfrieren (darauf
achten, dass sich die Gnocchi nicht berühren). Nach dem Einfrieren das überschüssige Mehl abklopfen und die Gnocchi in Gefrierbeutel füllen.

Den Backofen auf 200 °C vorheizen. Eine Keramikform mit Butter einfetten und
2 Esslöffel Tomatensauce auf dem Boden verstreichen.

Die restliche Butter in einer beschichteten Pfanne zerlassen, die restliche Tomatensauce dazugeben und das Ganze etwa 5 Minuten köcheln lassen.

Inzwischen die unaufgetauten Gnocchi – gegebenenfalls portionsweise – in reichlich Salzwasser kochen und mit einem Schaumlöffel aus dem Topf heben, sobald
sie an die Oberfläche steigen.

Die Gnocchi in die Form füllen, die Sauce darübergießen und vorsichtig durchmischen. Basilikum, Mozzarella und 2 Esslöffel Parmesan unterheben. Die
Gnocchi gleichmäßig in der Form verteilen, mit dem restlichen Parmesan
bestreuen und etwa 10 Minuten goldbraun überbacken.

1 Rezept Kartoffel-Gnocchi (siehe Seite 256)
50 g Butter
1 Rezept Tomatensauce II (siehe Seite 52)
10–15 Basilikumblätter, fein gehackt
200 g Mozzarella, in 1 cm große Würfel
geschnitten
60 g Parmesan, frisch gerieben

FÜR 4 PERSONEN

Kartoffel-Gnocchi mit Enten-Ragù

GNOCCHI DI PATATE AL RAGÙ D'ANATRA

Dieses Rezept ist eine Spezialität aus Apulien. Die Gnocchi werden hier mit Parmesan und Muskat zubereitet und mit einem herzhaften, gehaltvollen Ragù serviert. Statt wie üblich mit Rotwein habe ich die Sauce hier mit Weißwein zubereitet. So wird sie leichter und heller und passt auch vorzüglich zu Tagliatelle.

60 g getrocknete Steinpilze
2 Entenbrüste + einige Knochen von der Ente
100 ml Olivenöl extra vergine
1 kleine weiße Zwiebel, fein gehackt
1 Möhre, fein gehackt
1 Stange Sellerie, fein gehackt
50 g roher Schinken oder durchwachsener Räucherspeck, fein gewürfelt
1 Kräutersträußchen (Thymian, Majoran, Salbei)
100 ml trockener Weißwein
1 Dose (400 g) geschälte Tomaten, durch die Gemüsemühle passiert oder mit den Händen zerdrückt
Meersalz und frisch gemahlener schwarzer Pfeffer
60 g Parmesan, frisch gerieben

FÜR DIE GNOCCHI

1 kg mehligkochende Kartoffeln
200–250 g Mehl
1 Ei
Meersalz
2 EL frisch geriebener Parmesan
frisch geriebene Muskatnuss

FÜR 4 PERSONEN

Für die Gnocchi das Mehl mit Parmesan und etwas Muskat mischen und mit der Zubereitung wie auf Seite 256 beschrieben fortfahren.

Die Steinpilze 15 Minuten in warmem Wasser einweichen, gut ausdrücken, trocken tupfen und hacken. Von den Entenbrüsten die Haut entfernen, das Fett weitgehend abschneiden und das Fleisch in kleine Würfel schneiden.

Das Öl bei mittlerer Hitze in einer Pfanne mit schwerem Boden erhitzen und die Zwiebel mit Möhre, Sellerie und Schinken etwa 8 Minuten glasig schwitzen.

Kräutersträußchen, Fleisch und Knochen (als Geschmacksträger) in die Pfanne geben. Das Fleisch bei starker Hitze rundherum anbräunen und anschließend etwa 6 Minuten bei geringer bis mittlerer Hitze unter Rühren kochen lassen. Pilze und Wein hinzufügen und den Alkohol verdunsten lassen. Die Tomaten einrühren, mit Salz und Pfeffer würzen und das Ragù bei leicht geöffnetem Deckel etwa 40 Minuten kochen lassen. Dabei darauf achten, dass nichts anhängt und bei Bedarf etwas Wasser hinzufügen. Das Kräutersträußchen und die Knochen danach aus der Pfanne nehmen.

Die Gnocchi – gegebenenfalls portionsweise – in reichlich Salzwasser kochen. Mit einem Schaumlöffel aus dem Topf heben, sobald sie an die Oberfläche steigen. Vorsichtig mit dem Ragù und dem Parmesan mischen und sofort servieren.

Rote Gnocchi mit Pancetta und Ziegenkäse

GNOCCHI DI BARBABIETOLA CON PANCETTA E CAPRINO

Dies ist wieder eine Kreation von Logan Campbell, dem Küchenchef des Lucio's, deshalb überlasse ich an dieser Stelle wieder ihm das Wort: »Die Rote Bete verleiht den Gnocchi eine herrliche Farbe und eine feine süßliche Note. Als Kontrast zum erdigen Geschmack der Kartoffeln und der Roten Bete habe ich salzigen Pancetta und einen pikanten Ziegenkäse gewählt.«

60 ml Olivenöl extra vergine
200 g Pancetta, in große Würfel geschnitten
2 Knoblauchzehen, fein gehackt
200 ml Hühnerbrühe
Meersalz und frisch gemahlener schwarzer Pfeffer
200 g fester Ziegenkäse
1 Handvoll Rucolablätter

FÜR DIE GNOCCHI

200 g Rote Bete
2 EL Rotweinessig
1 kg mehligkochende Kartoffeln
250 g Mehl + Mehl zum Bestäuben
2 Eigelb
Meersalz und frisch gemahlener schwarzer Pfeffer

FÜR 4 PERSONEN

Für die Gnocchi die Rote Bete in einem Topf mit Wasser bedecken, den Essig hinzufügen und die Rote Bete sehr weich kochen. Etwas abkühlen lassen, schälen, grob hacken und im Mixer pürieren.

Die ungeschälten Kartoffeln weich kochen, abgießen, 5 Minuten ausdampfen und etwas abkühlen lassen. Anschließend pellen und mit dem Kartoffelstampfer zerkleinern oder durch die Kartoffelpresse drücken. Mehl, Eigelbe und 1 Esslöffel Rote-Bete-Püree hinzufügen, mit Salz und Pfeffer würzen und die Zutaten rasch mit den Händen zu einem homogenen Teig verarbeiten.

Den Teig auf der bemehlten Arbeitsfläche in sechs Portionen teilen, zu fingerdicken Rollen formen und diese in 1,5 cm große Stücke schneiden. Gnocchi daraus formen, mit einer Gabel verzieren und auf eine bemehlte Platte legen. Dabei darauf achten, dass sich die Gnocchi nicht berühren.

Das Öl bei mittlerer bis starker Hitze in einer Pfanne mit schwerem Boden erhitzen und den Pancetta darin anbräunen. Knoblauch und Brühe dazugeben, sparsam mit Salz und Pfeffer würzen und das Ganze bei geringer Hitze köcheln lassen, während die Gnocchi kochen.

Die Gnocchi – gegebenenfalls portionsweise – in reichlich Salzwasser kochen. Mit einem Schaumlöffel aus dem Topf heben, sobald sie an die Oberfläche steigen, und vorsichtig mit der Sauce mischen.

In eine Servierschüssel füllen, den Ziegenkäse darüberkrümeln, den Rucola darüberstreuen und sofort servieren.

Sardische Gnocchi mit Wurst

MALLOREDDUS ALLA SALSICCIA

Malloreddus, auch *Gnocchetti sardi* genannt, sind eine typisch sardische Pasta. Malloreddus heißt so viel wie »junges Kalb«, allerdings sehen sie für mich weniger wie Kälber als vielmehr wie Würmer aus.

Auch außerhalb Sardiniens sind diese Gnocchi aus Grieß und Wasser sehr beliebt und werden inzwischen sogar als Fertigprodukt angeboten. Malloreddus können mit den verschiedensten Saucen kombiniert werden. Ein sardischer Freund antwortete auf die Frage, wie er seine Malloreddus isst, allerdings ohne lange nachzudenken: »Mit Wurst.«

60 ml Olivenöl extra vergine

3 Knoblauchzehen, geschält und leicht zerdrückt

300 g Salsiccia siciliana (Schweinswurst mit Fenchel), gepellt

3 Stängel Basilikum

3 EL trockener Weißwein

1 Dose (400 g) geschälte Tomaten, durch die Gemüsemühle passiert oder mit den Händen zerdrückt

Meersalz und frisch gemahlener schwarzer Pfeffer

1 Handvoll Basilikumblätter, fein gehackt

80 g Pecorino, frisch gerieben

FÜR DIE GNOCCHI

400 g Grieß + Mehl zum Bestäuben

Meersalz

1 Messerspitze Safranfäden

FÜR 4 PERSONEN

Die Malloreddus kann man ganz frisch oder schon am Vortag zubereiten. Dafür das Mehl auf ein Brett häufen, eine Mulde in die Mitte drücken und etwas Salz hineinstreuen. Den Safran in 250 ml warmem Wasser auflösen und das Wasser in die Mulde gießen. Die Zutaten mit den Händen zu einem Teig verarbeiten und wie auf Seite 11 beschrieben etwa 15 Minuten durchkneten.

Den Teig auf der bemehlten Arbeitsfläche in sechs Portionen teilen und zu fingerdicken Rollen formen. Mit einem scharfen Messer in etwa 1 cm große Stücke schneiden und einzeln mit leichtem Druck über die Zinken einer Gabel rollen, damit sie die typische Gnocchiform annehmen. Die Malloreddus anschließend mindestens 1 Stunde ruhen lassen (oder bis zum nächsten Tag aufheben).

Das Öl bei mittlerer Hitze in einer großen Pfanne mit schwerem Boden erhitzen, den Knoblauch unter Rühren etwa 4 Minuten anschwitzen, bis er Farbe annimmt, und danach herausnehmen. Die Wurst in die Pfanne geben und mit dem Pfannenwender zerkrümeln. Die Basilikumstängel hinzufügen und die Wurst rundherum anbräunen. Den Wein darüberträufeln und verdunsten lassen. Die Tomaten einrühren und mit Salz und Pfeffer abschmecken. Die Sauce etwa 10 Minuten unter gelegentlichem Rühren köcheln lassen und danach das Basilikum herausnehmen.

Inzwischen die Malloreddus in reichlich Salzwasser kochen, bis sie an die Oberfläche steigen. Abgießen und dabei etwas Kochwasser auffangen. Bei geringer Hitze 1 Minute vorsichtig mit der Sauce mischen und dabei das gehackte Basilikum und die Hälfte des Pecorinos hinzufügen. Ist das Ganze zu trocken, etwas Kochwasser dazugeben. Mit dem restlichen Käse bestreuen und sofort servieren.

Gnocchi mit Sardellen und Majoran-Pesto

GNOCCHI CON LE ACCIUGHE E PESTO ALLA MAGGIORANA

Ich bin in Ligurien, an der Riviera di Levante, geboren. Früher verdienten die Menschen dort ihr Geld zumeist mit der Seefahrt und dem Transport von Waren. Die Fischerei überließ man den Armen. Da sie mit ihren kleinen Booten jedoch nicht weit aufs Meer hinausfahren konnten, fingen sie vorwiegend Sardellen, und das in rauen Mengen. Dieses Gericht ist eine Hommage an diese wunderbaren kleinen Fische – und an die vielen herrlichen Kräuter, die in diesem Teil der Erde überall wild wachsen.

400 g Mehl
200 g Paniermehl
100 g Pecorino, frisch gerieben
frisch geriebene Muskatnuss
Meersalz
20 Sardellenfilets in Öl, abgetropft und fein
  gehackt
1 EL fein gehackte Oreganoblätter
2 Eier
1 Eigelb
120 ml trockener Weißwein
frisch geriebener Parmesan zum Servieren
  (nach Belieben)

FÜR DAS PESTO

1 große Handvoll Majoranblätter
100 g Parmesan, frisch gerieben
1 Knoblauchzehe, geschält
50 g Walnusskerne
50 g Pinienkerne
120 ml Olivenöl extra vergine
1 Prise Meersalz

FÜR 4 PERSONEN

Das Mehl mit Paniermehl, Pecorino, etwas Muskat und 1 Prise Salz mischen, auf die Arbeitsfläche häufen und eine Mulde hineindrücken. Sardellen, Oregano, Eier, Eigelb und Wein hineingeben und die Zutaten einige Minuten zu einem kompakten Teig verarbeiten. Zu einer Kugel formen und 30 Minuten ruhen lassen.

Inzwischen die Pestozutaten im Mörser zu einer cremigen, nicht zu glatten Paste zerreiben und das Pesto in eine große Schüssel füllen.

Den Gnocchiteig auf der bemehlten Arbeitsfläche in sechs Portionen teilen und zu fingerdicken Rollen formen. In 2–4 cm große Stücke schneiden und einzeln mit leichtem Druck über die Zinken einer Gabel rollen, damit sie die typische Gnocchiform annehmen.

Die Gnocchi – gegebenenfalls portionsweise – in reichlich Salzwasser kochen. Mit einem Schaumlöffel aus dem Topf heben, sobald sie an die Oberfläche steigen, und vorsichtig mit dem Pesto mischen. Dabei etwas Kochwasser hinzufügen, falls sie zu trocken sind. Nach Belieben mit Parmesan bestreuen und sofort servieren.

Safran-Gnocchi mit Miesmuscheln und Spargelspitzen

GNOCCHI ALLE COZZE E PUNTE DI ASPARAGI

1 EL Olivenöl extra vergine

6 Knoblauchzehen, geschält

1 kg Miesmuscheln, abgeschrubbt und entbartet

12 grüne Spargelspitzen

50 g Butter, in kleinen Stücken

FÜR DIE GNOCCHI

½ TL Safranfäden

1 Ei

1 kg mehligkochende Kartoffeln

200–250 g Mehl

1 Prise Meersalz

FÜR 4 PERSONEN

Die Griechen brachten den Safran vor gut 3000 Jahren nach Süditalien. In der Antike galt er in Griechenland als Heilmittel und Aphrodisiakum. So soll Alexander der Große seine Kriegsverletzungen damit behandelt haben, und Cleopatra gab ihn ins Badewasser, um ihre Haut zu sensibilisieren. Was für eine Verschwendung! Diese Safran-Gnocchi mit Muscheln und Spargel zählen übrigens zu den Rennern im Lucio's.

Für die Gnocchi den Safran in einer kleinen Schüssel mit 1 Teelöffel warmem Wasser verrühren. Das Wasser mit dem Ei mischen und den Gnocchiteig wie auf Seite 256 beschrieben herstellen.

Das Öl bei mittlerer Hitze mit dem Knoblauch in einem großen Topf erhitzen. Die Muscheln bei starker Hitze dünsten, bis sie sich geöffnet haben, und mit einer Zange herausnehmen. Nicht geöffnete Muscheln wegwerfen. Die Kochflüssigkeit durch ein feines Sieb seihen und beiseitestellen. Das Muschelfleisch aus den Schalen lösen.

Wasser in einem großen Topf zum Kochen bringen und salzen. Die Spargelspitzen auf die Größe der Gnocchi zurechtschneiden. Die Gnocchi – gegebenenfalls portionsweise – mit dem Spargel ins leicht kochende Salzwasser gleiten lassen. Sobald sie an die Oberfläche steigen, mit einem Schaumlöffel herausheben.

In einer Pfanne die Muschelflüssigkeit mit der Butter zum Kochen bringen. Gnocchi, Spargelspitzen und Muschelfleisch in die Pfanne geben, vorsichtig durchmischen und sofort servieren.

Schwarze Gnocchi mit Sepiasauce

GNOCCHI NERI ALLE SEPPIE

Eine (Geschmacks-)Sinfonie in Schwarz und Weiß sind diese mit schwarzer Sepiatinte gefärbten Kartoffel-Gnocchi, die mit den weißen Sepiastreifen kontrastieren. Die Zwiebel muss sehr fein gehackt werden, damit sie vollständig zerkocht und lediglich den salzigen Meeresgeschmack unterstreicht, der noch besser zur Geltung kommt, wenn Sie noch etwas Fischbrühe hinzufügen.

Sepiatinte bekommen Sie in Beutel abgefüllt beim Fischhändler und in Feinkostgeschäften. Ziehen Sie am besten Handschuhe an, wenn Sie den Teig zubereiten, damit die Tinte Ihre Hände nicht schwarz färbt.

50 ml Olivenöl extra vergine
1 Zwiebel, fein gehackt
500 g Sepien, in feine Streifen geschnitten
100 ml Fischbrühe (nach Belieben)

FÜR DIE GNOCCHI

1 kg mehligkochende Kartoffeln
1 EL Sepiatinte
200–250 g Mehl
1 Prise Meersalz

FÜR 4 PERSONEN

Die Gnocchi wie auf Seite 256 beschrieben herstellen und das Ei durch die Sepiatinte ersetzen.

Das Öl in einer großen Pfanne erhitzen und die Zwiebel 10 Minuten bei mittlerer Hitze glasig schwitzen. Die Sepiastreifen dazugeben und 3 Minuten anbraten. Anschließend je nach Geschmack die Fischbrühe hinzufügen.

Die Gnocchi – gegebenenfalls portionsweise – in reichlich Salzwasser kochen. Mit einem Schaumlöffel aus dem Topf heben, sobald sie an die Oberfläche steigen, mit der Sauce mischen und sofort servieren.

Mehl-Gnocchi

GNOCCHI SOLO FARINA

Diese kleinen, nur aus Mehl und Wasser hergestellten Gnocchi sind nicht nur besonders locker und zart, sie sind auch im Handumdrehen fertig. Man kann sie nur mit Rucola und Schinken (siehe unten) oder mit einer frischen Tomatensauce (siehe Seite 51), Basilikum und Parmesan servieren. Sie können sie aber auch überbacken (siehe Seite 260) oder mit der Brokkolisauce von Seite 130 mischen.

500 ml Wasser
500 g Mehl

FÜR 4 PERSONEN

Das Wasser in einem Topf zum Kochen bringen. Den Topf vom Herd nehmen und die Hälfte des Mehls hineinschütten. Mit einem Holzkochlöffel umrühren, bis das Mehl das Wasser aufgesogen hat und sich der Teig von den Topfwänden löst. Den Teig auf der bemehlten Arbeitsfläche etwas abkühlen lassen und das restliche Mehl einige Minuten mit den Händen einarbeiten. Ist der Teig zu feucht, noch etwas Mehl unter den noch warmen Teig kneten.

Den Teig auf der bemehlten Arbeitsfläche in sechs Portionen teilen und zu fingerdicken Rollen formen. Mit einem scharfen Messer in 2–4 cm lange Stücke schneiden und jeweils mit leichtem Druck über die Zinken einer Gabel rollen, bis sich das typische Muster einprägt. Die Gnocchi anschließend 2 Stunden auf einem leicht bemehlten Geschirrtuch trocknen lassen.

Die Gnocchi – gegebenenfalls portionsweise – in reichlich Salzwasser kochen. Mit einem Schaumlöffel aus dem Topf heben, sobald sie an die Oberfläche steigen.

Die ungekochten Gnocchi lassen sich auch gut einfrieren (die Gnocchi vorher mit Mehl bestäuben, damit sie nicht zusammenkleben).

Mehl-Gnocchi mit Rucola

GNOCCHI SOLO FARINA CONDIMENTO ALLA RUCOLA

Der Rucola, der hier anstelle von Spinat verwendet wird, bildet einen pikanten Kontrast zu den weichen Gnocchi.

etwa 200 g Rucola, die Stiele entfernt
2 EL Olivenöl extra vergine
1 dicke Scheibe roher Schinken (100 g), fein gewürfelt
1 Schalotte, fein gehackt
1 EL Thymianblätter
frisch gemahlener schwarzer Pfeffer
1 Rezept Mehl-Gnocchi (siehe oben)
50 g Parmesan, frisch gerieben

FÜR 4 PERSONEN

Den Rucola waschen, trocken schleudern und in sehr feine Streifen schneiden.

Das Öl bei mittlerer Hitze in einer Pfanne mit schwerem Boden erhitzen und den Schinken etwa 4 Minuten unter Rühren anbraten. Mit einem Schaumlöffel aus der Pfanne heben und beiseitestellen. Die Schalotte hineingeben und glasig schwitzen. Schinken, Thymian und Rucola hinzufügen, den Rucola 2 Minuten zusammenfallen lassen und mit Pfeffer würzen.

Die Gnocchi – gegebenenfalls portionsweise – in reichlich Salzwasser kochen. Mit einem Schaumlöffel aus dem Topf heben, sobald sie an die Oberfläche steigen, und in die Pfanne geben. Vorsichtig durchmischen und mit dem Parmesan servieren.

Grieß-Gnocchi mit Butter und Salbei

GNOCCHI ALLA ROMANA

Aus Grieß, einem grob gemahlenen Hartweizenmehl, stellte man in Rom bereits lange bevor die Kartoffel aus Amerika zu uns gelangte, Gnocchi her.

1,2 l Milch
1 Prise Meersalz
frisch geriebene Muskatnuss
300 g Grieß
3 Eigelb
100 g zimmerwarme Butter + Butter für die
     Form
80 g Parmesan, frisch gerieben
2 Zweige Salbei, die Blätter abgezupft

FÜR 4 PERSONEN

Den Backofen auf 180 °C vorheizen und eine Keramikform mit Butter einfetten.

Die Milch in einem Topf zum Kochen bringen. Mit Salz und etwas Muskat würzen. Bei mittlerer Hitze den Grieß langsam einrieseln lassen, bis eine Art weicher Teig entstanden ist. Dabei laufend mit dem Schneebesen oder Holzkochlöffel rühren, damit sich keine Klümpchen bilden. Den Teig 10 Minuten kochen lassen und dabei kräftig mit dem Schneebesen rühren, damit er nicht anhängt.

Den Teig etwas abkühlen lassen, die Eigelbe einzeln unterrühren. 30 g Butter und 3 Esslöffel Parmesan hinzufügen und die Zutaten sorgfältig verrühren. Den Teig auf einer kalten, sauberen, leicht angefeuchteten Unterlage mit der flachen, angefeuchteten Messerklinge zu einer 2 cm dicken Scheibe verstreichen und mit einem Ausstecher oder einem Glas 5 cm große Kreise ausstechen.

Die restliche Butter bei geringer Hitze in einer beschichteten Pfanne zerlassen. Die Salbeiblätter 30 Sekunden darin erhitzen und die Pfanne vom Herd nehmen.

Die Gnocchi in die Form schichten (sie sollten sich dabei etwas überlappen), die Butter mit dem Salbei darübergießen und den restlichen Parmesan darüberstreuen. Die Gnocchi im Ofen etwa 20 Minuten goldbraun überbacken und sofort servieren.

Grieß-Gnocchi mit Scampi und Spargel

GNOCCHI DI SEMOLINA CON ASPARAGI E SCAMPI

Kein ganz preiswertes Gericht, aber ideal für besondere Anlässe sind diese Grieß-Gnocchi mit Scampi.

1,2 l Milch
Meersalz
frisch geriebene Muskatnuss
300 g Grieß
100 g Parmesan, frisch gerieben
3 Eigelb
20 g zimmerwarme Butter + Butter für
    die Form
1 Ei, verquirlt

FÜR DIE SAUCE

800 g Scampi
300 g grüner Spargel
30 g Butter
1 Schalotte, gehackt
Meersalz und frisch gemahlener schwarzer
    Pfeffer
30 ml Weißwein

FÜR 4 PERSONEN

Den Backofen auf 180 °C vorheizen und eine Keramikform mit Butter einfetten.

Die Milch in einem Topf zum Kochen bringen. Mit Salz und etwas Muskat würzen. Bei mittlerer Hitze den Grieß langsam einrieseln lassen, bis eine Art weicher Teig entstanden ist. Dabei laufend mit dem Schneebesen oder Holzkochlöffel rühren, damit sich keine Klümpchen bilden. Den Teig 10 Minuten kochen lassen und dabei kräftig mit dem Schneebesen rühren, damit er nicht anhängt.

Den Teig etwas abkühlen lassen und nacheinander die Hälfte des Parmesans, die Eigelbe und die Butter unterrühren. Den Teig auf einer kalten, sauberen, leicht angefeuchteten Unterlage mit der flachen, angefeuchteten Messerklinge zu einer 2 cm dicken Scheibe verstreichen und abkühlen lassen.

Die Köpfe der Scampi abtrennen. Etwa 4 Köpfe für die Sauce aufheben, die restlichen Köpfe wegwerfen. Die Schwänze der Länge nach halbieren, schälen und nochmals der Länge nach halbieren.

Die holzigen Enden der Spargelstangen abschneiden. Die Stangen 2 Minuten in kochendem Wasser blanchieren, in Eiswasser abschrecken und abtropfen lassen.

Mit einem Ausstecher oder einem Glas 5 cm große Kreise aus dem Gnocchi-Teig ausstechen. In vier Reihen in die Form legen (die Gnocchi sollten sich dabei etwas überlappen) und mit dem verquirlten Ei bepinseln. Mit dem restlichen Parmesan bestreuen und im Ofen 10 Minuten goldbraun überbacken.

Inzwischen die Sauce zubereiten. Die Butter bei mittlerer Hitze in einer großen beschichteten Pfanne zerlassen und die Schalotte 3 Minuten darin anschwitzen. Die Scampiköpfe dazugeben und in der heißen Butter etwas zerdrücken, bis sie Farbe annehmen. Die Köpfe danach herausnehmen und wegwerfen. Spargel und Scampi in die Pfanne geben, mit etwas Salz und Pfeffer würzen und die Scampi unter vorsichtigem Rühren 2–3 Minuten braten, bis sie sich weiß färben. Den Wein hinzufügen und verdunsten lassen.

Die Gnocchi auf einer vorgewärmten Platte anrichten, mit der Sauce überziehen und sofort servieren.

Mangold-Ricotta-Gnocchi

MALFATTI DI BIETTI E RICOTTA

In manchen Gegenden Italiens nennt man diese großen, ohne Kartoffeln und Mehl hergestellten Gnocchi *Malfatti*, was wörtlich übersetzt so viel bedeutet wie »schlecht gemacht«. In anderen Gegenden heißen sie *Gnocchi verdi* (grüne Gnocchi), und in Florenz kennt man sie unter dem Namen *Ravioli nudi* (nackte Ravioli), weil sie aussehen wie eine Raviolifüllung ohne die Pastahülle. Damit diese lockeren Gnocchi nicht zerfallen, muss der Ricotta sehr trocken sein. Ist er zu feucht, lässt man ihn einfach 30 Minuten in einem Sieb abtropfen. Damit der Geschmack der Malfatti richtig zur Geltung kommt, verzichtet man in der Regel auf eine Sauce und serviert sie nur mit zerlassener Salbeibutter und viel Parmesan. Eine frische Tomatensauce (siehe Seite 51) passt aber ebenfalls gut dazu.

1 kg Mangold
350 g Ricotta
2 Eier
120 g Parmesan, frisch gerieben
frisch geriebener Muskat
Meersalz
Mehl zum Bestäuben
80 g Butter
1 EL grob gehackte Salbeiblätter
frisch gemahlener schwarzer Pfeffer

FÜR 4 PERSONEN

Die Mangoldstiele entfernen, die Blätter waschen und etwa 1 Minute in kochendem Wasser blanchieren. In eiskaltem Wasser abschrecken, die Flüssigkeit vollständig herauspressen und die Blätter fein hacken. In einer Schüssel mit Ricotta, Eiern und der Hälfte des Parmesans vermengen und mit etwas Muskat und Salz abschmecken.

Mit einem Teelöffel walnussgroße Stücke von der Mischung abnehmen und zwischen den bemehlten Handflächen zu Bällchen formen. Die Gnocchi in Mehl wälzen und 30–40 Minuten ruhen lassen.

Die Gnocchi – gegebenenfalls portionsweise – in reichlich Salzwasser kochen. Mit einem Schaumlöffel aus dem Topf heben, sobald sie an die Oberfläche steigen, gut abtropfen lassen und auf vier Teller verteilen.

Die Butter bei geringer bis mittlerer Hitze in einer Pfanne zerlassen und den Salbei kurz darin erhitzen. Die Butter mit den Salbeiblättern über die Gnocchi gießen. Mit Pfeffer übermahlen, mit dem restlichen Parmesan bestreuen und heiß servieren.

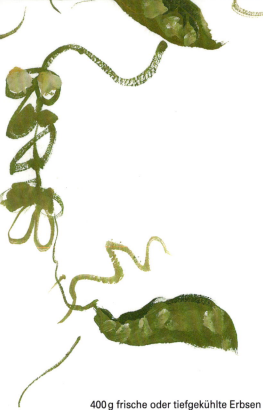

Erbsen-Gnocchi

GNOCCHI DI PISELLI

Es mag zwar vielleicht einigermaßen widersinnig erscheinen, die Erbsen erst zu kochen und zu pürieren, um dann in mühevoller Kleinarbeit kaum größere Gnocchi daraus zu formen, doch das Geschmackserlebnis, das Ihnen diese kleinen zartgrünen Klößchen bescheren, wird Sie rundum für diese Mühe entschädigen. Und damit Sie in den vollen Genuss kommen, werden Sie auch nur mit etwas Schinken und Salbeibutter kombiniert.

400 g frische oder tiefgekühlte Erbsen
100 g Ricotta
1 Eigelb
1 EL Mehl + Mehl zum Bestäuben
80 g Parmesan, frisch gerieben
Meersalz und frisch gemahlener schwarzer Pfeffer
80 ml Olivenöl extra vergine + Öl zum Einfetten
80 g Butter
80 g Schinken, fein gehackt
1 Schalotte, fein gehackt
2 EL grob gehackte Salbeiblätter

FÜR 4 PERSONEN

Die Erbsen 6–8 Minuten (tiefgekühlte Erbsen 3–4 Minuten) in wenig Wasser weich kochen. Abgießen, im Mixer sehr fein pürieren und in einer Schüssel etwas abkühlen lassen. Das Püree mit Ricotta, Eigelb, Mehl und 20 g Parmesan vermengen und mit Salz und Pfeffer abschmecken.

Die Mischung auf der bemehlten Arbeitsfläche kurz zu einem Teig verarbeiten. Ist der Teig zu klebrig, noch etwas Mehl hinzufügen. Den Teig anschließend in sechs Portionen teilen und zu etwa 2 cm dicken Rollen formen. Mit einem scharfen, leicht bemehlten Messer in 2 cm lange Stücke schneiden und die Gnocchi 30 Minuten auf einem leicht bemehlten Geschirrtuch trocknen lassen.

Den Backofen auf 180 °C vorheizen und eine Keramikform einfetten.

Das Öl mit der Butter bei mittlerer Hitze in einer großen beschichteten Pfanne erhitzen. Schinken und Schalotte 4–6 Minuten unter Rühren darin anbraten. Die Hälfte des Salbeis hinzufügen, 2 Minuten anschwitzen und die Pfanne danach vom Herd nehmen.

Die Gnocchi – gegebenenfalls portionsweise – in reichlich Salzwasser kochen. Mit einem Schaumlöffel aus dem Topf heben, sobald sie an die Oberfläche steigen, und in die Pfanne geben. Alles 1 Minute bei geringer Hitze vorsichtig mischen. Die Gnocchi in die Auflaufform füllen, mit dem restlichen Parmesan und dem restlichen Salbei bestreuen, 15 Minuten im Ofen überbacken und sofort servieren.

Ricotta-Gnocchi mit grüner Butter

GNOCCHI DI RICOTTA AL BURRO VERDE

Im antiken Rom erfreute sich der Spargel großer Beliebtheit, und man kann sich gut vorstellen, wie Plinius dieses Gericht gemundet hätte: Hat sich doch der Verfasser der ersten Enzyklopädie in seinem Werk auch mit der Heilkraft der langen Stangen beschäftigt.

Für die Butter die Spargelspitzen unter fließendem kaltem Wasser waschen und etwa 4 Minuten kochen. Abgießen und im Mixer fein pürieren. Mit der Butter zu einer glatten grünen Paste vermengen und kalt stellen.

Den Ricotta auf der sauberen Arbeitsfläche mit Mehl, 3 Esslöffeln Parmesan und 1 Prise Salz vermengen. Eier und Eigelbe hinzufügen und das Ganze zu einem glatten Teig verarbeiten. Ist der Teig zu klebrig, noch etwas Mehl hinzufügen.

Den Teig in sechs Portionen teilen, zu 2 cm dicken Rollen formen und diese mit einem scharfen, leicht bemehlten Messer in 2 cm lange Stücke schneiden.

Die Gnocchi – gegebenenfalls portionsweise – in reichlich Salzwasser kochen.

In der Zwischenzeit die grüne Butter bei geringer Hitze in einer großen beschichteten Pfanne zerlassen.

Die Gnocchi mit einem Schaumlöffel aus dem Topf heben, sobald sie an die Oberfläche steigen, mit der Butter und dem restlichen Parmesan mischen und sofort servieren.

300 g Ricotta
100 g Mehl
80 g Parmesan, frisch gerieben
Meersalz
2 Eier
2 Eigelb

FÜR DIE BUTTER

150 g grüne Spargelspitzen
150 g zimmerwarme Butter

FÜR 4 PERSONEN

GNOCCHI

DANK

Vier Menschen haben wesentlich dazu beigetragen, dass mich dieses Buch mit Stolz erfüllt: Logan Campbell, Luke Sciberras, Julie Gibbs und meine Frau Sally.

Logan Campbell, der Küchenchef meines Restaurants Lucio's, ist ein Mensch voller Tatkraft und Fantasie. Er hat nicht nur die abgebildeten Gerichte zubereitet, sondern auch selbst eine Reihe von Rezepten beigesteuert.

Luke Sciberras ist ein Künstler, dessen Arbeiten ich immer wieder gerne in meinem Restaurant präsentiere. Er hat die Rezepte gelesen, sich von ihnen inspirieren lassen und während der Fotoaufnahmen ganz spontan die herrlichen Illustrationen aufs Papier gezaubert, die die Speisen erst richtig zur Geltung bringen.

Julie Gibbs ist meine Verlegerin. Sie hat das Buch in Auftrag gegeben und das Team zusammengestellt, das daraus ein gleichermaßen schönes wie nützliches Werk gemacht hat. Ich danke Alison Cowan, meiner ungemein tüchtigen und unendlich geduldigen Redakteurin; Anson Smart, unserem umsichtigen und gewissenhaften Fotografen; Daniel New, unserem begabten Designer; unserer Foodstylistin Rachel Brown; Megan Pigott, die die Fotoaufnahmen koordiniert hat, und unserer Herstellerin Elena Cementon.

Sally ist der Mensch, der in meinem Leben für Ordnung und Effizienz sorgt. Ihr ist es zu verdanken, dass aus meinem Ideenchaos diese Sammlung entstanden ist.

LOGAN UND LUCIO VOR DEM RESTAURANT

ZU GUTER LETZT ...

... noch ein Wort zu einer venezianischen Spezialität, den Bigoli. Mögen mir die Venezianer verzeihen, dass ich ihre traditionelle Pasta in diesem Buch nicht berücksichtigt habe.

Bigoli sehen aus wie dicke Spaghetti und werden mit einem speziellen Gerät geformt, das ich leider nirgends auftreiben konnte. Sie werden für gewöhnlich auf zwei Arten serviert: mit einer einfachen Salsa aus Anchovis, Olivenöl, Butter und Kräutern oder *all'anatra* – mit Ente. Die Ente wird dabei traditionell gekocht und als Hauptgang gegessen. In der Brühe lässt man anschließend die Bigoli ziehen, die mit den Innereien serviert werden. Und genau dies war mein Dilemma. Ich habe in dieses Buch nur Rezepte aufgenommen, die ich auch für mich, meine Familie und meine Freunde zubereiten würde, und Pasta mit Enteninnereien und eine gekochte Ente sind nun mal nicht mein Fall. Aus diesem Grund sucht man die Bigoli hier vergeblich.

Doch dann musste ich an all die vielen Gondolieri denken, die stolz auf ihre Bigoli sind und sie leidenschaftlich gerne essen, und da regte sich bei mir doch ein wenig das schlechte Gewissen.

Deshalb hier zum Schluss noch meine Version der *Bigoli all'anatra:* 400 g Pastateig zu dicken, etwa 20 cm langen Spaghetti rollen (oder Sie kaufen einfach eine Packung Bucatini). 4 Entenkeulen mit 1 Zwiebel und 2 Stangen Sellerie etwa 1 Stunde in reichlich Salzwasser weich kochen. Die Ente und das Gemüse mit einem Schaumlöffel aus dem Topf heben. Das Gemüse wegwerfen, die Keulen etwas abkühlen lassen. Das Fleisch von den Knochen lösen und klein schneiden. 200–300 g gehackte Entenlebern mit Olivenöl, Butter und gehackter Zwiebel in der Pfanne anbraten. Etwas Salbei und das Entenfleisch dazugeben und gut umrühren. Die Bigoli in der Entenbrühe kochen. Vorsichtig mit der Sauce mischen (dabei bei Bedarf etwas Brühe hinzufügen), mit Parmesan bestreuen und sofort servieren.

REGISTER

A

Artischocken
   als Füllung für Pasta 216
   geschmorte, mit Fettuccine 169
   mit Bucatini und Garnelen 126
Aubergine
   mit Bucatini und Sardellen 124
   mit Linguine und Orangenpesto 85
   mit Rigatoni und Steinpilzen 92
   mit Spaghetti und Tomate 86
Auberginenfüllung
   für Muschelnudeln 242
Austern
   mit Buchweizen-Tagliatelle 209

B

Bacon. Siehe Räucherspeck
Bärenkrebse
   mit grünen Pappardelle 196
Basilikum
   an Safran-Tagliatelle mit Zucchiniblüten
      und Tomaten 153
Basilikum-Walnuss-Pesto
   mit Trofie 159
Bavette
   mit Dicken Bohnen 87
Béchamelsauce 62
Bianchetti
   mit Tagliolini 202
Bigoli 278
   mit Ente 278
Blutorangenbutter
   zu Lasagne mit Wildgemüse 240
Bohnen
   Dicke, mit Bavette 87
   Dicke, mit Bucatini und Minzepüree 88
   grüne, mit Fusilli und Tomaten 90
   grüne, mit Trenette, Pesto und Kartoffel
      76
   Nudelsuppe mit Bohnen 35
Bolognese-Sauce 56
Bottarga 117
Brennnesseln
   in Lasagne mit Wildgemüse 240
Brokkoli
   mit Orecchiette und Sardellen 130
Brühe 27
   mit Passatelli 37
   mit Fleischbällchen und Pasta 42
Bucatini
   mit Aubergine und Sardellen 124
   mit Dicke Bohnen und Minzepüree 88
   mit Garnelen und Artischocken 126
Buchweizen-Fazzoletti
   mit Wirsing 165
Buchweizen-Tagliatelle
   mit Austern 209

C

Calamari. Siehe Kalamare
Cannelloni 23
   mit Kaninchenfleisch 246
   mit Ricotta und Mozzarella 239

schwarze, mit Sepia in Kartoffel-Lauch-
      Creme 249
Chilischoten
   an Spaghetti mit Knoblauch 74
   an Spaghetti mit Kapern und Sardellen
      117
Conchiglie
   mit Miesmuscheln 136
   mit Steinpilzen und Schweinswürstchen
      109
Corzetti
   mit Pinienkernen, Sardellen und Mandeln
      193
   mit sizilianischer Schweinswurst 188

D

Ditalini
   in Gemüsebrühe mit Kartoffeln 33
   in Minestrone mit Frühlingsgemüse 32
Dressing
   Tomaten-Chili 73
   Tomaten-Mozzarella 71

E

Eier
   mit Fettuccine und Schinken 176
   Ravioli mit Enteneiern 226
   Spaghetti carbonara 102
   Spaghetti-Frittata 105
Einfacher Pastateig 11
Enteneier
   als Füllung für Pasta 226
Enten-Ragù
   zu Kartoffel-Gnocchi 261
Erbsen
   in Nudelsuppe 38
   mit Fusilli und Sepia 138
   mit Parmesan-Farfalle und Schinken 179
   mit Tortellini, Schinken und Sahne 233
Erbsen-Gnocchi 274

F

Fagottini
   mit Käsefüllung 218
Farfalle 23
   mit Garnelen und Garnelenbutter 137
   Parmesan-, mit Pilzen 148
   Parmesan-, mit Schinken und Erbsen 179
Fasanen-Steinpilz-Ragù
   mit Pici 180
Fazzoletti
   Buchweizen-, mit Wirsing 165
Fazzoletti piegati
   herstellen 217
Feigen
   mit Tagliatelle und Schinken 187
Fettuccine
   gewellte, mit Zucchini 163
   mit Ei und Schinken 176
   mit geschmorten Artischocken 169
   mit Sahnesauce 164
Fettuccine all'Alfredo 164
Fischbrühe 30

Flageolet-Bohnen. Siehe Bohnen
Fleischbällchen
   mit Pasta in Brühe 42
   mit Spaghetti 100
Fleischfüllung 230
   aus Kaninchenfleisch 246
   für Muschelnudeln 243
   für Tortelline in Hühnerbrühe 41
   mit Mangold 231
Fleischsauce 54. Siehe auch Ragù
   ligurische 55
   neapolitanische 60
   sizilianische 61
Frische Pasta. Siehe auch Pasta
Frittata 105
Frühlingsgemüse
   in Minestrone mit Ditalini 32
Füllungen für Pasta 215
   Artischocken 216
   Enteneier 226
   Fleisch 230
   Kaninchenfleisch 246
   Kartoffel 215
   Kartoffel und Pancetta 228
   Käse 218
   Kürbis 224
   Mangold 221
   Mangold mit Minze 225
   Mozzarella 239
   Pilze 216
   Ricotta 239
   Ricotta, Schinken und Mozzarella
      215
   Rote Bete 222
   Sepia 249
   Snapper und Garnelen 233
   Spargel 216
   Spinat 219
   Wurst 229
   Zucchini 215
Fusilli
   mit grünen Bohnen und Tomaten
      90
   mit Mandel-Minze-Pesto 78
   mit Sepia und Erbsen 138
   mit sizilianischem Pesto 79

G

Garganelli 23
   mit Garnelen 135
Garnelen 112
   mit Bucatini und Artischocken 126
   mit Farfalle und Garnelenbutter
      137
   mit Garganelli 135
   mit Pasta risottata und Zucchini 142
   mit Snapper als Füllung für schwarze
      Ravioli 233
Garnelenbutter
   an Farfalle mit Garnelen 137
Gefüllte Pasta 23. Siehe auch Pasta
Gefüllte Quadretti
   in Rinderbrühe 43

279

Gemüsebrühe 32
   mit Ditalini und Kartoffeln 33
Getrocknete Pasta 65
Gnocchi 253
   aus Erbsen 274
   aus Grieß 264, 270, 271
   aus Kartoffeln 256, 257, 258, 260, 261
   aus Kartoffeln mit Safran 267
   aus Kartoffeln mit Sepiatinte 268
   aus Kartoffeln und Roter Bete 262
   aus Mehl 269
   aus Mehl, Paniermehl und Pecorino 265
   aus Ricotta 275
   aus Ricotta, Parmesan und Mangold 272
   mit Sardellen und Majoran-Pesto 265
   rote, mit Pancetta und Ziegenkäse 262
   sardische 264
   schwarze, mit Sepiasauce 268
Gorgonzolasauce
   zu Kartoffel-Gnocchi mit Pistazien 258
Grieß-Gnocchi
   mit Butter und Salbei 270
   mit Scampi und Spargel 271
Grüne Bohnen. Siehe Bohnen
Grüne Butter 275

H
Hühnerbrühe 30
   mit Tortellini mit Fleischfüllung 41

I
Involtini. Siehe Kalbsrouladen

K
Kalbsrouladen
   mit Orecchiette 107
Kalmare 111, 112
   mit Spaghetti 120
Kaninchenfleisch
   als Füllung für Cannelloni 246
Kaninchensauce
   mit Lasagnette 186
Kapern
   an Orecchiette mit Sardellen 125
   an Spaghetti mit Chilischote und Sardellen 117
   an Spaghetti mit Oliven 87
Kartoffel-Gnocchi 256. Siehe auch Gnocchi aus Kartoffeln
   mit Enten-Ragù 261
   mit Gorgonzolasauce und Pistazien 258
   mit Spinat, Tomatensauce und Mascarpone 257
   überbackene, mit Mozzarella 260
Kartoffel-Lauch-Creme
   zu schwarzen Cannelloni mit Sepia 249
Kartoffeln
   als Füllung für Pasta 215
   in Gemüsebrühe mit Ditalini 33
   mit Pancetta als Füllung für Pasta 228
   mit Penne und Miesmuscheln 133
   mit Rigatoni und Räucherspeck 106
   mit Trenette, Pesto und grünen Bohnen 76
Käse
   mit Spaghetti und Pfeffer 73
   Vier-Käse-Sauce mit Sedani 98

Käse-Fagottini 218
Kichererbsensuppe
   mit Quadretti 36
Klassische Pastasaucen 45
Kleine Bärenkrebse
   mit grüner Pappardelle 196
Knoblauch
   mit Spaghetti und Chili 74
Kräuter
   an Pastafetzen, Tomaten und Ziegenkäse 156
Kürbis
   als Füllung für Pasta 224
Kürbis-Tortelli 224

L
Lamm-Ragù 182
Lasagne 23
   auf Bologneser Art 251
   mit Wildgemüse, Blutorange und Majoran 240
   offene 183
Lasagne timballo 250
Lasagne tordellate 183
Lasagnette
   mit Kaninchensauce 186
   mit Pilz-Ragù 158
   mit Tomaten-Ragù 172
Lauch
   mit schwarzer Tagliatelle und gegrillten Scampi 203
Ligurische Fleischsauce 55
Ligurische Ravioli 231
Linguine
   mit allem 69
   mit Orangenpesto und Aubergine 85
   mit Schwertfisch 123
   mit Thunfisch 128
   mit toskanischem Pesto 78
Linguine mit allem 69

M
Maccheroncini
   mit Ricotta und Rosmarin 72
Maccheroni alla chitarra
   mit Lamm-Ragù 182
Majoran
   zu Lasagne mit Wildgemüse und Blutorange 240
Majoran-Pesto
   zu Gnocchi mit Sardellen 265
Makkaroni
   mit frischem Thunfisch 121
   mit Gemüse 95
   mit Mangold 93
Maltagliati 23
   mit Gemüse 154
Mandel-Minze-Pesto 78
Mandeln
   an Corzetti mit Pinienkernen und Sardellen 193
Mandilli. Siehe Seidentaschentücher
Mangold
   als Füllung für Pasta 221
   als Füllung für Pasta, mit Minze 225
   mit Makkaroni 93
Mangold-Ricotta-Gnocchi 272

Mascarpone
   mit Kartoffel-Gnocchi, Spinat und Tomatensauce 257
Meeräschenrogen 117
Meerbarben
   mit Tagliolini und Bianchetti 202
Meerbarben-Ragù
   mit Tagliolini und Zucchiniblüten 192
Meeresfrüchte
   mit Spaghetti 112
Mehl-Gnocchi 269
   mit Rucola 269
Miesmuscheln 112
   mit Conchiglie 136
   mit Penne und Kartoffeln 133
   mit Safran-Gnocchi und Spargelspitzen 267
Minestrone
   mit Frühlingsgemüse 32
Minze
   mit Penne und Tomaten 72
Minzepüree
   an Bucatini mit Flageolet-Bohnen 88
Mohnbutter 222
Mozzarella 105
   als Füllung für Cannelloni 239
   als Füllung für Pasta, mit Ricotta und Schinken 215
   mit Kartoffel-Gnocchi 260
Muschelnudeln
   mit Auberginenfüllung 242
   mit Fleischfüllung 243
Muschelsauce
   mit Tagliolini 206
Muschel-Testaroli
   mit Sardellensauce 201

N
Neapolitanische Fleischsauce 60
Neapolitanisches Ragù 58
Nudelsuppe mit Bohnen 35
Nudelsuppe mit Erbsen 38

O
Ochsenschwanz
   mit Paprika-Pappardelle 185
Offene Lasagne 183
Oktopus 111
Oliven
   mit Spaghetti und Kapern 87
   mit Spaghetti und Sardellen 119
Orangenpesto
   mit Linguine und Aubergine 85
Orecchiette
   mit Brokkoli und Sardellen 130
   mit Kalbsrouladen 107
   mit Rucola-Gorgonzola-Sauce 96
   mit Sardellen und Kapern 125

P
Pancetta. Siehe Räucherspeck
   mit roten Gnocchi und Ziegenkäse 262
Pansotti
   mit Walnusssauce 221
Pappardelle
   grüne, mit Bärenkrebsen 196
   Paprika-, mit Ochsenschwanz 185

Paprika-Pappardelle
mit Ochsenschwanz 185
Paprikaschoten
mit Penne und Sardellen 129
Parmesan-Farfalle
mit Pilzen 148
mit Schinken und Erbsen 179
Passatelli
in Brühe 37
Pasta
aus dem Ofen 235
frische 145
gefüllte 23, 211
gefüllte, herstellen 217
getrocknete 65
richtig kochen 24
schneiden 20
überbackene 235
Pasta-Breiten 20
»Pastafetzen«
mit Tomaten, Kräutern und Ziegenkäse
156
Pasta risottata
mit Tomate 141
mit Zucchini und Garnelen 142
Pastasaucen
klassische 45. Siehe auch Saucen
Pastateig
einfacher 11
farbiger 12
grüner 14
mit der Nudelmaschine ausrollen und ausziehen 18
mit Kräutern 14
mit Kürbis 15
mit Paprikaschote 15
mit Safran 15
mit Schokolade 15
mit Sepia-Tinte 14
mit Steinpilzen 14
von Hand ausrollen und ausziehen 17
Pazifische Schwimmkrabben
mit grünen Tagliolini 198
Penne
mit feuriger Tomatensauce 99
mit Miesmuscheln und Kartoffeln 133
mit Paprikaschoten und Sardellen 129
mit Sardellen und Sultaninen 132
mit Tomaten und Minze 72
Penne all'arrabbiata 99
Pesto 48
aus Basilikum und Walnusskernen 159
aus Majoran 265
aus Mandel und Minze 78
aus Orangen 85
aus Pistazien 81
kalabrisches 82
klassisches 49
mit Trenette, Kartoffel und grünen Bohnen
76
sizilianisches 79
toskanisches 78
Pesto alla genovese 49
Pici
mit Fasanen-Steinpilz-Ragù 180
Pilze. Siehe auch Steinpilze
als Füllung für Pasta 216

gemischte, mit grünen und weißen
Tagliolini in Sahnesauce 175
gemischte, mit Parmesan-Farfalle 148
gemischte, mit Seidentaschentüchern 155
rohe, mit Tagliatelle 149
Pilz-Ragù
mit Lasagnette 158
Pinienkerne
an Corzetti mit Sardellen und Mandeln
193
Pistazien
zu Kartoffel-Gnocchi mit Gorgonzolasauce
258
Pistazienpesto 81

Q
Quadretti 23
gefüllte, in Rinderbrühe 43
in Kichererbsensuppe 36

R
Ragù 54. Siehe auch Fleischsauce
Enten-, mit Kartoffel-Gnocchi 261
Fasanen-Steinpilz- 180
Lamm- 182
Meerbarben- 192
neapolitanisches 58
Ochsenschwanz- 185
Pilz-, mit Lasagnette 158
Tomaten- 172
Wildschwein- 191
Ragù alla Bolognese 56
Ragù alla Napoletana 58
Ragù alla Siciliana 61
Räucherspeck. Siehe auch Pancetta
mit Rigatoni und Kartoffeln 106
Ravioli 23
Füllungen. Siehe auch Füllungen für Pasta
herstellen 217
ligurische 231
mit Enteneiern 226
mit Fleisch- und Mangoldfüllung 231
mit Kartoffel-Pancetta-Füllung und Zimt-
Mohn-Butter 228
mit Rote-Bete-Füllung 222
mit Spinatfüllung und Salbeibutter 219
mit Wurstfüllung 229
sardische 225
schwarze, mit Fisch-Garnelen-Füllung
233
Ricotta
als Füllung für Cannelloni 239
als Füllung für Pasta, mit Schinken und
Mozzarella 215
in Mangold-Gnocchi 272
mit Macceroncini und Rosmarin 72
Ricotta-Gnocchi
mit grüner Butter 275
Rigatoni
mit Aubergine und Steinpilzen 92
mit kalabrischem Pesto 82
mit Kartoffeln und Bacon 106
mit Tomaten-Chili-Dressing 73
Rinderbrühe 31
mit Quadretti 43
Rosmarin
mit Macceroncini und Ricotta 72

Rote Bete
als Füllung für Pasta 222
Rote-Bete-Ravioli 222
Rucola
mit Mehl-Gnocchi 269
Rucola-Gorgonzola-Sauce 96

S
Safran-Gnocchi
mit Miesmuscheln und Spargelspitzen
267
Safran-Tagliatelle
mit Zucchiniblüten, Tomaten und Basilikum 153
Sahnesauce
mit Fettuccine 164
mit grünen und weißen Tagliolini und
Pilzen 175
zu Tortellini mit Erbsen und Schinken 233
Salbeibutter
zu Grieß-Gnocchi 270
zu Spinatravioli 219
zu Strangolapreti 168
Salsa
Tomaten-Basilikum 69
Salsicce siciliane 188, 229, 264. Siehe auch
Schweinswurst
Sardellen
an Bucatini mit Aubergine 124
an Corzetti mit Pinienkernen und Mandeln
193
an Orecchiette mit Kapern 125
an Penne mit Paprikaschoten 129
an Penne mit Sultaninen 132
an Spaghetti, Kapern und Chilischote 117
an Spaghetti mit schwarzen Oliven 119
in Gnocchi mit Majoran-Pesto 265
mit Orecchiette und Brokkoli 130
Sardellensauce
mit Muschel-Testaroli 201
Sardinen
junge, mit Tagliolini 202
junge, mit schwarzen Tagliolini 207
mit Spaghetti 113
Sardische Gnocchi
mit Wurst 264
Sardische Ravioli 225
Sauce bolognese
klassische 56
Saucen. Siehe auch Fleischsauce; Siehe
auch Pesto; Siehe auch Ragù
Gorgonzolasauce 258
Kaninchensauce 186
Muschelsauce 206
Rucola-Gorgonzola-Sauce 96
Sahnesauce 164, 175
Sahnesauce mit Erbsen und Schinken 233
Sardellensauce 201
Sepiasauce 268
Tomaten-Basilikum-Sauce 69
Tomaten-Chili-Sauce 73
Tomaten-Mozzarella-Sauce 71
Tomatensauce, feurige 99
Tomatensauce mit Mascarpone 257
Topinambursauce 246
ungekochte 68
Vier-Käse-Sauce 98

Walnusssauce 221
Wurstsauce 177
Scampi 112
gegrillte, mit schwarzer Tagliatelle und
Lauch 203
mit Grieß-Gnocchi und Spargel 271
Schinken
als Füllung für Pasta, mit Ricotta und
Mozzarella 215
in Spaghetti-Frittata mit Mozzarella 105
mit Fettuccine und Ei 176
mit Parmesan-Farfalle und Erbsen 179
mit Tagliatelle und Feigen 187
mit Tortellini, Erbsen und Sahne 233
Schokoladen-Tagliatelle
mit Wildschwein-Ragù 191
Schweinswurst
als Füllung für Pasta 229
mit Conchiglie und Steinpilzen 109
mit sardischen Gnocchi 264
sizilianische, mit Corzetti 188
Schwertfisch
mit Linguine 123
Schwimmkrabben
mit grünen Tagliolini 198
Sedani ai quattro formaggi 98
Sedani »Vier Käse« 98
»Seidentaschentücher«
mit Pilzen 155
Sepia. Siehe auch Tintenfisch
als Füllung für Cannelloni 249
mit Fusilli und Erbsen 138
Sepiasauce
zu schwarzen Gnocchi 268
Sizilianische Fleischsauce 61
Snapper
mit Garnelen als Füllung für schwarze
Ravioli 233
Spaghetti
mit Aubergine und Tomate 86
mit Bottarga 117
mit Calamari 120
mit Fleischbällchen 100
mit Kapern, Chilischote und Sardellen
117
mit Käse und Pfeffer 73
mit Knoblauch und Chili 74
mit Meeresfrüchten 112
mit Oliven und Kapern 87
mit Pistazienpesto 81
mit Sardinen 113
mit schwarzen Oliven und Sardellen 119
mit Tintenfisch und Tomate 111
mit Tomaten-Mozzarella-Dressing 71
mit Venusmuscheln in Tomatensauce
116
mit Venusmuscheln in Weißwein 114
Spaghetti alla carbonara 102
Spaghetti Carbonara 102
Spaghetti-Frittata
mit Schinken und Mozzarella 105
Spaghettini
mit Tomaten-Basilikum-Sauce 69
Spargel
als Füllung für Pasta 216
mit Grieß-Gnocchi und Scampi 271
mit Tagliatelle 171

mit überbackener Tagliatelle 238
Spargelspitzen zu Safran-Gnocchi mit
Miesmuscheln 267
Spargelbutter 275
Spinat
mit Kartoffel-Gnocchi, Tomatensauce und
Mascarpone 257
Spinatravioli
mit Salbeibutter 219
Steinpilze
mit Conchiglie und Schweinswürstchen 109
mit Rigatoni und Aubergine 92
Strangolapreti
mit Salbeibutter 168
Strangozzi
mit Wurstsauce 177
Sultaninen
an Penne mit Sardellen und Paniermehl
132
Suppen 27

T
Tagliatelle
Buchweizen-, mit Austern 209
mit rohen Pilzen 149
mit Schinken und Feigen 187
mit Spargel 171
Safran-, mit Zucchiniblüten, Tomaten und
Basilikum 153
schwarze, mit gegrillten Scampi und
Lauch 203
überbackene, mit Spargel 238
Tagliolini
grüne, mit Schwimmkrabben 198
grüne und weiße, mit Sahne und Pilzen
175
mit Bianchetti 202
mit Meerbarben-Ragù und Zucchiniblüten
192
mit Muschelsauce 206
schwarze, mit jungen Sardinen 207
Tagottini
herstellen 217
Testaroli
Muschel-, mit Sardellensauce 201
Thunfisch
frischer, mit Makkaroni 121
mit Linguine 128
Timballi 250
Tintenfisch. Siehe auch Sepia
mit Spaghetti und Tomate 111
Tomaten
enthäuten und entkernen 51
mit Fusilli und grünen Bohnen 90
mit Pastafetzen, Kräutern und Ziegenkäse
156
mit Pasta risottata 141
mit Penne und Minze 72
mit Safran-Tagliatelle, Zucchiniblüten und
Basilikum 153
mit Spaghetti und Aubergine 86
mit Spaghetti und Tintenfisch 111
Tomaten-Basilikum-Sauce 69
Tomaten-Chili-Dressing 73
Tomaten-Mozzarella-Dressing 71
Tomaten-Ragù
mit Lasagnette 172

Tomatensauce 50
feurige 99
mit Mascarpone 257
Tomatensauce I 51
Tomatensauce II 52
Tomatensauce III 52
Topinambursauce
zu Cannelloni mit Kaninchenfleisch 246
Tortelli
herstellen 217
mit Fleischfüllung 230
mit Kürbisfüllung 224
Tortellini
herstellen 217
mit Erbsen, Schinken und Sahne 233
mit Fleischfüllung in Hühnerbrühe 41
Trenette
mit Pesto, Kartoffel und grünen Bohnen
76
Trofie
mit Basilikum-Walnuss-Pesto 159

U
Überbackene Kartoffel-Gnocchi
mit Mozzarella 260
Überbackene Tagliatelle
mit Spargel 238
Ungekochte Saucen 68

V
Venusmuscheln 112
in Tomatensauce 116
in Weißwein 114

W
Walnusssauce
zu Pansotti 221
Whitebait 207
Wildgemüse
als Füllung für Lasagne, mit Blutorange
und Majoran 240
Wildschwein-Ragù
mit Schokoladen-Tagliatelle 191
Wirsing
mit Buchweizen-Fazzoletti 165
Wurstfüllung
für Pasta 229
Wurstsauce
mit Strangozzi 177

Z
Zichorie
in Lasagne mit Wildgemüse 240
Ziegenkäse
mit Pastafetzen, Tomaten und Kräutern
156
mit roten Gnocchi und Pancetta 262
Zimt-Mohn-Butter 228
Zucchini
als Füllung für Pasta 215
mit gewellten Fettuccine 163
mit Pasta risottata und Garnelen 142
Zucchiniblüten
mit Safran-Tagliatelle, Tomaten und
Basilikum 153
mit Tagliolini und Meerbarben-Ragù 192

VEGETARISCHE PASTAGERICHTE

A
Artischockenravioli 216

B
Bavette mit Flageolet-Bohnen 87
Béchamelsauce 62
Bucatini mit Flageolet-Bohnen und Minze-
  püree 88
Buchweizen-Fazzoletti mit Wirsing 165

C
Cannelloni mit Ricotta und Mozzarella 239

F
Fettuccine mit Sahnesauce 164
Fusilli mit grünen Bohnen und Tomaten 90
Fusilli mit Mandel-Minze-Pesto 78
Fusilli mit sizilianischem Pesto 79

G
Gemüsebrühe 32
Gemüsebrühe mit Ditalini und Kartoffeln 33
Gewellte Fettuccine mit Zucchini 163
Grieß-Gnocchi mit Butter und Salbei 270

K
Kartoffel-Gnocchi 256
Kartoffel-Gnocchi mit Gorgonzolasauce und
  Pistazien 258
Kartoffel-Gnocchi mit Spinat, Tomatensauce
  und Mascarpone 257
Kartoffelravioli 216
Käse-Fagottini 218
Kichererbsensuppe mit Quadretti 36
Klassisches Pesto 49
Kürbis-Tortelli 224

L
Lasagne mit Wildgemüse, Blutorange und
  Majoran 240
Lasagnette mit Pilz-Ragù 158
Linguine mit Orangenpesto und Aubergine
  85
Linguine mit toskanischem Pesto 78

M
Maccheroncini mit Ricotta und Rosmarin 72
Makkaroni mit Gemüse 95
Makkaroni mit Mangold 93
Maltagliati mit Gemüse 154
Mangold-Ricotta-Gnocchi 272
Mehl-Gnocchi 269
Mehl-Gnocchi mit Rucola 269
Muschelnudeln mit Auberginenfüllung 242

O
Orecchiette mit Rucola-Gorgonzola-Sauce
  96

P
Pansotti mit Walnusssauce 221
Parmesan-Farfalle mit Pilzen 148
Pastafetzen mit Tomaten, Kräutern und
  Ziegenkäse 156
Pasta risottata mit Tomate 141
Penne mit feuriger Tomatensauce 99
Penne mit Tomaten und Minze 72
Pilzravioli 216

R
Ricotta-Gnocchi mit grüner Butter 275
Rigatoni mit Aubergine und Steinpilzen 92
Rigatoni mit kalabrischem Pesto 82
Rigatoni mit Tomaten-Chili-Dressing 73
Rote-Bete-Ravioli 222

S
Safran-Tagliatelle mit Zucchiniblüten,
  Tomaten und Basilikum 153
Sardische Ravioli 225
Sedani »Vier Käse« 98
»Seidentaschentücher« mit Pilzen 155
Spaghetti mit Aubergine und Tomate 86
Spaghetti mit Käse und Pfeffer 73
Spaghetti mit Knoblauch und Chili 74
Spaghetti mit Oliven und Kapern 87
Spaghetti mit Pistazienpesto 81
Spaghetti mit Tomaten-Mozzarella-Dressing
  71
Spaghettini mit Tomaten-Basilikum-Sauce
  69
Spargelravioli 216
Spinatravioli mit Salbeibutter 219
Strangolapreti mit Salbeibutter 168

T
Tagliatelle mit rohen Pilzen 149
Tagliatelle mit Spargel 171
Tomatensauce I 51
Tomatensauce II 52
Tomatensauce III 52
Trenette mit Pesto, Kartoffel und grünen
  Bohnen 76
Trofie mit Basilikum-Walnuss-Pesto 159

U
Überbackene Kartoffel-Gnocchi mit
  Mozzarella 260
Überbackene Tagliatelle mit Spargel 238

Z
Zucchiniravioli 216

London, New York, Melbourne, München und Delhi

Text © Lucio Galletto und David Dale 2011
Fotos @ Anson Smart 2011
Illustrationen @ Luke Sciberras 2011

Layout Daniel New © Penguin Group Australia
Food Styling Rachel Brown
Satz Post Pre-press Group. Brisbane. Queensland
(in der Univers und Cochin)
Repro Splitting Image, Clayton, Victoria

Für die deutsche Ausgabe
Programmleitung Monika Schlitzer
Projektbetreuung Elke Homburg
Herstellungsleitung Dorothee Whittaker
Herstellung Anna Ponton

> Bibliografische Information Der Deutschen Bibliothek
> Die Deutsche Bibliothek verzeichnet diese Publikation in der
> Deutschen Nationalbibliografie; detaillierte bibliografische Daten
> sind im Internet über http://dnb.ddb.de abrufbar.

Titel der englischen Originalausgabe:
ART OF PASTA

Der Originaltitel erschien 2011 bei Penguin Group (Australia),
eine Abteilung von Pearson Australia Group Pty Ltd.

The rights of the author have been asserted.

Alle Rechte vorbehalten. Jegliche – auch auszugsweise –
Verwertung, Wiedergabe, Vervielfältigung oder Speicherung,
ob elektronisch, mechanisch, durch Fotokopie oder Aufzeichnung, bedarf der vorherigen schriftlichen Genehmigung der
Copyright-Inhaber.

© der deutschsprachigen Ausgabe by Dorling Kindersley
Verlag GmbH, München, 2012
Alle deutschsprachigen Rechte vorbehalten

Übersetzung Barbara Holle
Redaktion Sigrun Borstelmann

ISBN 978-3-8310-2187-1

Druck und Bindung Firmengruppe Appl, aprinta Druck, Wemding

Besuchen Sie uns im Internet
www.dorlingkindersley.de